明
室
Lucida

照亮阅读的人

收入不平等

THE INNER LEVEL

Richard Wilkinson & Kate Pickett

[英]理查德·威尔金森、凯特·皮克特 著

周媛 译

北京联合出版公司
Beijing United Publishing Co.,Ltd.

献给

乔治·威尔金森、安妮·威尔金森、

莎拉·科尔本、海伦·霍尔曼，

以及约克疗养院的工作人员——

自 1796 年以来，

他们在尊重精神病患者方面一直处于领先地位

目 录

序 言 001
关于数据和图表的说明 009

第 1 章　这不是一本自助书 011

第一部分　思想中的不平等

第 2 章　自我怀疑 049
第 3 章　妄自尊大的幻觉 079
第 4 章　错误的解决办法 111

第二部分　人类天性的神话、精英管理与阶级社会

第 5 章　人的处境 141
第 6 章　精英管理制度的误区 185
第 7 章　阶级行为 221

第三部分　前方的路

第 8 章　一个可持续发展的未来？ 253
第 9 章　一个更好的世界 271

附 录 309
参考文献 315

序言

编注：此图中读者看的书即本书两位作者的前作《公平之怒》。

到目前为止的故事……

《公平之怒》出版于2009年，书中表明，在贫富收入差距更大的社会中，人们更容易受到各种健康和社会问题的折磨。[1]《公平之怒》中展示的证据有力地表明，不平等会造成重大的心理影响，很多这方面的心理问题都是由激增的社会压力导致的。在这本新书《收入不平等》中，我们将会进一步探究这些心理问题和社会压力：不平等的概念是如何进入我们头脑的，它如何提高人们的焦虑水平，人们会对此做出何种反应，不同程度的精神疾病和情绪障碍又会造成何种后果——总而言之，要探究一个更加不平等的社会将如何改变我们的思维和情绪感知力，又将如何改变我们与他人之间的关系。我们介绍的情况部分基于我们自己的调查，但主要基于世界各地的学者所进行的大量研究。本书收集的证据不仅阐明了更加不平等的社会会更加失调无序的原因，也帮助梳理出一些能够让社会产生良性互动，并改善每个人的健康、幸福水平的措施。

可以说，前作《公平之怒》是本书的起点，我们先对它进行一些简短总结，以便对其不熟悉的读者能了解它的内容。首先，书中表明，在收入差距更大的社会中，人们的健康状况往往更糟：预期寿命更短，婴儿死亡率、精神疾病患病率、非法滥用药物率和肥胖症患病率更高。更严重的不平等也损害了社会关系：在更加不平等的社会中，会有更多暴力事件（用凶杀率衡量）和更高的监禁率；人们彼此之间的信任度降低，社群关系也更加薄弱。不平等还损害了儿童的生活机会：在更加不平等的社会里，儿童幸福度、教育成就更低，青少年生育率更高，社会流动性更弱。

无论是观察各个富裕国家的收入差距，还是逐一分析美国50个州的数据，我们都能看出，在收入不平等和社会问题之间存在着同样明显的相关性。在这两种情况下，收入差距越大，越可能产生更糟糕的结果。

这个结论相当清晰，并且逻辑一以贯之。以美国为例：与其他富裕国家相比，美国的贫富收入差距最大，凶杀率、监禁人数占比、精神疾病患病率、青少年生育率都是最高的，预期寿命、儿童福祉、识数率和识字率却都很低。在我们研究期间，英国和葡萄牙是紧随美国之后的两大收入不平等的富裕国家，它们在上述各方面的数据也很糟糕。相比之下，北欧国家和日本等相对而言更平等的国家则表现良好。图1是对我们针对富裕国家进行的研究结果的简要概括。

这些模式不仅仅存在于我们自己的研究结论中，在不同国家、不同学科的大量研究成果中都有所体现。20世纪70年代，一份同行评议期刊发表了第一份表明在收入差距更大的国家中，暴力行为更加常见、居民健康水平也更低的论文。此后，相关的研究报告不断增加，目前已有300多篇论文，专门对世界不同地区健康指数、凶杀率和收入不平等之间的关系进行了研究。其研

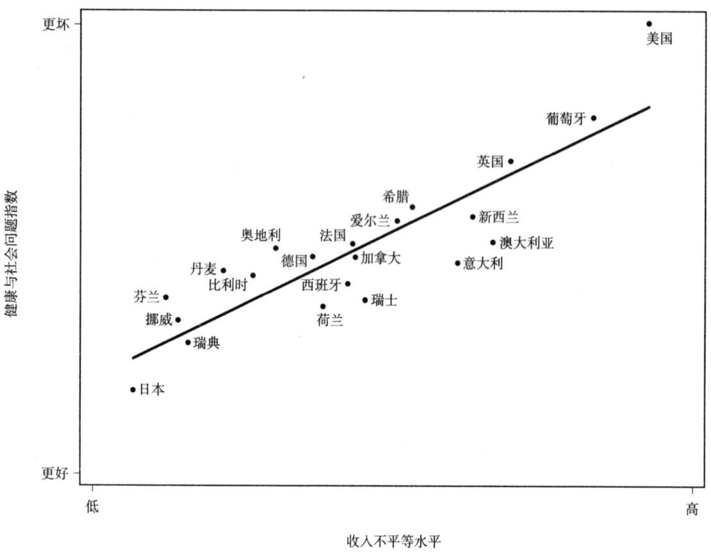

图 1：健康与社会问题在收入更加不平等的国家中更为常见。*

究涵盖了发达国家和发展中国家，有些针对某个特定时间点的情况，有些则是观察一段时间内的变化情况。很多研究都考虑到了人均收入和/或贫困程度方面的差异，以及公共服务开支水平等其他因素。绝大多数研究结果表明，在更加不平等的社会中，事态通常都会更糟糕。[2] 现有的证据足以表明，收入不平等和健康与社会问题之间必然存在一种因果关系，由此反映出更大的收入不平等会对社会及人们的健康和幸福造成破坏。[3]

从证明两者之间的相关性到证明两者之间存在因果关系，显然是至关重要的一步。为什么我们有把握认为这样的因果关系存

* 健康与社会问题指数主要衡量人们的预期寿命、信任程度、精神疾病（包括药物与酒精成瘾）患病率、肥胖症患病率、婴儿死亡率、儿童识数率和识字率、监禁率、凶杀率、青少年生育率与社会流动性。——原书注

在？流行病学一直将重心放在能够验证疾病发源的数据证据上，因此形成了一套判断标准，用来判定数据之间是否有因果关系。首要的标准是原因必须先于结果，此外，还包括这种关系的强度、是否存在“剂量—反应关系”（例如，更高水平的收入不平等导致更多、更严重的糟糕结果）、从生物学角度看是否合理、是否有其他能说得通的解释，以及研究结果是否能保持一致性。据这些标准来判断，几百份研究报告提供的证据表明，更大的收入差距和广泛层面的健康与社会问题恶化之间确实存在着因果关系。[3]

科学哲学家卡尔·波普尔强调，判断一个理论好坏的一条重要标准就是看它是否做出了全新的、可供试验的，并且能够被以后的研究检验证实的预测。即便以此标准衡量，这些证据也证实了上述的因果关系。实际上，经济不平等将给社会带来破坏性后果这一理论，确实催生了许多可以验证的预测，既包括对后果的预测也包括对因果机制的预测，这些预测也都多次被证实。[3][4]

并非万物理论……

《公平之怒》曾被称为“万物理论”，但这样说只是在恭维，而事实并非真的如此。它只是特别适用于那些涉及社会梯度的问题（换句话说，那些社会阶层越低就越常见的问题）。几十年前我们就已经明白，健康状况不良、暴力、儿童福祉、监禁、精神疾病、药物成瘾等许多问题都涉及社会梯度。无论你拿什么——例如地区之间的贫富差距、社会阶层的高低，或者受教育水平的高低——来衡量，只要进行比较，这些问题在更低的社会阶层中总会更频繁地出现。《公平之怒》实际上讲明了一个简单的道理：在我们的社会中，有许多与社会地位*（衡量标准可能是收入水平、教育水平或者职业性质）有关、看起来十分突出的问题，而随着收入差距不断增大，社会地位的差距会继续扩大，变得更加不容忽视，社会问题也会更加棘手。在社会阶层中所处的位置和社会地位的差异，即不平等的水平，与受社会梯度影响的问题存在因果关系。

一个格外让人吃惊的发现是，不平等影响的是绝大多数的人口，而不只是社会中的极少数人。尽管不平等对那些接近社会阶梯底层的人影响更严重，但大部分的人都在某种程度上受其所害。也就是说，如果受过良好教育、工作条件和收入水平都比较理想的人能以相同的职业、收入水平居住在一个相对更加平等的社会里，他们的预期寿命也会增加一些，并且不那么容易沦为暴力行为的受害者；他们的孩子在学校里可能也会表现得更好一点，不那么容易在未成年时就当上父母，也不太容易染上毒瘾。因此，问题并不在于更加不平等的国家会不会有更多的穷人，而在于一旦社会中存在更大的收入差距，这种不平等将会让所有人更深地陷入对社会地位的竞争，并怀有更强烈的不安全感。

正因为收入不平等影响的是大多数人，因此，更平等的社会和更不平等的社会中的健康与社会问题发生率会存在非常大的差异。我们发现，在更加不平等的国家中，精神疾病患病率和婴儿死亡率要高出一到两倍。[1] 青少年生育率、监禁率——一些研究指出，

---

* 这里使用的“社会地位”一词，含义与“社会位置”类似，指个体在社会阶梯上的位置，正如大家平时对这个词的理解。专门研究健康不平等的流行病学家过去曾探讨过应该以哪种方式来评估社会地位，例如收入、教育、职业或是所居住的社区类型。英国政府的数据过去以较主观的“一般社会地位”，将不同职业划分为不同社会阶级。直到今天也没有人知道区分社会阶级的理想方式是怎样的。在本书后面部分，我们将阐述我们之所以想要判断社会地位，是因为仍受进化心理倾向的影响，这就像前人类灵长类动物会判断在阶级系统中谁是支配者、谁是被支配者。——原书注

还有凶杀率——在更加不平等的社会中甚至能高出九倍之多。[1]

有一种比较普遍的看法认为，诸多问题之所以在较低而非较高的社会阶层中更为常见，也受到了社会阶层两极的人群自身素质的影响——这种看法认为，有能力且坚忍不拔的人会在社会阶梯中向上攀爬，而那些更脆弱的人则会跌落至更贫困的阶层。但是，不平等产生的各种影响挑战了这种观点的立论之本。只要社会筛选系统一直存在，不断把所谓合格的人向上托，把不合格的人向下压，这样必然会令更靠近底部的社会阶层产生更多健康问题和其他各类社会问题。但是，阶层流动本身并不会改变社会中具有某种特性的人群总数。例如，如果社会流动性是根据人们头发颜色的深浅来进行的，那么，必然会存在以头发颜色深浅为标准的社会梯度，但这并不会改变拥有浅色头发或者深色头发的人群占总人口的比例。因此，即便按照人们患上疾病的难易程度以及暴力倾向来进行分类，也是同理。

不过，若能缩小贫富差距，就能缓解社会梯度中的各种问题形成的负担。更大的收入差距会让这些问题进一步恶化，因为收入差距会给穷人而非富人造成更深远的影响，不同社会梯度之间的差异也就会愈发突出。这表明，健康状况、暴力事件发生率、儿童识数率和识字率，以及其他要素中存在的社会梯度，不完全是社会筛选造成的结果，一定还有别的因素在发挥作用。我们认为，这些问题背后的驱动力在于社会地位差异本身形成的压力：在社会阶梯上的位置越低，不同社会地位之间的差距越大，承受的压力就越大。事实上，更大的收入差距确实会让社会地位的差距更加显著。

正因为现代社会刻意强调阶级差距，使得我们在判断一个人的价值时，收入水平和社会地位成为越来越重要的指标——甚至快要成为评判标准了。并且，人们越是倾向于通过社会地位的高低评判他人，社会地位下降产生的影响就越大。因此，显而易见，当社会地位之间的差距扩大时，那些与这种阶级划分相关的问题也会随之进一步恶化。

继续前进

以上就是我们对近10年前的研究结果进行的精简提要。2007年，我们完成《公平之怒》一书。2008年，我们将书稿送给出版商，当时恰逢全球金融危机拉开序幕。2009年初，《公平之怒》终于出版。2010年，我们又增补了一个章节，对一些评论做出回应，并对部分内容进行更新。此后，整个世界发生巨变，因经济危机、政治两极分化、民粹主义、意识形态冲突、政治难民和经济移民的大规模流动而剧烈动荡。不平等在以上所有问题中都起到了不小的催化作用，此外，应对气候变暖也变得前所未有地迫切。就在同一时间段，许多不同的学科领域——包括心理学、经济学和环境科学——的研究者也补充了大量新的证明材料，以证实不平等对社会造成的影响。如此一来，现在我们可以更清楚地看出，不平等是如何影响我们的价值观、自我价值感、我们对彼此的看法以及心理健康的。除此之外，本书也更好地展示了不平等是如何导致了更严重的健康与社会问题。本书汇总了这些新的研究成果和证明材料，并提出一些具体建议：为创造出更注重地球和人类可持续发展的社会、经济体以及世界共同体，我们应该如何做。尽管在我们检视的诸多社会中，不平等可能已经根深蒂固，但并没有达到不可避免或者无法扭转的程度。虽然在过去的10年中出现了各种严峻的挑战，但我们还是可以期待一个更美好的世界。

关于数据和图表的说明

本书中的大部分图表均根据收入不平等和不同的健康、社会问题的关联而绘制。有些图表展示了在不同国家里这三者之间的关系，有些则展示了美国各个州当中这三者之间的关系。

在上一本书里，为了让数据清晰一致，我们一直使用同样的标准来衡量贫富差距，也选择相同的国家进行比较。而在这本书中，除了我们自己最新的分析结果，我们还会介绍世界其他研究人员得出的图表和数据。每个研究团队都使用了官方的资料，并选取了最适合的方式来衡量收入不平等，以解答自己所要研究的问题：他们会考虑在分析材料中纳入哪些国家或者美国的哪些州、该截取哪些年份进行研究、如何衡量自己感兴趣的结果、如何分析数据和绘制图表。在我们所采用的同行评议期刊或官方报告中，研究人员都严谨并详细描述了他们使用的研究方法，这些均已纳入本书最后的参考文献部分，其中许多都可以在网上免费阅读。当数据可公开获取或由其他研究人员友情提供给我们时，我们都尽可能地重新绘制了图表，使其更容易阅读、理解。我们在书中呈现的图表几乎都来自经同行评议后发表于期刊的学术论文，十分可靠，我们自己做出的新分析也都经过了同行的评议。

读者会注意到，尽管这些研究中涉及的国家、数据的年份，以及采用的衡量标准都存在差异，但在这些差异背后仍有一个显著的特点——结果惊人地一致。

第 1 章

这不是一本自助书

“这场派对真的棒极了，每位参加者都比我更没有安全感！”

很多心态平衡、行动自在的人几乎没有意识到他们很在意别人对自己的看法。他们甚至可能会愤愤不平地否认这点，宣称自己的言行不受他人的影响。但这种想法只是一种错觉。如果真的失败或者颜面尽失，却突然发现旁人的脸上写满冷漠和蔑视，而不是自己所习惯的亲切和恭敬时，当事人就会震惊、恐惧，觉得自己被众人离弃、孤立无助。那时，我们会意识到自己无意间已经生活在别人的看法中，就像每天走在坚实的地面上，却没有想到它是如何支撑我们的。

——查尔斯·库利，

《人类本性与社会秩序》，1902年，第207页[5]

在奥普拉·温弗瑞的《奥普拉杂志》上，她的“时尚指导”玛莎·贝克写了一篇文章，探讨了自己对所谓“派对焦虑”的几点感受[6]：当暴露在他人面前时，“真正的敌人是羞耻、恐惧和他人冷酷的臆断”。贝克还说，“有数百万像我一样患有派对障碍的人……都是惧怕派对闲谈的社恐人士”，“我们一想到自己可能会说出什么蠢话，或者暴露自己是个傻瓜，一想到自己并不是大家想象中的社交大师,就会被吓得浑身僵硬”。贝克觉得自己“需要一个装满了神兵利器的武器库,例如智慧、修长的大腿、人脉、财富等,这样才能在一场派对上存活下来。从挑选衣服,到在现场寒暄,每一步都是在恐惧的驱使下,针对可能出现的批评意见进行的防御行动”。

我们把羞怯、自我怀疑和与他人相处时的不自在完全看作自身的性格弱点,仿佛这些都是我们情绪系统中天生就有的缺陷,我们只能尽最大可能去克服。因为我们都倾向于在他人面前隐藏这些感受,所以就无法看到别人身上同样的不安全感。不过,我们接下来会看到,这种不安全感非常普遍,只有少数极为自信的人例外。事实上,在20世纪初就与弗洛伊德的圈子分道扬镳的奥地利心理学家阿尔弗雷德·阿德勒把这一切看作个体心理的基本要素,他由此提出“自卑情结”这个概念,并坚持认为,“只要是人就会感到自卑”。阿德勒当时就预见了现在的研究数据反映出的结果,他认为人们面对这些感觉时会有两种不同的应对方式——一种会表现得很羞怯、自信心不足,有的时候还会产生社交恐惧;另一种则通过表现得狂妄自大、自恋又势利来遮掩自己的不安全感。他把自恃高人一等的态度解读成一种防御心理,主要是为了遮掩内心深处的自卑感。阿德勒认为,潜藏的自卑感越强,自我防御就会表现得越明显。“我们推测,每个表现得高人一等的人其实都是在格外努力地遮掩心中低人一等的自卑感。”“自卑感越强,想要征服他人的冲动就越强,情绪起伏也会尤为激烈。”[7]当然,正是因为这些“努力遮掩”的举动十分有效,我们才会低估这种不安全感的影响范围,把它当成自己独有的感受。

事实上,这些心理困境,以及由此衍生出的不同类型的遮掩行为在某些社会环境中更为常见，阿德勒无法从其病患的心理状态推断出这点，但我们可以分析现代统计学数据来进行推论。这就意味着，我们或许能够辨识出究竟是哪些有力的外界因素让人们的心理状态变得更糟或者更好。

流行病学家接受过培训，能够研究疾病的分布以及决定性因素。比如，他们会研究空气污染到底能在多大程度上加重哮喘、支气管炎等疾病的病情。以同样的方法研究羞怯、社交焦虑、自信心不足等状况出现的频率，假设这些状态的产生——或至少是加重——也受某个原因的影响，比如特定的心理或者社会氛围，这样我们或许就能确认这些原因。尽管我们都知道，要想减轻生理疾病的负担，就必须减少空气中的污染物和致癌物质，但人们还不太习惯对抗有害的情绪氛围或者心理环境。然而，如果社会焦虑增长会严重损害人们的社会生活和幸福，那么，政治领袖和社会大众都不该掉以轻心，一如我们对待呼吸的空气一样。

人类是一种社会动物，对人际关系保持敏感、避免做出冒犯他人的行为，这些都是必须掌握的社交技能。对周围的人保持敏感既正常又有用，但是，在当下的日常生活中，人们太过敏感，使它变成了一种强大的反作用力。人们常常产生强烈的不安全感，以至于到后来，即便是面对微小的批评也要摆出一副防御姿态；还有一些人社交时万分紧张，最后只好与所有人割断联系。我们也可以发现，有些人对代表社会地位的各种身份标志充满渴望，但背后隐藏着的正是不安全感。人们普遍缺乏自信，并怀有一种强烈的不安全感，其影响甚广，已经严重限制了许多富裕国家的人们的幸福水平和生活质量。接下来我们的建议并非是让大家变得厚脸皮一些，而是要辨别对社会造成重大损害的那些要素，并学会应对。

羞怯感和自我意识的出现取决于内部、外部两种因素，为了更好地理解二者的区别，我们可以想象一下人们是在进行跨栏比赛：如果想知道为什么有些人跑起来会撞倒更多的栏架，你会留心运动员之间的个体差异——年龄、体格、身高等；但如果想知道为什么在某些赛事中运动员们会撞倒更多栏架，你就会观察这场比赛中的栏架，看它们是不是比另外一场比赛中的栏架要高。同理，如果想知道为什么有些人擅长心算，而另一些人不擅长，你首先会观察他们在能力方面的差异以及熟练程度；但是，如果想知道为什么有些问题会被更多人解出，而有些问题少有人知道答案，你就会留意这些问题的难易程度。

本书不是一本自助书，我们不会花时间探讨自信、羞怯的个体差异的内在成因，而是希望通过研究来揭示社会抑制性行为如此轻易地被触发的原因，从而为提高全人类的幸福水平做出贡献。我们主要关注社会中的“纵向不平等”，关注社会中自上而下存在的物质水平差异造成的影响，以及它们如何潜移默化地塑造出各种社会等级和地位，导致人们用不同的态度对待他人，并助长了自信或者自我怀疑。而在不同群体之间存在的所谓“横向不平等”，无论是按性别、种族、阶级、身体残障、宗教、语言、文化这些因素中的哪一个来划分，也都被视为极大的不公平，因为它们同样涉及高人一等或低人一等的问题。但我们并不会聚焦于上述某个特定领域存在的差异，而是致力于解开存在于所有此类不平等现象核心的那种支配与从属关系。首先，我们会探讨面对不公平时普遍存在的脆弱性。实际上，我们必须先要弄清楚是什么让我们感受到社会环境带来的痛苦，然后才能辨析造成这种痛苦的结构性因素。

当前，在我们生活的社会环境中，他人如何看待自己——也就是心理学家所谓的“社会评价威胁”——成为许多发达国家的国民身上最沉重的负担，严重影响到他们的生活体验和质量。这种负面影响不仅表现为过多的压力、焦虑和抑郁，还包括让人们健康状况恶化、频繁依靠酒精和药物来驱走内心的焦虑、失去和睦友好的社交生活，进而感到与世隔绝、无比孤独。然而，作为我们社会生活中滋生的毒瘤，这种不安全感却很少甚至完全没有出现在衡量生活质量的标准中。

我们没有讨论遗传基因、童年经历或在学校受到的待遇等方面存在的个体差异——尽管这些差异可能是造成不同个体脆弱程度不同的根源。相反，我们把这种普遍的心理状态作为公共卫生问题进行研讨。一直以来，公共卫生问题都是一个高度政治化的课题：从下水道的管理规定，到《清洁空气法案》，再到近期的关于汽车尾气排放的论战，莫不如此。正如19世纪德国病理学家鲁道夫·魏尔啸所言：“医学是一门社会科学，而政治也是一种医学，只不过规模更大而已。”本书也遵循了这种理念。

社交焦虑

我们会在乎别人对我们的负面看法，通常以害羞的形式体现。曾被研究者普遍引用的“斯坦福大学害羞调查”显示，在接受调查的美国人中，有超过80%的受访者表示自己在人生的某个阶段会感到害羞。有三分之一的受访者表示，在大部分的场合，有超过一半的时间都会觉得害羞。[8]有大概四分之一的受访者认为自己会习惯性地害羞。尽管有不到20%的受访者不觉得自己会害羞，但其中的大多数人也表示，他们有时的确体会到了害羞时才会出现的一些状况，比如脸红、心跳加快或者“肠胃里翻江倒海”。这些人之所以不觉得自己经常害羞，是因为他们只在偶然的场合感受到这种情绪。全部受访者中仅有 7% 的人认为自己从来没有害羞过。

2001—2004 年间，“美国国家共病调查-青少年补充”调查了超过 1 万名美国青少年（13—18 岁），要求受访者“对自己在不太熟悉的同龄人面前的害羞程度进行打分”。有差不多半数的受访者认为自己会表现出害羞，但根据他们父母的反馈，有超过 60% 的人都会害羞。[9]

感觉到害羞就意味着自我意识过剩，在与他人相处时会感到尴尬和焦虑，对自己的社交能力缺乏信心，这些都会导致一定水平的压力，从而干扰甚至中断思考过程。这会让人难以与别人产生互动或者享受别人的陪伴，更难以进行清晰的思考或自我表达——这些都会损害人们的职业生涯或社交生活。那些极为害羞的人可能患有社交恐惧症或社交焦虑症，但是，实际的临床诊断只会承认最严重的那一类：只有在人们的恐惧与焦虑感“远远与实际情况不符”时，他们才会被判定患有社交焦虑症。而这也在很大程度上反映出什么被视作“正常”。

有些人过度缺乏自信，已影响到正常的生活——他们觉得社交生活苦不堪言，所以尽可能避免任何与他人接触的场合。他们当中的许多人备受社交焦虑的折磨，社交带来的压力已远远超过其带来的愉悦感。接下来是四个不同的人的经历，全部来自“体验计划”（Experience Project）网站，这个网站的宗旨就是让人们有机会分享自己情绪方面的问题。

> 在社交场合，我会封闭自我，变得很笨拙。因为害怕别人的评头论足，害怕别人不喜欢我，所以我总是让自己与

他人保持距离。我只要听到人们放声大笑，就会觉得他们是在笑话我（这样想真的很蠢），我没办法控制自己不这么想。多年来，我逐渐适应了这种不合群的生活方式……

有时我会避开所有人，因为光是想到他们会指指点点我就难以忍受。

哪怕是走到沃尔玛超市结账柜台这样简单的事都会引发我的恐慌症。我会选择自助结账，这样就不用同任何人进行交流。

我在认识的人和陌生人身边都超级害羞，这已经严重影响到我的日常生活，以至于有些人听说以后觉得是我编出来的。我没有朋友。对我来说，去任何地方都很困难。我总是确保自己白天出门购物——如此一来我就可以戴上墨镜或者帽子，这些都是社交焦虑症发作时能给我安全感的物品。我会因为害羞而变得张口结舌、浑身冒汗，然后觉得别人看我就像看变态一样！这是个活生生的地狱，而我每天都在其中挣扎。

那个网站上有很多类似的描述反映出这种自己强加给自己的孤立感，它们明确地说明了这些患者感受到的巨大痛苦，解释了为什么这些人无法过上正常的生活。这些人高度焦虑，认为自己已经患上了某种精神疾病。他们从专业人士那里寻求医疗方面的帮助时，通常都会拿到抗焦虑的处方药（具有镇定作用的药物）和其他改善精神状态的药物。自1980年起，社交焦虑症正式被美国精神医学学会（APA）界定为精神疾病，被纳入《精神疾病诊断与统计手册》(DSM)。和寻常的害羞不同，社交焦虑症的流行程度经过了研究人员长期的精心测算：在过去的30年里，美国患有社交焦虑症的人数占总人口的比重已经从2%增长到了12%。[10-12]

不断攀升的压力和精神疾病患病率

近来，富裕发达国家中的精神疾病患病率变高，并且还在不断攀升。一份好的调查会极其小心，确保只有最严重和最令人无能为力的情况才会被纳入统计，而不仅仅是反映医学界或公众对精神疾病的关注程度的变化。专家评估精神疾病严重程度的标准相当严格,以此排除一些精神或情绪不适较轻的人。公信度较高、被广为引用的“美国国家共病调查-复查”研究了美国2001—2003年间的精神疾病的患病率，其问卷经过精心设计，足以识别那些有精神障碍的受访者。接受过培训的研究人员使用这些问卷访问了将近1万名受访者，通常是在受访者家中进行一小时左右的问话。[13] 在18—75岁的人群中，有46%的受访者反馈，在人生的某个时刻，他们身上出现了某种精神障碍的症状并持续了一段时间，影响了正常的生活。

但是，研究人员搜集来的这些数据最大的一个缺点在于，它们大部分都源自回忆。有些研究会进行回溯调查，即对同样的受访者进行重复访谈，结果发现，人们要么忘记了之前有过精神疾病症状,要么不愿意再次提起。这就意味着被广泛引用的数据——包括那46%声称自己有过精神障碍的人——在很大程度上低估了问题的严重程度。

那么，该如何证明精神疾病的患病率正在上升呢？我们可以对比不同年龄群体的个人经历。在回顾自己的人生时，比起老年人，年轻人的年患病率似乎更高。研究结果表明，这不仅仅是因为老年人记忆力有所下降。这些研究比较了连续数年内学生和儿童的焦虑水平，其中一项调查采集了 1952—1993 年全美各地的样本，发现在这 40 余年间，学生和成年人的焦虑水平都出现了巨幅增长，研究报告是这样描述这种巨变的："20 世纪 80 年代美国儿童的人均焦虑水平甚至超过 50 年代儿童精神疾病患者的焦虑水平。"[14] 在英国，伦敦国王学院的研究者发现，2006 年的青少年与 20 年前的青少年相比，有更多更严重的问题，特别是情绪上的。[15] 这种趋势在男孩女孩的身上都有所体现，不管他们是父母和睦还是生活在单亲家庭，又或者已经有了继父或者继母，也不管他们的家庭条件如何。2017 年，美国心理学会的一项调查显示，有 80% 的美国人称自己身上出现了至少一种压力症状，比如感到力不从心、抑郁、紧张或者焦虑。当研究者要求他们按照感受到的压力大小程度从 1（几乎没有压力或者压力很小）到 10（压力相当大）给自己打分时，有 20% 的受访者打了 8 分、9 分或者 10 分。*[16]

焦虑和抑郁是最常见的症状，其他一些常见的心理健康问

---

* 自本书首次出版后，一系列的研究已经证实，精神疾病的患病率还在不断攀升。2018 年，精神健康基金会报告，英国 74% 的成年人承受着过大压力，他们时常会感到力不从心，无法应付自己的生活。三分之二的成年人有过自杀的想法，其中又有一半的人曾经有过自残行为。同年，美国对全国范围内的 6700 名成年人进行了调查，发现 79% 的受访者每天都会感受到巨大压力，57% 的受访者表示，自己所承受的压力已经到了让人动弹不得的程度。20% 的成年人以及 52% 的年轻人存在的心理问题已经严重到可以被确诊为精神疾病。值得一提的是，所有这些受访者在物质上并不匮乏，甚至享受着前所未有的舒适感。——原书注

题的发生率也提高了，这些问题包括情绪障碍、冲动控制障碍和药物滥用等。既然这些精神疾病的患病率都出现了增长，背后肯定有某种共同的成因。毋庸置疑，焦虑肯定起到了推波助澜的作用。

我们很难评估在精神疾病的致病因素中，害羞和社交焦虑到底占了多大比重。除了少数例外，精神疾病基本都是按症状而非病因进行分类的。人们可以用截然不同的行为模式来应对同一种焦虑感：如果社交焦虑会让你每次外出前都感到惊慌失措，那么你可能被归类为患有广场恐惧症；如果这让你感到沮丧，那么就是抑郁症；如果多年来你为了让自己保持情绪稳定，逐渐产生酒精依赖，那么你就在酗酒，而酗酒本身也是一种精神疾病。如果你过于在意别人对自己的看法，总是想给别人留下一个好印象，或者过分在乎自己的形象，那么，也许（再考虑到一些别的原因）你会被认定为患有自恋型人格障碍。

心脏病的患病与许多诱因相关，比如缺乏运动、饮食不当、吸烟、压力过大、糖尿病、过于肥胖和患有高血压等，同样地，每种精神疾病背后也有不同的病因。不过，不仅大多数身体疾病和精神疾病都有很多病因，而且一种致病因素也会导致数种不同的疾病——可以理解为，这些“广谱”因素具备“多重致病”的特性。比如，单单吸烟就可以导致一系列的疾病，包括肺气肿、慢性支气管炎、哮喘、肺癌及其他十几种器官上的各类癌症、中风、糖尿病、心脏病，以及其他疾病。

研究表明，在患有社交焦虑症的人群中，有三分之二的人同时承受着双相障碍、饮食障碍和药物依赖等各类精神疾病的困扰。这也提醒人们，因焦虑而产生的害羞受各种各样精神疾病的影响，会不断加重——这一切都紧密关联，并非独立存在的个别现象。在和别人相处时自我意识过剩、压力过大、浑身不自在，有时还会严重怀疑自身的价值，这些杂糅在一起，对人们的社会存在发动了致命的打击。很难设想出能够对我们造成如此大的心理伤害的东西，这些状况既能破坏我们与他人的相处与交往，也能严重影响到我们对自身的认知。

经济增长给我们带来了前所未有的奢华与舒适，但随着时间推移，焦虑水平却不减反增，这似乎是自相矛盾的。生活质量较前几代人有了明显提高，这意味着不管是与祖辈相比，还是与那些物质生活水平没有出现飞跃式发展的贫穷国家的人相比，我们要担心的事情都少了很多。尽管如此，根据世界卫生组织的调查数据，对各国进行比较后发现，富裕国家中罹患精神疾病的人数要远高于相对贫穷的国家。[13]世界卫生组织在 21 世纪初进行的一些调查发现，精神疾病的终生患病率在美国高达 55%，而新西兰为 49%，德国为 33%，荷兰为 43%，尼日利亚和中国分别只有 20% 和 18%。

如果生活水平都已经提高，焦虑感却还是不断攀升，那么，我们就应该把病因研究的重点从物质生活匮乏转移到社交生活上去。自我意识过剩——包括感到害羞和社交焦虑——或许是焦虑水平激增的一个因素。但既然我们常以物质条件标榜自我身份，所以这一点也不能从产生焦虑的主要原因中排除出去。过去，人们主要担心如何才能保持物质和精神之间的平衡，现在，这种平衡关系已经发生了改变。如今我们的物质生活质量之高（大多数情况下），远远超乎几个世纪之前人们的想象。我们多数时候是在担忧如何才能维持一定的生活标准，担忧我们与这个社会的常态之间有无偏差，在这个社会中究竟处于何种地位。这种对自己生活水平的担忧与针对自我价值而产生的焦虑感以及前文提到的社会中的各类比较紧密相关。比如，大量的研究表明，我们的收入能带给自己多大的满足感和幸福感很大程度上取决于自己的收入水平和别人的相比到底是高还是低，而不取决于它是否能满足我们的需求。[17][18]我们不是说人们过去不会进行这种比较，而是说，现在这种比较远比过去更多地影响到了我们对自己的认知。

我们会担心别人对自己的看法，这种心理往往与对自己社会地位的判断和不安全感产生有力的互动。换言之，这种担心与诸多可能对社会地位造成影响的因素——从考试成绩、工作、金钱和职务晋升引发的焦虑，到担忧自己孩子在公共场合的表现——息息相关。

分开又聚集

媒体为有关焦虑和精神疾病患病率攀升的研究报告起了许多耸人听闻的标题："焦虑大爆发"[19]、"渐渐发狂的美国"[20]、"焦虑盛行，席卷英国"[21]。用评论家的话来说，"美国已经成为这个星球上无可争议的焦虑水平最高的地方"[22]，"在美国，严重到足以使人丧失行为能力的精神疾病患病率急剧攀升"[23]。研究报告中关于精神疾病增长比率的数据也和头条新闻差不多夸张："1980年，4%的美国人身患某种与焦虑相关的精神疾病，而现在，半数美国人都患有精神疾病。"[24]"焦虑大爆发影响到了820万英国人。"[21]"1987—2007年间，因精神障碍而丧失行为能力，有资格获得补充保障收入或残障保险的人数增加了近1.5倍。在同一时期，儿童发病人数增长了34倍。"[25]

大多数人都会在社交场合中感觉到不同程度的羞怯，有些人虽表现如常，却承受着极大的压力。那些在网上分享着自己严重的社交焦虑症的大众，比如前面引述的那些人，其中既有年轻人，也有中年人，有人还在当兵，有人已为人父母，甚至还有一些哪怕从事只需要很少社交的工作都觉得吃力的人。社会上没有哪个阶层的人不受社交焦虑的影响。本章开篇，我们引用了玛莎·贝克关于“派对焦虑”的看法，肯定能在很多读者中引起共鸣。[7]尽管以超强的户外生存能力、坚忍不拔的个性和应对各种突发情况的能力闻名，贝尔·格里尔斯的生活方式和一位时尚指导的生活方式也不会有太大区别。一档关于气候变化的电视节目曾邀请他与美国前任总统巴拉克·奥巴马一起参加录制，格里尔斯承认，自己最害怕的并不是毒蛇或毒蜘蛛，而是鸡尾酒会。

在公众面前亮相当然会让焦虑水平提高。在《卫报》的星期六专栏“我是怎样准备就绪的”中，名人们描述了他们是如何做好准备出现在大众面前的：这通常要耗费数个小时，有时甚至在亮相的前一天就要开始准备，尽管已经精心安排自己的服饰、发型、妆容和指甲，他们还是会紧张，并觉得应该喝几杯酒镇定一下。有些人还承认，如果觉得“自己没法胜任”，宁可取消预先安排好的公开露面。

即便不需要在大众面前抛头露面，大多数人也会觉得，从某种程度上来说自己就是不够好。当知道家中即将有访客时，大部分人会做一些吸尘、清洁或整理工作（其中可能只有极少数人会花钱雇别人来做家务），也就是说，我们更倾向于隐藏自己真实的生活状态——在朋友面前也不例外。当然，对那些非常熟悉的人，我们偶尔会破个例，不进行伪装：我们希望即便他们知晓我们真实的生活状态，也能毫无保留地接受。但面对其他大多数人的时候——通常也包括我们的姻亲和各种亲戚——我们还是会尝试着让自己的表现高于平常的水准。

虽然大多数人都会在客人来访之前收拾屋子，但我们更倾向于暗中做这些事。我们不会告诉客人，他们到门口之前我们才刚刚打扫好卫生，尽管大部分人都会承认事实的确如此。这种行为模式极其普遍，网上也会给出建议，教大家如何用最快的速度在客人到达之前整理好房间：如何在最短时间内完成大扫除。根据某项调查，人们在准备接待访客时，平均会花 28 分钟的时间进行打扫。[26] 人们对自己的家务状况到底有多尴尬，可以看看调查结果：有四分之一的受访者承认曾试图阻止客人进入家中，以免看到自己家凌乱的一面；在匆忙的整理过程中，有些人会把乱七八糟的东西藏进洗衣机、烘干机或者洗衣篮里；15% 的受访者承认自己会把脏碗碟藏进烤箱里。[26]

人们通常会掩饰自己这样做的动机，还会自欺欺人地说："我只是觉得，把家里收拾得漂漂亮亮，让客人过来时感到舒适会是件好事。"但事实上，人们只是觉得应该把这样一个可耻的秘密埋藏起来。同一个人会接着说："没必要让别人知道我到底能懒到什么程度，我当然不会以此为豪。但是……我有时也确实希望自己可以让人看见我平时乱七八糟的样子，而且不会因此感到焦虑，或者害怕会被人议论。"受访者表示，这样的话，自己一定会觉得"被解放了"。[27]

我们会过于在意自己的社交形象，就好像害怕别人看到自己的本来面目，就好像被人接受与否的关键在于能否隐藏自己的一些可怕事实：真实的长相、无知、衰老的迹象、失业、薪资过低、酒精成瘾、毫无幽默感、无法与人客套等。事实上，我们希望隐匿一些事情，以免别人由此对我们产生负面评价。

对于大多数人而言，这些焦虑感并不严重，但不管怎么说，它们还是给我们本就压力重重的生活带来了更多的负担，我们在面对其他困境时相应地就会更加脆弱。比如：为了让神经放松一些，你也许会逐渐习惯喝太多酒；你会对别人的言语更加敏感，开始变得暴躁易怒。紧张会让人变得更拘谨；还有些人会因为挫败感而变得抑郁。又比如：因为缺少轻松愉快的人际交往，你在面对他人时会变得更加偏执多疑。当这些困扰越积越多时，你会想假装生病，在工作中频繁请假。你也许会情绪性进食，或者发现自己染上了戒不掉的烟瘾。这些行为本身又会成为你想要在他人面前遮掩的生活习惯，或者成为你就此避开人群的理由，让你变得更加离群索居。

友谊与健康

因为强烈的社交焦虑而与他人隔绝坏处颇多。在过去的三四十年里，大量研究表明，拥有一群亲密好友并与他人积极互动，对健康大有裨益。除了能直接对人的健康状况产生影响，焦虑还会成为其他疾病强有力的催化剂，并大幅缩短人的寿命，因为它削弱了友情和群体社交生活的能量，使人越发孤单。

关于友情对健康状况起到的正面作用，最有力的证据来自一份 2010 年的研究报告，它汇总了此前 150 多份经过同行评议的调查，一共收集了超过 30 万人的统计数据。[28] 这份报告总结道，拥有众多朋友、享受良好的人际关系、与他人多有互动，这些办法不仅仅听起来不错，对健康和长寿的作用更是和戒烟差不多。身染慢性疾病的人可能会失去很多朋友，但研究结果表明，朋友越少，健康状况也会变得越差。

关于友谊和健康的研究通常都是通过观察得出结论的。研究者首先询问健康受访者的交友模式，然后对他们进行长期追踪观察，同时还会考虑受教育程度、收入水平或阶级方面存在的差异，以将这些条件相似的人放在一起进行对比。除此之外，也有一些实验性质的研究。其中一项研究包括在志愿者的手臂上烫出水疱，然后发现，那些社会关系比较紧张的人，伤口会愈合得更慢一些。[29] 在另一项研究中，研究者会给志愿者派发含有感冒病毒的滴鼻液，结果发现，即便考虑到抗体水平和其他一系列因素的影响，在同样的感染强度下，朋友比较少的人感冒的概率是朋友比较多的人的四倍。[30]

在人口统计数据中，影响健康或导致疾病的最直接的原因很有可能是人们过度拥有或者极度缺乏某种营养要素。例如，当营养不良时,维生素缺乏症的症状就格外明显。在长途海上航行中，人们缺少新鲜水果蔬菜补给，因此坏血病是不可忽视的隐患；但在营养摄入充分的人群中，特定营养物质对健康的影响就不那么突出。友谊关系也是如此。因为研究依赖于比较，所以大量随机抽选的实验样本中不仅包括那些人际关系良好的人，还包括许多社交量未能达到一定标准的人，以此可以证明友谊与社交人脉网确实对健康有积极作用。这是一种很奇特的悖论：在现代化、人口密集的大城市中，居然缺少友谊和良好的互动关系。也即，人们虽然在一起，却又彼此隔绝。因为认识到社交生活对健康的重要性，德国人有时候会把社会关系称为“维生素 B”——“B”指代的是德语单词“Beziehungen”，意思是“关系”。为了谨记友谊给健康带来的益处，说英语的人也可以牢记“维生素 F”* 的重要性。

* 取“友谊”英文单词“Friendship”的首字母“F”。——译者注

友谊对健康的有益影响主要在于能够减轻压力、增加社交过程中的舒适感，也就是说，这样一来人们就不太可能完全“把自己的内心封闭”。更乐于社交的人与不擅长社交的人，他们健康状况的区别在一定程度上也会反映出所承受的压力和焦虑感的不同，这两者又会影响他们的态度，促使他们欢迎或者尽可能避免社交接触。即便有些人只是有一点害羞或不自在，他们有时也会因为觉得社交活动要耗费太多精力而更乐意待在家里。更容易受社交焦虑影响的人在社交场合总是觉得压力过大，因而会将这种场合看成一种煎熬，并尽可能避免。

长期处在压力状态下对健康极为有害。压力会干扰许多生理活动，包括免疫系统和心血管系统的正常运转。如果压力状态持续很久，它产生的影响和快速衰老类似：人们会更早遇到老年人才有的健康问题，比如，罹患变性疾病和过早死亡的风险。假如承受的压力没那么大，但也持续数月甚至数年，证据表明（图 1.1），死亡概率还是会提高，预期寿命也会缩短。[31]

当然，有时可以根据人们拥有朋友的数量来判断社交到底会给他们带来多大压力，但友谊和健康之间的关联并不仅限于此。这个问题的核心在于，人们会怎样判断他人对自己的看法，是喜欢还是不喜欢，是珍惜还是无视。拥有珍视你的朋友，你的自我感觉会更好一些，从而增加自信；而被人排斥、无人需要的感受则会产生相反的效果。友谊的作用是双向的：拥有多少朋友这件事能反映出一个人觉得社交接触是轻松还是困难，而另一方面，拥有朋友会增强一个人的自我效能感与自信。[32][33] 毕竟，人不太可能在感到被他人排挤的时候还保持充分的自信。

和朋友一起聊天、开玩笑是很重要的娱乐活动，甚至可以说，朋友和良好的社会交往是获得幸福的关键。经济学家理查德·莱

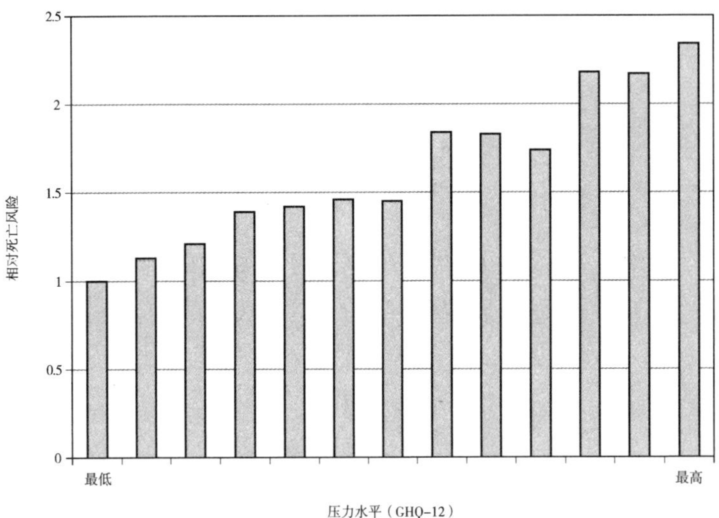

图 1.1：人们感受到的压力越大，死亡率就越高。图中数据涵盖 75936 人（35 岁以上，生活在英国）中的 8365 个死亡样本，他们承受的压力水平是通过一系列关于焦虑水平、抑郁程度、社交障碍和自信心缺失的测试衡量出来的。[31]

亚德在著作《幸福的社会》中罗列证据表明，婚姻、友谊、投入社区活动和志愿工作都在很大程度上为幸福度的提升做出了贡献。[34] 一项更新的、于 2014 年发起的研究收集了来自 25 个欧洲国家的近 5 万人的调查数据，结果证明，良性的社交互动，以及对别人的充分信任都会提升人的幸福度。[35] 人类本质上是一种社会动物，人们通常低估了这一点，我们其实很享受轻松的社交接触，这种快乐往往被忽视了。究竟是要赚更多钱，还是拥有更多社交？数据表明，与他人有更多互动产生的额外幸福感相当于每年增收 8.5 万英镑。[36] 从这个角度说，如果快乐可以标价出售，似乎很少有人能够买得起。

挑战所在

当代发达国家中的社交焦虑水平如此之高，说明形势十分严峻。友谊和良好的社交对于保持健康和幸福至关重要，但人们总是退缩，避免与他人碰面互动。

如果能解决这个问题，不仅可以改善深受社交焦虑困扰的人的生活质量,即便是那些较为健康的人也能从中获益。幸运的是，问题的根源以及解决方法都越来越明晰。多项研究表明，在贫富收入差距更大的社会中，社区公共生活的影响力更弱，而收入差距较小的社会则更团结。生活在更平等社会里的人更容易参与地方团体、志愿组织和公民社团。[37] 人们更容易与他人相处，更愿意信赖、帮助彼此，暴力事件发生的概率（用凶杀率衡量）也总是更低。[38-40] 在相对更平等的社会里,人们更容易与他人相处。

早在法国大革命爆发前，人们就已经形成了广泛的共识，认为不平等会引发纷争并对社会造成巨大破坏。[41] 现在我们收集了足够的数据，能够对不同国家存在的不平等——以富人和穷人的收入差距为测算基础——进行对比，结果很明显，上述依据直觉形成的观点绝对正确，甚至比我们预想的还要精准。这已经不是某些人私底下做出的一种揣测，而是——数百项研究结果均可证明——一个客观上可被证实的事实。[2][3] 下一章中的图 2.7 会表明，各个国家收入不平等的情况与人们在地方团体和组织中的参与程度存在联系。在《公平之怒》一书中，我们也呈现了不平等与信任度之间类似的关联。

我们认为，在相对更平等的社会里，人们的公共生活参与度更高，对此最可信的解释是，在这样的社会环境中，人们面对他人会更加放松。这是因为较小的个体差异、相对更平等的关系会让人们更容易与别人打交道，毕竟大部分人还是倾向于挑选与自己条件相当的人作朋友。尽管这一点毋庸置疑，但是两者间的因果关系并没有这么简单：人不仅仅是在与高自己一等的人接触时才会受到社交焦虑的影响，即便是与和自己条件差不多的人接触，也会担心是否能给对方留下一个足够好的印象。

其中暗含的逻辑（同时也是有最多证据支持的解释）是，一个社会的等级体系越严密，就越是会根据人们固有的个人价值来进行等级划分，人们也就会对自己的个人价值产生更强烈的不安全感。事实确实如此，我们在第 6 章和图 6.7 中还会看到，在更加不平等的国家中，社会流动性也更小。尽管个体的能力存在差异，但在这样的国家里，人们还是更倾向于通过一个人所处的社会地位来判断他的个人价值到底是高人一等还是低人一等。如此一来，社会评价威胁就不可避免地增强了，人们对于社会地位的焦虑也加重了。社交环境中的攀比现象更令人忧心忡忡，对个人价值的不安全感也逐渐增加。

不安全感和社交中的攀比不仅包括传统意义上与社会地位有关的议题，还涉及任何可以被判定为积极或消极的个人特征。在社会阶层划分和个人价值评判中，从长相气质、聪明程度，再到平时的娱乐活动、肤色、审美趣味和消费能力，这些都被赋予了更多的社会意义。如果说社会中的各种比较源于动物群体中存在的力量方面的对比，那么可以说，人类社会中的这种比较变得更加多元化，没有那么单一了。

接下来，我们将会提供简短、细致的解释，说明人们对自我价值的判断，以及对自己是高人一等还是低人一等的判断，会被他们所在的社会发生的各种不同的结构性变化所影响。这些问题至关重要，不只是涉及那些承受不同程度的社交焦虑的人，而是牵涉我们所有人，正如本章开篇查尔斯·库利明确指出的那样，我们都会受到他人看法的影响。

平等主义的起源

尽管不平等是导致我们对彼此做出不同评价，并为他人对我们的评判感到焦虑的核心因素，但这种不平等在人类社会中的起源伴随着农业的兴起，是相对晚近的。层级分明的阶级系统也是在这之后才变得根深蒂固的。大约在5500年前，底格里斯和幼发拉底河谷人口比较密集的农业社会中开始出现社会阶级，随后才出现在世界其他区域。[42][43] 在农业社会之前，人类以狩猎和采集为主，形成的社群极为平等。他们小规模地集聚，完全靠捕猎或者搜寻到的食物为生，几乎和动物的生存方式相同。但早期的人类社会并没有像许多动物族群一样划分出等级：最强壮的个体先吃；强势的雄性占据主导地位，掌控着与群体中雌性的接触机会。我们在第5章中会看到，在进化史90%以上的时间里，我们都“在生理结构上是现代的”（意思是，长相和我们现在差不多，大脑容积也和现在一样大），平等是人类社会中的常态。人类学的研究表明，在早期人类社会中，维持个体间的平等主要靠一种“反支配策略”：那些表现出一副盛气凌人的模样、想要占据主导权的人通常都会被群体忽略、嘲笑，甚至驱逐，以让其他人维持独立自主。[44]

现代人类学对最近的狩猎采集社会的研究表明，尽管是在一个人人平等的集体社会中，人们还是会注意并看重每个个体的生存技能、生活经验和能力的差异，也就是说，才能更突出的个体会被大家尊重和重视。然而，这并没有赋予他们高人一等的权力。

那时还不存在这种社会系统，会根据某种社会阶级与个体价值的高低来决定一个人应该变穷还是变富、应该生活得舒适还是艰辛。

社会等级制度的发展

在几乎所有的阶级社会中，我们对他人的看法、处理彼此关系的方式不仅建立在个人价值存在差异这种想法的基础之上。此外，我们还会做出假设，认为人们有档次之分——从顶层最优秀的人到底层最没有价值的人、从最有能力的人到最无能的人、从最令人钦佩的人到最让人轻视的人。在这种阶级制度中，人的层级越低，就越有可能产生一种被侮辱的感觉。很难设想还有什么比阶级划分更能加深人的不安全感，让人时刻在意自己究竟像个成功人士还是失败者、性格有趣还是无聊、聪明还是愚蠢、受过良好教育还是粗鄙无知。

别人对我们的看法会深入我们的内心，影响我们对自己个人价值的评判——或是期待，或是恐惧、担忧。我们在第 7 章中会看到，大量个人偏好和行为习惯——比如审美趣味、语音语调、餐桌礼仪、对艺术的了解程度等——都会成为社会地位的标志，仿佛其存在就是为了给那些粗心大意的人使绊子，以暴露他们的真实水平。令许多人感到痛苦的身材与体重问题也属此列，因为人们知道，它们都会影响工作和婚姻的选择范围：有魅力的人更有可能在社会阶梯上一路攀升。[45][46]

但是，不同的社会有不同的阶级划分。位于英国德比郡的哈登庄园建成于 12 世纪，以“现存最精巧的中世纪堡垒式庄园”而闻名。当访客来到正厅时，他们会了解到，当初所有人——包括拥有庄园的贵族家庭成员和他们所有的仆人——都会在这个巨大的房间里居住与休憩（通常睡在地上）。这样一个 50 人左右的群体共享这种亲密关系，即便在当代的纯血亲家庭中也实属罕见，但这在当时属于正常现象。后来，不同阶级人群之间如此亲密地交融逐渐变得不为社会所接受。几个世纪之后，哈登庄园里也竖起了墙壁，将房间分隔开来，好让庄园主一家拥有更多隐私，上等人和下等人的社会阶级差距也变得更加明显。

到了 19 世纪，不同社会阶级的划分更加明显，差不多所有中产以上的家庭还是会让仆人们住在自己的家里，但尽可能使双方不进行直接接触。仆人们睡在拥挤狭小的阁楼上，平时则在位于地下室或一楼的厨房、洗碗间里忙个不停。为了让他们在从阁楼下到地下室的过程中不和雇主直接见面，这些房子除了主人使用的宽敞楼梯外，通常都会安设仆人专用的狭小楼梯。这样做就是为了保证不同阶级的人即便住在同一座房子里，也几乎不进行正面接触。出于同样的考虑，除了正门外，他们还会开设一个仆人和商贩专用的小门。当然了，区别对待的背后暗含一种意识形态，认为上层阶级的人拥有与生俱来的修养和气质，把他们和那些“粗鄙”“庸常”的下层阶级的人区分开来。

稳定不变的社区的式微

别人的看法之所以会让我们愈发焦虑，部分原因在于，现在我们多数人生活的环境不再是一个稳定不变、所有人打小就认识彼此的社区。恰恰相反，在日常生活中的大多数时候，我们周围都是些陌生人。其带来的结果是，曾经别人对我们的看法建立在一生的相互了解之上，很难发生变化；如今，别人对我们的评价会不断变化。而在满是陌生人的社会里，外在形象和第一印象变得尤为重要。

在不知不觉中，熟人社会会营造出一种氛围，外来者立马就会发现，生活在其中的每个人的身份都相对稳定，对于社会地位的焦虑感也没有那么强。本书作者之一理查德在30年前曾去过一个法国的村庄，那里的农户显然就处于这样的生活状态。人们全无矫揉造作之态，也不佩戴任何装饰之物，人人都自然而然地表现得十分务实。因为不需要取悦外人，所以农户家中很少甚至没有任何纯粹的装饰品。而城里人则大相径庭，他们虽然居住在狭小的居室中,但还是会试图在家里腾出一个“前厅”，专门用来接待访客。

当然，一生都居住在一个缺少现代交通、流动性较低的稳定社区也有局限性，不仅发展机会有限，人们也很难改变固有成见，很难重塑自我形象或是摆脱污名。当一位住在那个法国村庄的农夫被问及，生活在同一个小村子、一辈子都和同一群人打交道是什么感觉时，他想了想，略带挖苦地说：“你会了解到所有人的缺点。”

现代社会高度的流动性意味着，不管我们是否喜欢，都不会有人对我们有深厚的了解，我们的身份不会固定下来。但是，他人对我们的看法并没有因此变得不那么重要，而只是没有从前那样根深蒂固而已。只有少数亲密好友和亲戚家人对我们有比较固定的看法，其他人的则是未知数。因此，我们对自己的认知也不再坚定，经常会起起伏伏，更容易受到不同心境的影响。因为缺少熟人社会中的人对我们做出的相对稳定的评价，故而我们每一次与他人相遇，似乎都必须努力在他人心中树立一个积极正面的自我。对于他们而言我们是一片空白，给他人留下好印象还是坏印象完全取决于我们自己的努力。

社会流动性

每个人如何理解、感受自己在社会中相对更高或更低的社会地位，也会因为这个人通常情况下是只能继续待在自己生下来就隶属的阶级（通常是上一辈家人所属的阶级），还是可以在后天改变自己的社会地位而有差别。这是社会学家称之为“继承”与“后天获得”的社会地位之间的区别。在社会流动性很低甚至为零的社会里，阶级归属被看作出生时的造化——尽管你可能生于一个相对低等的社会阶层，但你本人不需要为这种卑微的社会地位负责，有这样的父母也不怪你。但在另外一些社会里，人们会因个人才华和努力而向上或向下流动，也就是说，社会地位就更能体现出一个人的能力或品质，在这样的社会中，地位低下会被视为失败。

有种观点认为，现代市场经济下的民主信奉精英管理，主张“任人唯贤”，因此，阶级地位既反映了个人的能力，也暗示这些社会在某种意义上相当公平，即社会地位上存在差异是合理的。其结果就是，社会地位越低，就越像是在表明这个人能力不足，是个失败者。如此一来，本就普遍存在的偏见被强化了，人们会根据别人的社会地位判断其能力和水平，从而使较低的社会地位更加具有侮辱性。这些偏见不仅影响我们对他人的评判，还让人们对自身智商和能力水平的判断起起落落。

在学校，社会地位反映个人价值的信念通过一轮轮的考试和测评被巩固和加强。这些考评通过把我们与他人进行比较来给我们的能力进行评级，这样的过程会给某些人留下永久的心理创伤，同时又会让另外一些人一直都怀有优越感。离开中学之后，假如你继续读大学，这所学校名气如何、你能取得怎样的成绩，有的时候都会被当作评判你个人价值的指标。成年之后，社会中的种种公然比较会通过不同形式的面试及评估伴随你的一生。退休的一个好处就是，你知道自己再也不需要经历正式的考核排名、被拿去和别人进行比较了。但人们还是会以非正式的形式对你在社会等级中的位置进行判断。

收入不平等

在一个社会中，收入和财富的差异程度不仅仅是地位和阶级划分的额外参考因素。它们现在提供了主要的框架，社会地位的衡量标准建立在此基础之上。事实上，更大的收入差距会让社会阶级金字塔变得更加陡峭高耸。法国社会学家皮埃尔·布尔迪厄在著作《区分》中论证了我们用收入水平来衡量社会地位的频率有多高——不仅通过汽车、服装和房子展示购买力，还会通过一些能体现“品位”的指标来进行衡量，比如对书籍、餐厅和音乐的选择。[47] 这种趋势表明，更大的收入差距会导致甚至鼓励制造更明显的地位差距。如此一来，也出现一种趋势：更富裕的人会被大家认为高人一等，而他们自己也认为自己比别人强（进化心理学对此给出了一些解释，我们会在第 5 章进行讨论）。不平等越明显，金钱就越会成为衡量社会地位、彰显“个人价值”的指标。

在《公平之怒》一书中，我们提到，收入差距越大，阶级和社会地位的影响力就越大。[1] 一些跟社会地位有关的伴生问题，比如健康状况不良、暴力行为频发，以及教育水平随着社会地位的降低而不断下降，都会变得更为常见，在收入差距更大的社会里甚至还会进一步恶化。收入差距越大，人们生活方式的差异也就越大，这一切都彰显出社会地位的不同，位于社会底层的人也会感受到更多、更明显的不公。

在几乎所有的社会中，物质条件方面的差异都是决定社会地位的关键要素。排名制度最终还是为了获得资源，无论是现代生活中的金钱、封建社会中的土地所有权，还是占支配地位的动物可以优先获得食物等。权力很重要，它使人优先获得所有必需品和可供享乐的奢侈品。尽管有可能会误把影响社会地位的外在要素视为其基础，但当你真的大发横财或者痛失巨款时，你的社会地位总会受到影响。19 世纪时，人们还觉得阶级是天生的，因此，那些酗酒或者嗜赌的人仍然可能被看作“上流穷人”；但是到了下一代，他们家族就成了普通的穷人。同样，如果你赚到相当一大笔钱，一开始会被看作“暴发户”，但等你的孩子以及孙辈都多少受到了上层阶级的教育时，他们就会被身边那群家境相似的世家子弟所接受。尽管很难辨识或衡量通过社会流动融入新阶级的过程，人们还是会有这样的感觉——至少富裕国家的人会有——社会流动的速度自 20 世纪起变得更快了。因此，现在更清楚的一点是，收入和财富方面的差距会强有力地影响社会各个阶级的金字塔结构，无论是坡度陡峭、穷富差距悬殊，还是坡度较缓、人们之间的社会地位差距较小。

现在，这些富裕的市场化国家几乎毫不掩饰金钱的重要性，别人对我们做出评价，或是我们试着影响别人对我们做出的评价时，金钱都发挥着重要作用。最明显的象征社会地位的标志——房子、汽车、假期安排、服饰品牌、科技产品等——几乎都涉及大笔花销。看起来似乎是，花的钱越多，就越能展示地位。

美国经济学家、社会学家索尔斯坦·凡勃伦于 1899 年首次提出“炫耀性消费”（conspicuous consumption）的概念，让人们注意到这种为了炫耀社会地位而进行的消费。[48] 当代研究也充分表明了这一点，人们越富有，就越会选择将钱花在一些能让他人明显看出自己优越社会地位的奢侈品或者服务上，而不是去买体现不出这些特质的商品或服务。因此，当人们越来越富裕时，他们会选择花更多的钱购买一些公开可见的商品或服务，比如最新款的高端手机、纯种狗、名牌手表、珠宝首饰和豪车等，而不是买一些摆放在家里的室内陈设。既然是在“炫耀”，那些别人看不见的东西就没那么重要。[49]

凡勃伦生活在所谓的“镀金时代”，当时的收入差距以及贫富差距都非常大，像安德鲁·卡内基和约翰·D. 洛克菲勒这样的一批人在此期间积累了巨额财富。凡勃伦于 1929 年去世，此后的很长一段时间里，社会中的收入差距不断缩小，但 20 世纪 70 年代末之后，又开始扩大，如今甚至超过了凡勃伦生活的时代。这段收入不平等状态的长期变化趋势可以在最后一章的图 9.1 中看出。

中间一段时间人们为更多的平等所做出的努力都白费了，许多银行家和公司首席执行官获得的巨额薪水和奖金足以让他们创建起属于自己的财富王朝，令其子孙后代可以永远“不劳而获”。在凡勃伦那个时代，贫富之间的巨大差距导致了如他所言的那种“炫耀性消费”，同理，20 世纪 70 年代末，随着不平等逐渐扩大，我们的社会中也出现了愈发激烈的社会地位竞争与日渐盛行的消费主义。

低收入虽然限制了贫穷人群的购买能力，却没有消灭他们对阶级上升的渴望，反而强化了它，因为他们渴望摆脱令人备受屈辱的社会底层。也正因为如此，2011 年夏天，英国各地的年轻人同时发起社会骚乱时，他们偷的最多的就是名牌服装和高端电子设备。[50]

社会等级影响我们的程度不仅取决于贫富收入差距，也与日渐兴盛的炫耀性商品相关，这两者都让收入和社会阶层的差异更加直观，因为外在富有与否总是被用来衡量一个人的内在价值。另一方面，由于越来越明显的不平等让每个人的社会地位更加直观可见，我们也倾向于依据一个人的社会地位来评判他。正因为在社会评价体系中焦虑感越来越强，有关自尊、自信的困扰和对自身社会地位的不安全感也就更加令人伤脑筋。

在许多大型跨国公司中，其首席执行官的薪资是公司全职雇员最低薪资的三四百倍。在如今这个常通过比较收入水平来划分阶级的社会中，很难找到比这更有效的方法来告诉绝大多数人，他们几乎一钱不值，甚至不配得到别人收入的 0.25%。有些评论家认为，穷人缺少自尊，仿佛这是造成他们贫穷的原因，而不是他们所处的境遇带来的影响，这样的观点低估了收入和社会地位之间的关联。

重新设想平等关系

也许因为长期生活在阶级社会中，我们很少甚至从不停下来想象在人人近乎平等的社会生活是怎样的感受。或许，那时我们不会因为阶级和社会地位的不同而产生任何不安全感。我们默认重塑自信、在社会中如鱼得水的唯一方法就是接受更好的教育、提升自己的社会地位。这之后，我们会变得更加富有或者成功，过上一种更加有趣、令人艳羡的生活。

一些耐人寻味的证据表明，在一个更加平等的社会中生活，可能会让你的人际关系和压力水平发生根本性的变化。几项近期研究发现了“现代化”的心理作用，也就是从传统农业文明过渡到现代城镇社会对人的心理造成的影响。比如，众所周知，经常面对压力的人血压容易升高。[51][52] 正因如此，在发达国家，血压会随着年龄的增加而升高被当作一件很正常的事。然而，有些研究已经发现，在没有农业基础的部落社会，那里的人们在没有阶级划分的社群中生活，他们的血压并不会随着年龄增长而升高。[53–55] 国际盐与血压研究（Intersalt）调查了来自32个国家的1万人的血压，发达国家样本中六十几岁老年人的平均血压总是要比二十几岁年轻人高出12—25个点（收缩压，mmHg）。只有两份样本中的血压不会随着年龄增长而升高，分别来自亚马孙雨林的欣古（Xingu）部落和雅诺马米（Yanomami）部落。即便在比较时考虑到了饮食习惯、盐摄入量和肥胖的影响，也会得出同样的结果。

这些部落里的人几乎赤身裸体地群居在一起，他们的棚屋里没有私人空间，这种程度的暴露和亲密接触会令生活在现代社会的人非常不适。如果大部分人强烈认为需要给自己保留一块不受他人打扰的私人空间，那么他们的习惯就会演变成在不同居所之间竖起墙壁或者屏风，就像哈登庄园的所有者一样，想办法把自己与公共休息区隔开。在发达国家的公民眼中，这种部落群居模式相当骇人，这也体现出人们的关系已发生了根本性的变化。

另一项研究提供了另一个分析角度，记录了意大利一所封闭的修道院中所有修女的血压数据。尽管她们和当地人吃得差不多，但研究结果表明，在接下来20年的跟踪观察期内，她们的血压并没有随年龄增长而升高。研究者认为，这是因为她们生活在没有压力、封闭的修道院中，“她们生活的特点就是静默、冥想，并与（外界）社会隔绝”。[56]

我们很难揣测，在这些大相径庭的社会中生活的人们究竟拥有怎样的心理。也许我们那些只知道采集狩猎的祖先并不觉得，只有把自己不讨喜的缺点遮掩起来，才能赢得别人的尊重与接受，而现代人则认为个人隐私是受法律保护的权利，但祖先肯定会觉得这种观点很陌生。当然，此刻提出这些问题并不只是想要知道从前的人类社会到底是什么样的，而是要理解社会评价威胁到底有多严重，它在我们面对的社会与心理难题中发挥了怎样的负面作用，又该如何将其消除。更多的私人空间也会引发焦虑，人们会更担心别人发现被自己遮掩起来的秘密；而且，因为坦诚总是和“光明正大”“开诚布公”“众人皆知”的行为挂钩，更多的私人空间也会造成互不信任和互相怀疑。

在接下来的章节中，我们将会从对问题进行分析过渡到研究有哪些可以解决问题的办法。在第 2 章中，我们会证明，生活在贫富收入差距更大的国家的人会更容易感受到身份焦虑。不管个体收入水平如何，生活在更加不平等社会中的人会更担心别人对自己的看法和评判。我们还会列出其他研究结果，表明这样的焦虑感会对人们体内应激激素水平产生格外强烈的影响。不可避免的是，越是不平等，人们就越倾向于认为社会顶层的少数人格外重要，而社会底层的那些人几乎一文不值。这又会导致我们更倾向于根据身份地位评判别人，也会为别人眼中我们所处的位置而感到焦虑。

面对贫富差距带来的社会评价威胁，似乎有两种截然不同的反应。严重的社交焦虑会让一些人觉得，参与社交生活等于一直要和自己的自卑感进行抗争。由于缺少自信，并且极度害羞，这些人倾向于从社交生活中完全抽离，并且通常都会变得抑郁。第 2 章还摆出证据，表明这种态度在更加不平等的社会中尤为普遍。

还有证据表明，其他一些常见的涉及对自己的评价——是高人一等还是低人一等——的精神疾病，在收入差距更大的社会中更为常见。

另外一种常见的反应几乎完全相反。我们会在第3章中展示，和那些完全从社交生活中抽离的人相反，许多人面对身份焦虑、担心他人的评判时，会为自己打造一个十分夸张的正面、积极的形象，显然想借此掩藏自己的不自信和疑虑。与其对个人能力和成绩抱一种谦虚的态度，他们反倒是会表现出自恋、自我吹捧和自我推销的态度。对于大多数人而言，这种应对方式其实就是给自己戴上一张无所畏惧的面具，展示出自己最好的一面，并努力掩藏自己的不安全感。当然，肯定也有一些人本来就脸皮很厚、自我意识过剩、坚信自己与生俱来高人一等。第 3 章也会呈现证据，说明随着不平等的进一步扩大，自恋心理和夸大自我的表现也会增加。

前文中提到的心理学家阿尔弗雷德·阿德勒在 20 世纪初就进行了相关研究，虽然那时还没有充分的数据资料，但他在理解人们应对社交焦虑的行为方面取得了重要进展。无论人们是被低自尊所笼罩，还是将这种自卑藏在自恋的外表下，只要社交焦虑水平增高，他们就会利用各种“道具”来帮助自己舒缓心情、增强信心，或者减少对自我的压抑。结果人们就会对酒精、药物和大量治疗精神疾病的处方药产生依赖，希望借此来克服强烈的焦虑感。此外，消费也是一种抑制社交焦虑和身份焦虑的方式。社会评价威胁越大，就意味着外在呈现越重要，人们受消费主义影响越严重，努力想要给自己创造出一个正面的形象。我们会在第 4 章仔细探讨这些反应，以及其他有助于增强自信的“道具”。

我们在第 5 章中会探究社交焦虑的起源，以及这种心理在人类心智中占据的重要位置。该章重点关注我们对他人评价的敏感度，以及良好的社交关系到底能在多大程度上决定人类生活的幸福度。同样，我们也会展示，忽略他人对我们的评价和反馈是多么严重的错误。关注他人给予我们的回应对于幸福生活而言至关重要，因为其他人既有可能在任何时刻成为我们最重要的合作伙伴或帮手，也有可能在人生的方方面面成为我们最可畏的敌人和竞争对手。

在第 6 章中，我们证明了这样的想法是有错误的，即认为这个社会的阶级划分遵循的是精英管理的原则，根据与生俱来的能力把最具才能的人排在最高位，把最无能的人放在最低位。坚信人类的智商和能力在基因中就有明显的差异，从而决定了他们最终能被划分到哪个社会阶级，这种观点几乎与真相背道而驰。脑成像技术不断发展，我们也不断了解到人类大脑的可塑性到底有多强，因而，真相越来越明晰：能力方面最重要的差异取决于一个人来自哪个社会阶级，而不是反过来，能力差异决定一个人的社会阶级。

在第 7 章中，我们会探讨在不同文化中，身份的标志是如何彰显或者说“包装”收入与财富方面存在的巨大差异，以及如何维持明显的阶级差异。不同阶级间的文化差异之所以存在，似乎主要就是为了证明身份地位的不同，这样就可以区分出那些无价值、可排除在外的人。

理解这些问题是为了提出解决办法。在最后两章中，针对如何在社会中减轻这种强烈又极其打击人的不安全感和自我怀疑，我们建议推动在收入、阶级和权力方面实现相对的平等。尽管如此，我们在第 8 章中也指出，在我们思考如何实行激进的社会变革时，必须考虑到迫切的环境可持续性问题。挑战在于，既要从根本上消灭不平等，又要维持一种对环境友好、可持续发展的生活方式。幸运的是，不平等并不利于实现可持续发展，我们可以看出，更广泛的社会平等是我们能与这个星球和谐共存的前提。当然，我们不是要勒紧裤腰带，大幅降低生活质量，而是要找到一种与人类的社会性在本质上更为契合的生活方式，以取代物质主义，毕竟，那样的幸福生活只是一种错觉。我们坚信能够创造一个更平等、可持续性更强的社会，从而改善所有人的生活质量。在第 9 章中，我们会证明，这个目标的实现靠的不仅仅是对部分人的收入实行再分配，而是在社会关系的基本架构中更深入地培育一种平等意识，从而为我们所有人带来更好的生活。

第一部分

思想中的不平等

第2章

自我怀疑

“想要试吃一下抗抑郁药吗，先生？能让你的日子好过一点！……免费的抗抑郁药，女士，你感兴趣吗？”

别人也会有这种感觉吗？还是我确实出了什么问题？……我确实觉得自己会在别人面前隐藏真实的自我。

——2012年，聊天网站“我只想一个人待着”帖子

焦虑症的流行

为了验证我们的假说，看看收入不平等是否真的会让所有人对身份地位以及他人的看法怀有更强烈的焦虑感，社会学家理查德·莱特和克里斯托弗·惠兰对平等水平不同的社会中的人们的身份焦虑水平进行了比较。他们采用了2007年“欧洲生活质量调查”收集的31个国家（27个欧盟国家，外加挪威、克罗地亚、马其顿和土耳其）共35634名成年人的数据。[57]

“一些人看不起我是因为我的工作岗位或收入水平”，受访者被要求针对这个问题，以同意的程度来给分。这看起来是个合理的衡量标准，足以看出不同社会中的人是不是或多或少在意自己的社会地位以及因此展开的竞争。研究者发现，在不同国家中，同意或者强烈同意这一观点的人占总人口的比重存在巨大差异。

在所有这些国家中，随着人们收入水平的降低，身份焦虑会逐渐增强，而且，如你预想的那样，收入最高的人明显没有收入最低的人那么焦虑。但是，在更加不平等的国家，任何收入水平的人的身份焦虑都比较严重。正如我们所预测的，更大的收入差距会加重所有人在社会评价体系中的焦虑感，让他们更担心自己的身份地位，以及别人对自己的评价。

在图 2.1 中，最上方的实线代表的是在贫富差距较大的国家中人口的身份焦虑水平，最左侧的是这些国家中收入最低的十分之一人口的身份焦虑水平，最右侧的则是收入最高的十分之一人口的身份焦虑水平。中间的线代表的是差距中等的国家，最下方的虚线代表的是差距较小的国家。不管你属于高收入群体还是低收入群体，在贫富差距较大的国家中，你都更有可能感受到强烈的身份焦虑。在该项研究涉及的国家中，身份焦虑水平在罗马尼亚、波兰、立陶宛、拉脱维亚、葡萄牙和马其顿等更加不平等的国家中更高，在捷克、丹麦、挪威、瑞典、斯洛文尼亚和马耳他等相对更平等的国家中则相对较低。其他西欧国家的不平等水平大多处于中位。收入不平等会提高社会中人们的身份焦虑水平，最有可能的解释是，它让人更强烈地感觉到社会顶层的人尤为重要，而社会底层的人几乎一文不值。而且，当金钱成为不可撼动的衡量个人价值的标准时，所有人都会更担心自己的社会地位。

身份焦虑水平存在差异，这一点很重要。人们已经发现，因社会评价而焦虑会产生格外巨大的压力。许多研究证明，当人想要做某件会带来很大压力的事时，体内应激激素水平会发生变化。通常情况下，研究者会在一项压力很大的任务开始前、进行中和结束后分别测量志愿者血液或者唾液中皮质醇（一种主要的应激激素）的水平。而在不同的研究中，测试者采用了不同的活

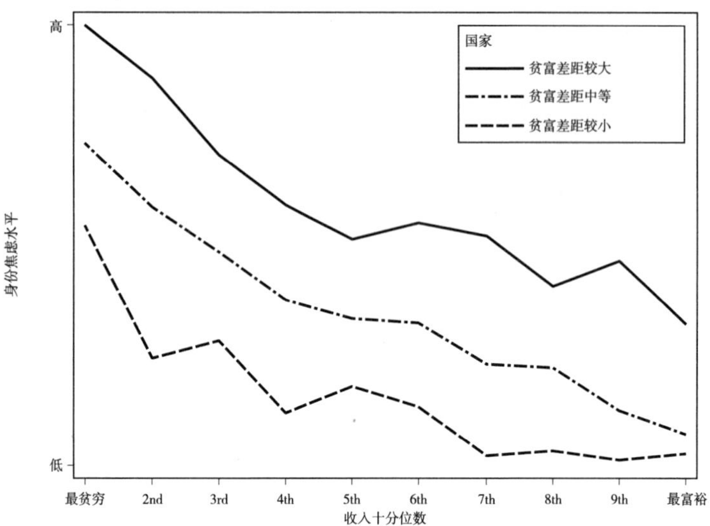

图 2.1：在更加不平等的国家中，各收入水平的人的身份焦虑水平都会更高。[57]

动让志愿者感受到压力。有些测试要求志愿者解决数学难题——有时还会公开宣布他们的得分，造成尴尬；有些测试要求志愿者写下曾经历过的不愉快经历；还有些测试交代给他们一些需要口头交流的任务、对他们进行拍摄，或者让他们听到巨大的噪声。通过种种能造成压力的实验任务，加州大学的心理学家萨莉·迪克森和玛格丽特·凯梅尼观察了所有的数据，以比较哪种任务最能提高应激激素的水平。[58] 她们分析了 208 项类似研究的结果后发现，最能提高体内应激激素水平的是那些“能产生社会评价威胁（比如能威胁到一个人的自尊心或者社会地位）的任务”，因为“通过这些任务，别人可能对你的表现做出负面评价”。进行这种任务的志愿者体内的皮质醇水平比其他人高出两倍。迪克森和凯梅尼认为，之所以出现这种差异，关键在于我们的社会自我保护能力（有别于身体自我保护能力），它涉及社会价值、自尊和地位，而这些又主要基于其他人对我们价值的看法。

这些研究几乎可以确定，如图 2.1 所示，在贫富差距更大的国家中，之所以各收入水平的群体身份焦虑水平都更高，是因为这些人承受了更严重的压力。

莫非我们都在沉沦？

2010 年，我们在《英国精神病学杂志》发表了一篇文章，证明更大的收入差距与更高的精神疾病患病率之间存在关联——至少在我们可以获得实验数据的富裕国家是如此。[59] 我们的研究结果显示，在更加不平等的国家中，精神疾病的患病率是相对更平等国家的三倍：比如在日本和德国，在过去的一年里，只有不到十分之一的人有过精神疾病症状；在澳大利亚和英国，这个数字达到了五分之一；而在美国，精神疾病的患病率已经超过了四分之一。这些数据都显示在图 2.2 中。

2017 年，另一项研究汇总了之前 27 项不同调查的数据，得出的结论是，在收入差距更大的国家中，精神疾病的患病率确实更高。[60] 但在我们的论文刚刚刊发的时候，我们收到了一位精神科顾问医生的愤怒回应[61]，他并不是想质疑不平等和精神疾病之间的关联，而是怀疑我们使用的数据为什么会得出这么高的精神疾病患病率。他质问道：怎么能仅凭这种夸张的数据就做出结论？有 100 万名英国学生患有精神疾病？美国有四分之一的成年人都患有精神疾病？无论是作为一名医生，还是仅仅作为公民，他都认为这样的数据“荒诞无稽”。他相信，这意味着当前过度医疗化的现象愈发严重，即人们倾向于把压力、不适和其他令人困扰的情绪都当作精神疾病的症状。

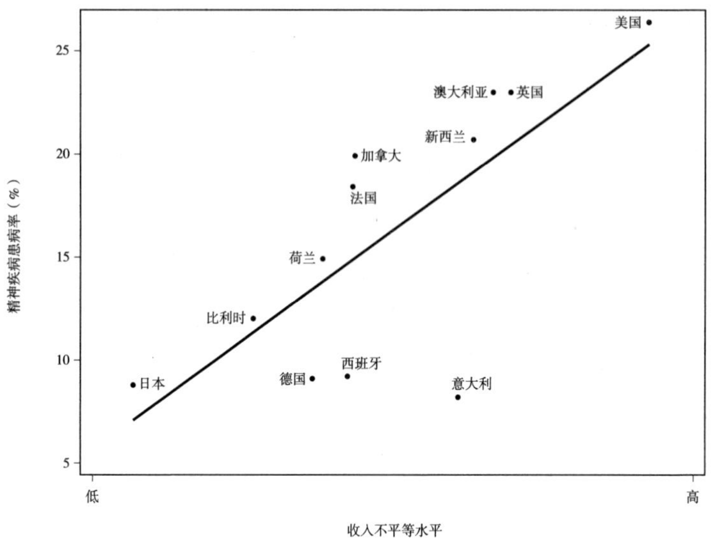

图 2.2：在收入更加不平等的富裕国家中，精神疾病的患病率更高。[59]

我们使用的数据来自世界卫生组织的世界精神卫生调查委员会及类似机构对精神疾病开展的流行病学调查。[62-65] 在所有调查中，最常见的精神疾病就是抑郁症和焦虑症，据世界卫生组织估计，目前全球受抑郁症困扰的人数已经达到了 3.5 亿。抑郁在全球范围内是导致社会无法正常运转的主要原因，因为它会影响人们照顾自己以及应对日常工作与生活的能力。女性受到的影响格外严重，不管是在富裕国家还是在贫穷国家，抑郁症都是女性患病的头号诱因，比其后的艾滋病毒和肺结核的影响要大得多。不像大多数生理疾病，抑郁症总是在人还很年轻的时候就发作，程度最严重时，甚至会导致自杀：每年约有 100 万人因此自杀。在 18—30 岁的死者之中，自杀者占有很高比例。美国中年人死亡率增高也与抑郁自杀脱不开干系。[66][67]

所以，谁的看法才是正确的？是这些暗示我们社会中存在严重精神疾病问题的调查，还是那位因为我们给一些原本正常的人类情感打上病态标签而发声谴责的愤怒医生？是这个世界中的人正在承受各种疾病造成的无法忍受的痛苦，还是我们错误地把一些宝贵的人类情感和本能反应当作疾病，误把悲伤和焦虑当作精神疾病的症状，并且把每天常有的精神状态当作医学问题来处理？

这位医生之所以不相信严密的科学调查提供的证据，是因为他觉得数据显示出的精神疾病的高患病率不可思议。这个数字确实令人震惊，但只要想想我们自己的家人、朋友和其他熟人，很容易就会想到他们的抑郁、焦虑、自残倾向、饮食失调、酗酒成性、躁郁和其他整体来说与数据契合的表现。接下来我们就会看到，贫富差距之所以与精神疾病的患病率息息相关，是因为人们倾向于掩饰内心承受的痛苦与焦虑，甚至因为自己出现这些情绪而自责，或许正因如此，我们才会觉得精神疾病实际上并没有那么普遍。

标签与界限

在深入研究收入不平等如何导致抑郁症和焦虑症之前，我们必须确保研究使用的数据真实有效，并且适合用来对不同人群的精神疾病患病率进行比较。多数国家都没有足够健全的医疗体系和完备的历史数据，这让我们难以对精神疾病的住院率和门诊率进行详尽的比较。另外，这种评估方式本来就会因为各国医疗资源的多寡和不同文化对精神疾病的偏见而产生偏差。由于同一个原因，我们也没办法在调查中直接询问受访者是否接受过与精神疾病相关的治疗，也不能直接问他们是否曾被医生诊断患有精神疾病。

如果想知道特定个体是否患有精神疾病，我们可以为他们引荐一位精神病医生，进行一次仔细（且漫长又昂贵）的诊断，医生会依据一个专门区分不同精神疾病的分类系统对病人做出评估。然而，如果我们想知道整个国家而非某个个体的抑郁水平、观察抑郁在一段时间内的强度变化，或者比较不同国家人口的抑郁程度，很明显，我们就需要一种更快速且实惠的方法，而不是精神病医生这套黄金标准的专业诊断，同时还要保证新方法同样准确可靠。出于这些考虑，从 20 世纪 70 年代末开始，美国的研究者采用了一种“诊断访谈表”，主要用来进行精神疾病的大规模调查。这些访谈结构极其严谨，十分确切地列出了研究人员必须提出的问题，其中大量问题都和每种精神疾病的具体症状相关。一旦受访者回答完全部问题，便可以给自己的答案计算分数，从而判断结果到底符不符合某种疾病的标准。这种访谈很冗长，之所以能为大规模的调查所用，是因为可以由只接受过简单培训的非医疗从业人员实施，成本比较低。

目前，已有许多研究将这套访谈和标准的精神诊断做比较评估，而访谈的内容也在不断修正调整。从精神病学文献来看，研究者认为，尽管这套访谈会略微高估精神疾病的“临床”分级，却能让我们有效地比较精神疾病在不同时间和不同国家发生的变化。对这套方法最主要的批评来自那些担心界限的人：当各种精神状态沿一条线排列时，我们是否将太多人标记成了“病人”？[68] 有些人重度抑郁，有些人中度抑郁，有些人轻度抑郁，有些人抑郁了很久，有些人只是短暂抑郁——判断患病与否的界限到底在哪里？

为何有些人如此脆弱

在某种程度上，关于界限和标签的这些问题只是在转移注意力，并非真正的重点。如果我们认可专家的共识，相信这些调查的可靠性与准确性，那问题就不在于到底是有 23% 还是 20% 的英国成年人患有精神疾病，也不在于某个问题的分数将你归为重度抑郁还是中度抑郁，而在于为什么有些国家的精神疾病——特别是抑郁症和焦虑症——的患病率明显比其他国家高出很多，为什么患病率也会随着时间推移而发生变化。在某些国家，每年大概有四分之一的人表现出精神疾病的症状。如果每四个人当中就有一个人总是难过、不开心、疲惫、有自杀倾向、遭受创伤、怀有负罪感、孤独、焦虑、紧张、不自信等，那么我们就要问一问，孕育出这些负面情绪的社会环境到底出了什么问题，我们为什么对这些情绪如此敏感，以至于要避开家人，也无法继续工作，甚至没有办法融入朋友圈和其他公共群体。

毫无疑问，我们应该寻找诱发这些问题的机制。在追寻答案的过程中，我们首先可以看看精神疾病和人们的社会地位之间的关系。与其他许多健康和社会问题一样，位于社会底层的人比位于顶层的人更容易受到精神疾病的困扰，这说明精神疾病也是一个与社会阶级划分有关的问题。2007 年，英国在全国范围内开展了一项关于精神疾病的调查，结果表明，家庭收入位于全国倒数 20% 范围内的人，与位于全国前 20% 的人相比，更有可能患上某种“常见的精神疾病”，并且，这种趋势在男性中更为突出。[69] 将年龄的影响纳入考量后，最低收入群体中的男性患有精神疾病的概率是最高收入群体中男性的三倍。抑郁症的患病率呈现出了最明显的梯度：底层男性患抑郁症的概率是顶层男性的35倍（见图2.3）。但和其他许多健康与社会问题一样，精神疾病患者并不仅限于那些最贫困的人，即便是收入第二高的群体，其中的男性患抑郁症的概率也要比收入最高的那群男性高出许多。

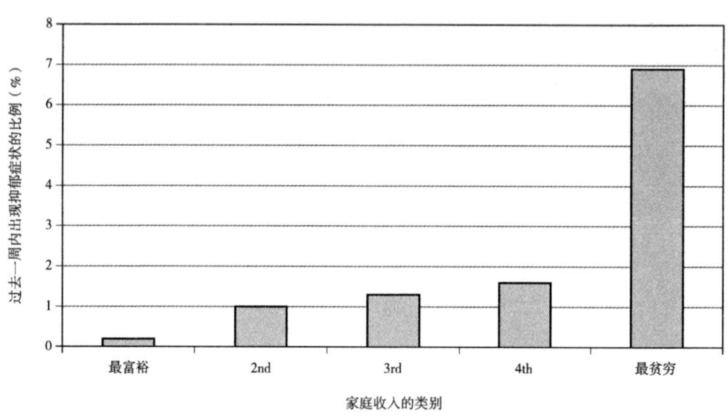

图2.3：抑郁症的社会梯度。[69]

支配与从属关系

如今，心理学家已经发现自然进化与习得经验如何创造出日常生活中常见的反应和互动模式。有些行为体系不仅仅为人类独有，也存在于动物界。其中的支配行为体系（Dominance Behaviour System，简称DBS）为人们理解精神疾病发挥了重要作用[70]，因为支配与从属关系在所有拥有等级系统的动物群体进行互动时都发挥着关键作用，大脑也由此进化出一套可以理解这种关系的系统，能够判断不同等级，从而做出相应的回应行为。

用加州大学伯克利分校的心理学家谢里·约翰逊和她同事

的话说，支配行为体系可以“被视为一种生理系统，它负责引导人们的支配动机、支配行为和从属行为，以及对权力和从属关系的反应”。[70] 支配行为体系影响我们面对不同地位的人的反应，同时确保我们明白自己在社会中的位置。支配行为体系在社会交往中发挥着关键作用，帮助我们掌握最佳的社交策略，好在满足自己需求的同时避免两败俱伤的冲突或者遭受直接的挫败。如果竞争导致了没有必要的激进行为，那么个人和群体可能都会付出巨大的代价，所以我们进化出了一种判断阶级高低的能力，从而更好地在恰当的时机扮演合适的角色。

尽管支配行为体系是一个拥有很长进化史的行为系统，它主要还是由社会环境和社会经验所塑造。我们还是孩童时，都有过掌握权力与失去权力的经验，并且发展出了一套塑造自己与权力相关的思想、情感和行为的行动模式。比如说，我们学到，如果在其他孩子面前表现得很强势，我们或许可以抢到心仪的玩具，但通常会引发矛盾，导致今后玩耍时无人陪伴；如果我们分享自己的玩具，那么，有时候别人也会分享他们的宝贝。就这样，我们从过去的成功与失败中学习。有些人渴望占据支配地位，有些人则竭力避免如此。那些支配欲比较强的人也许会比他人表现得更为激进，他们摆出自己的权威，对自己的能力或者观点过分自信，甚至有可能通过与他人结盟——即讨好那些本身就掌握着权威或权力的人——来获得支配权。下图（图 2.4）是我们画的一个模型，心理学研究者试图通过此模型定义这种复杂性的某些特点：在每个人的行为中，或多或少都会存在支配或从属行为，但除此之外，我们也会采取一些社交（亲切友好）与反社交（充满敌意）的方式来达成目标。

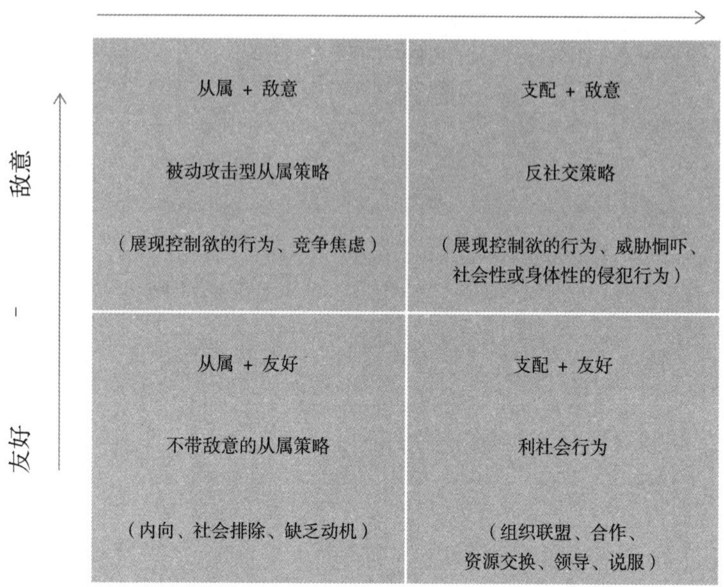

图 2.4：人类的行为通常存在于两个维度之间：支配 / 从属，友好 / 敌意。

在当代社会，大多数人并不缺乏食物或住所（当然，我们还是会寻找性伴侣），我们想要的是自尊、夸赞、关注、尊重，以及权力。不管是从文化、政治还是从经济角度来看，拥有权力*时，我们会变得更积极、自信，思考速度更快，行动也不那么受压抑，也就是说，我们对别人的感受会没那么敏感。[70] 另一方面，自己无能为力时，我们就会觉得脆弱、压抑，对外界威胁十分敏感，总是害怕被别人讨厌或者排斥。

支配行为体系与我们的情绪——特别是那些自知自觉的情

* power，研究支配行为体系的人在此将“权力”定义为掌控物质与社会资源的能力，并将获得权力的策略细分为积极侵略、强迫占有、利社会等种类。——原书注

感，比如骄傲和耻辱——息息相关。当我们表现得很出色、赢得别人的关注与尊重时，我们会感到骄傲与自豪。而被别人低估、感觉自己低人一等或毫无魅力、自信心受损时，我们会感到羞惭。丢脸和蒙受屈辱时，为了避免遭受更多耻辱，人们往往会采取暴力行为进行自我防御。

我们可以衡量人类支配行为体系的不同方面，例如支配动机、支配行为、权力、骄傲感和耻辱感等，这也意味着，我们可以观察它们与精神疾病和不平等之间的关系。比如，我们可以观察学龄前儿童，看他们如何与他人互动，在一场冲突中究竟会采取激进还是保守的行为。除此之外，一些生理学方面的测量——比如测量唾液或血液中睾酮的含量——可以用于辅助其他衡量支配动机和支配行为的测试。举例来说，一项研究曾对监狱中近700名男性进行测试，发现那些有暴力史的人体内睾酮的含量要比仅有偷盗史的人高出很多。[71]睾酮水平和支配行为之间的这种关联在其他研究中也得到了验证，这些研究表明：在心理学实验中，当实验者把一些睾酮水平较低的人暂时安置在比较高的社会位置时，他们会表现出忧虑情绪。其他激素，比如多巴胺、血清素和皮质醇，其含量都与我们的情绪激励系统和面对压力时的应激反应有直接关系，也与权力的获得及引起羞愧和耻辱感的社交挫败——在任何形式的对抗中落败——直接相关。

深陷从属关系

我们的支配行为体系是如何与精神疾病发生关联的呢？通过研究数百份从实验、临床观察、生物学和自我陈述等多方面研究精神疾病的心理学论文，谢里·约翰逊和他的两名同事发现，证据表明，数种不同的精神疾病以及人格障碍都和支配行为体系相关。[70] 他们在报告中写道：

> 大量研究表明，外化的心理障碍、躁狂倾向，以及自恋特质，都与支配欲及支配行为的加强相关。同时，躁狂和自恋特质也与膨胀的对权力的自我认知相关。焦虑症、抑郁症与服从及从属关系相关，也与一种想要避免陷入从属关系的欲望相关。

外化的心理障碍包括以破坏性行为为特征的各种失调行为。躁狂包括高度兴奋的状态和心境，是双相障碍和抑郁症的一种表现，也是精神病性心理障碍和精神分裂症的一种症状。

这篇报告完成于2012年，当时，几位作者认为，大多数国家拥有相似度很高的社会阶级“金字塔”，而正是这种阶级划分带来了支配与从属关系方面的问题，支配行为体系也因此形成。但是，现在可以更清晰地看出，实际上，作者注意到的大多数情况在不平等的社会里会更加突出。通过本章及下一章的阐述，我们可以清楚地看出，抑郁症、精神病性症状、精神分裂症和自恋特质在一个更加不平等的社会里更常见。考虑到患有以上病症的人群只处于一个连续统一体的一端，实际上还存在许多影响范围更广、程度相对而言没那么严重的问题，有证据表明，如果在整个社会里存在极大的不平等，那么这个社会将会付出惨痛的代价，许多个体将因此承受巨大的痛苦。因此可得出结论，这些精神病理学症状与支配行为体系有关：更严重的不平等强化了支配与从属的两极关系，从而激活支配行为体系，令其变得愈发难以避免。

也有人认为，在更加平等的社会中，精神疾病负担之所以更小，不一定是因为不平等引发的负面影响小，也可能是因为政府在这些方面投入了更多的公共卫生支出，从而能更好地预防或治疗此类精神疾病。[72] 一项采用了 30 个欧洲国家共 3.5 万人的数据的研究试图证明这一理论。研究没有找到证据证明公共卫生支出起了巨大作用，但确实有数据支持作者所说的“社会心理学假说”[72]：在收入更平等的国家中，人们的心理之所以更健康，至少有部分原因在于他们对自己的社会地位没有那么担忧，他们所参与的社会生活也更注重互惠互利、相互信任和共同合作。此外，一项类似的研究想要弄清更严重的不平等、更多的暴力行为背后是否有公共卫生支出过低的影响,也只得出了相同的否定结论。[73]

如上所述，不平等之所以会损害心理健康，是因为它影响我们的情绪感知，并影响到了社会关系的根本，而跟政府在公共卫生体系中投入的多少并无紧密关联。因此，我们应该研究因为不平等而导致的支配与从属关系。首先，在本章中，我们将聚焦包含服从和从属关系的这条路径，研究不平等怎样引发了对社会地位的担忧，再进一步恶化为抑郁症和焦虑症。在下一章中，我们将分析支配行为被不平等强化后又会发生哪些情况。

有越来越多的研究者认为，非自愿的服从和从属性行为会令人陷入抑郁。服从的特征之一就是承认被击败，在人类的进化史中，我们通过这种方式避开物理伤害，甚至死亡，因为表示服从能终止与更强的人之间的争斗，并能避免未来再次发生冲突。即便现在的竞争和攻击性行为很少涉及肢体冲突，选择服从依然符合行动逻辑，因为它可以避免冲突进一步升级，或者可以让我们获得别人的帮助。

我们受到压力后倾向于采取从属性行为，这反映的依然是对肢体冲突的惧怕——一些研究者对人体内一种叫作“纤维蛋白原”的凝血因子的数量水平进行了研究，证实了这一结论。纤维蛋白原的数量在受到压力后会有显著增长，这也就是为什么受伤时血液凝固会加快。通过对将近 3300 名在英国行政部门工作的中年人进行研究，我们发现，无论男女，受试者在办公室的层级越低，体内纤维蛋白原的数量水平就越高。[74] 从属于上级的公职人员，其血液组成似乎早已为可能遭受的打击做好了防备，类似于处于从属地位的狒狒受到来自族群首领的攻击时做出的反应。

将抑郁症同服从、从属性行为联系在一起的这种理论表明，无法终止或逃离从属关系或挫败，就会导致抑郁症。现在，有越来越多的研究结果支持这一理论。20 多份研究报告表明，患有抑郁症的人更有可能认为自己低人一等，并体验到羞愧。[70] 有 23 项研究发现，体内睾酮含量过低和抑郁症及抑郁性症状之间存在关联。在某项实验中，研究人员给部分男性实验对象服用了能够降低睾酮水平的药物，这些人中有 10% 在实验后出现了抑郁性症状；另一部分服用安慰剂的实验对象中，则无人出现此类症状。在另一项研究中，一些没有抑郁症的实验对象服用了抗抑郁药物，据与他们共同生活的人反馈，他们变得不再那么逆来顺受，在心理学实验室里与陌生人互动时也变得更为强势。

焦虑症通常会与抑郁症交错，也与无能为力、缺乏控制力、陷入从属关系以及社交挫败紧密相关。以下几种情况发生时，人们似乎格外容易陷入社交焦虑，比如曾被他人排斥，或者童年时就产生过不安全感，这些都会让人对社会中的各种比较格外敏感，导致他们尽可能避免自己被他人排斥，或者被他人恶意攻击。焦虑的个体会持续不断地关注社会阶级划分，十分害怕受到羞辱，认为自己缺少对抗一切的力量。和抑郁症类似，关于焦虑症的研究表明，焦虑感、耻辱感与从属行为相关，患焦虑症的人在同他人进行比较时更倾向于贬低自己。一些研究还提出，焦虑症最常见于那些支配动机较强的人群，因为他们时常觉得自己在社会中的权力受到了威胁——这一点和患抑郁症的人略有不同，后者更倾向于避免冲突。不管怎样，整体来看，那些患焦虑症的人与只是单纯想要占据支配地位的人相比，似乎更强烈地想要避免自己陷入低人一等的状态。当实验者在实验对象面前摆出怒气冲冲的人脸画像（心理学家认为，这种画像明显表现出敌意或者支配意愿）时，患有社交焦虑症的人的反应会更强烈。[75]

大量研究结论将支配行为体系和自知自觉的情绪（其中包括对社交生活中出现的威胁高度敏感、感到自卑，以及其他抑郁症和焦虑症的临床诊断症状）关联在一起，由此，不平等关系、对他人评价的担忧，以及精神疾病之间的关联便清晰可辨了。我们体内有些天生的应对机制——我们甚至不一定能意识到——来帮助应对这样的局面，我们随时都有可能采取某种支配或从属策略，或者在二者中寻找一种平衡。

德比大学的临床与理论心理学研究先驱保罗·吉尔伯特曾广泛深入地研究这些行为模式，试图弄清楚它们的进化基础，以及与精神疾病之间的关联。在著作《同理心》[76]中，他举了人类在婴儿期和儿童期都需要被照顾的例子。在人类漫长的进化史中，母亲为我们提供食物、保护我们不受捕食者的侵扰，并且在我们感到沮丧或者焦虑时给予安抚。如果婴儿或儿童无法接触到这种关爱，他们就会通过大哭大闹的方式抗议，表达自己的不满，试图获得帮助、保护与支持。但如果外界的帮助或者母亲的关爱迟迟不来，这些抗议讯号就会召来危险——毕竟，巨大的声响会引来危险的敌人，所以最好还是保持安静。吉尔伯特把绝望定义为："当抗议无效时发生的一种行为上的去激活。积极的情绪、自信的感觉和外出搜寻、探索的渴望必须被压抑下来。"

现实生活中的太多情况都可以触发这种“去激活”策略，比如遭遇挫败或者困难、受到支配、被霸凌或者遭到排斥。出于自保，我们会让自己的感觉钝化，尽量不产生任何情绪，把所有积极和消极的情绪都去除掉。但有的时候，即便这种应对策略已经失效，有些人依然无法终止这种行为。我们会觉得自己十分孤单，陷入了一种不断加强、循环往复的自我反思中，试着弄明白自己为什么会失败，结果就是陷入更严重的抑郁状态。这一系列的事件，即从被排斥、感到挫败到陷入抑郁，在现代社会似乎已经成为一种流行病：正如之前所言，根据世界卫生组织的数据，抑郁症让世界上的很多人失去了正常的生活。[77]无论在学校、工作单位还是家里，我们都可能被人忽视、遭人欺凌，抑或自觉低人一等，我们陷入其中、不能自拔。我们可能厌恶自己的工作，但由于需要这份工资，所以每天继续在这样一个让我们备感压力的环境中挣扎。我们总是深陷困境，而这种陷入从属或被支配地位的状态又是我们感到抑郁的根本原因。以下文字都是网友在“我只想一个人待着”聊天网站上发的帖子：

> 我不觉得我是那种总是喜欢隐藏自己的人……但不知怎的，我确实总是很羞愧。我把身边出现的每个问题都当作自己犯的错。我会觉得，即便遭受不公，也是因为在那之前我先做错了什么。（2009年发布）

> 我太在意别人的看法。我之所以自闭，不仅因为觉得别人会对我有负面看法，还因为我太在乎他们的意见。（2008年发布）

我头脑中真正的自我，那个我想要释放出来的自我并没有这么无聊，也并不总是因为生活中的一点点小事就胡思乱想、焦虑不安。害羞正在摧毁我的人生。我喜欢与人相处，但又完全不知道该怎么和别人互动才能拉近我们的距离。（2009 年发布）

针对我们对从属行为的敏感程度，心理学家设计了一套“避免自卑量表”[78]，用以衡量一个人到底有多害怕被排斥，害怕受到类似“比不上别人”的批评，还可以衡量人在努力克服自卑的过程中感受到的压力。研究者已经发现，有些人“因缺乏安全感而奋斗”，即害怕因被排斥、被忽略而失去一切，同时也会倾向于渴望得到别人的认可，感到自卑、羞耻，做出从属行为。在这些情况下，人承受的压力、抑郁和焦虑，以及自残倾向都会增强。[79]

自残行为最令人震惊，说明了自卑和失去自控力为什么会成为一种健康问题。但自残率往往高得令人难以置信。英国各个学校都曾通过考试开展健康行为调查，具有代表性的结果是，在 15 岁的青少年中，有 22% 的人至少自残过一次，其中又有 43% 的人说自己每个月都自残一次。[24][80] 澳大利亚的一项电话访谈调查表明，每 12 个人当中（总人数为 200 万）就有一个曾经自残过。[81] 这个数字也可能比较保守，因为电话访谈的受访率较低（只有 38% 的人接受了调查），很多父母拒绝让他们 18 岁以下的孩子接受访谈。美国和加拿大也经常有报道称，大约有 13%—24% 的学生会做出自残行为。[82] 一些年轻人，甚至是刚满 7 岁的孩子，会切割、抓破、烧伤自己的皮肤，揪头发，把自己撞得青一块紫一块，甚至故意摔断骨头。

很难想象到底是什么样的精神折磨让人生变得如此痛苦，以至于对自己的身体施加伤害成了一种释放的方式，并且提供（极为短暂的）一切都在掌控中的感觉。不管怎样，许多青少年和成年人经常反馈自己会承受这种痛苦。自残在那些自我要求严格并且经常为自己感到羞耻的人群中更为常见，早年遭遇的虐待、承受的创伤，以及被人忽视的感觉毫无疑问都会起到推波助澜的作用。但近年来，自残行为的盛行还是表明，社会中一定发生了某些变化，这个问题才会不断恶化。[83]

也许对于那些无法实现“社会预期的目标或自我形象”的人而言，持续不断的羞耻感会转变成对自己的愤怒，进而想要伤害自己。自残作为对社会施加于自身的痛苦的一种回应也反映出精神上的痛苦与社会带来的痛苦密不可分。对大脑进行扫描的结果显示，大脑感知被他人排斥而产生痛苦的区域和感知生理疼痛的区域相同[84]，这也说明，这两者之间的关系十分紧密。研究者发现，对乙酰氨基酚（扑热息痛，在市场上通常称为“泰诺”或者“必理通”）等常见的止痛药不仅能够缓解生理性疼痛，还能缓解因为遭受排斥等类似事件而产生的沮丧与焦虑情绪。[85]

回头看图 2.3，观察富人到穷人的抑郁症梯度，会发现这也体现出人们到底有多少能够摆脱高压环境的自由度。再看图 2.1，更加不平等的社会会让所有人更容易焦虑，并出现自残行为。要想理解现代社会中的抑郁症和焦虑症为什么如此流行，就必须把个体的脆弱程度与整个社会或文化中的有害特征联系在一起。

抑郁症与焦虑症已经成为人类发展进程中很重要的一部分，也是我们在进化史中继承下来的特质，它们就好像预先设置好的反应程序，让我们无法摆脱。更好地理解支配行为体系，有助于解释为什么我们对他人的看法如此敏感，为什么我们这么在意社会地位和身份，为什么某些个人经验——比如在幼儿时期缺少关爱、在青少年时代遭受排斥和霸凌、不被周围的人重视等——可能会让人做出从属行为。

比上不足，比下有余

在更具有竞争性、更不平等、更注重物质的社会中，社会阶级的划分尤为重要，人们也更喜欢和他人进行比较，成功的主要标志就是在他人眼中过得很好，拥有所有象征成功的物质基础。支配行为体系能帮助我们理解，为什么人们会对可能产生社交威胁的局面格外敏感。据此，我们可以假设，当我们的社会地位更高，觉得可以主宰自己的人生，也会被身边人重视时，抑郁与焦虑的水平就会比较低；而当我们的社会地位极有可能下降，对人生的掌控也没那么强时，抑郁和焦虑的水平就会增高。

有一种普遍的看法是，当人们升到领导岗位，面对更多的要求，需要承担更多职责时，就会承受更大压力。然而，假如随着身份的提高，领导对自我的把控也变得更强，那么他们因为担当领导职务而承受的压力就会变小。

哈佛大学开设了针对企业主管的教育培训，有人对此进行了研究，并对担任领导职务（即负责管理别人）的人与没有担任领导职务的人进行了比较。[86] 在考虑了年龄、性别、受教育水平、收入和性格等因素的影响后，研究者发现，领导者体内应激激素的水平较低，相较非领导人群，焦虑水平也更低。然后，研究者针对领导群体进行了单独研究，观察他们之间的相互影响、他们对形势的掌控能力以及承受压力的能力。领导职务越高的人（即管理更多的人，有更多人直接对其汇报工作）体内皮质醇含量越低，焦虑水平也越低，因为职务越高，对周围的掌控力就越强。

因此皮质醇含量更低，焦虑水平也更低。职务更高的人拥有更大的权力和控制力，他们承受的压力也更小。

斯特林大学的心理学家亚历克斯·伍德和他的同事也研究了职务高低的重要性。[87] 他们的论点是，如果社会地位对于精神健康如此重要，收入作为地位的一种标志，也应该与精神健康息息相关。获得收入的多寡最为重要，因为它决定了一个人在社会等级中的位置。

他们抽取了一个非常大的样本，在全英国选出3万人作为研究对象，采用了一种能够比较绝对收入水平与收入级别影响力差异的数据模型。他们发现，如果是为了预测一个人是否患有精神疾病，收入级别的参考价值比绝对收入水平要大，甚至在将年龄、性别、受教育水平、婚姻状况、房产拥有情况等因素纳入考量后也是如此。研究者还证明，无论最初的心理状态如何，一个人在一段时间内的收入级别和接下来一年中精神状态的变化存在关联。那些企图自杀的人也是如此：人们在收入分配中所属的级别远比他们实际赚到多少钱更重要。[88] 在美国开展的研究也验证了这一点，即在一段时间内，不是具体薪资，而是人们的收入在这个社会群体中所处的位置决定着他/她到底会出现怎样的抑郁症状。[89]

收入级别的高低不仅会造成抑郁、沮丧等，甚至还会让人产生自杀倾向。此外，收入级别也会在我们的身体上烙下生理印记。伍德的研究团队发现，在预测诸如胆固醇含量、血压、脂肪含量和血糖浓度等疾病生理指标的水平时，收入级别比绝对收入更具参考价值。[90]

另外一项类似的研究搜集了来自8个国家共4.8万名青少年的精神状况（比如是否感到低落、紧张）与生理病症（比如是否患有头痛）的数据，旨在观察孩子身上出现的这些病症是受家庭实际收入影响大，还是受与同学或邻居家庭相比得出的自己家庭的收入水平的影响大。结果表明，相较实际收入的多寡，与其他家庭收入相比得出的自己家庭的收入水平对青少年精神与生理疾病的影响更大。[91] 另外一项在英国开展的、针对 11 岁儿童进行的研究进一步说明了问题。该研究发现，家庭收入水平更高的孩子更自信，对生活满意度也更高。而那些觉得自己家比其他朋友家穷的年轻人更有可能不幸福，即便家庭实际收入可能相差无几。[92]

正如我们之前看到的，处于领导位置的人承受的压力更小，在社会阶梯中的位置对我们精神和身体健康的影响要比我们实际拥有多少财富带来的影响大。如果说收入之所以重要主要在于它能定义人在社会等级中的位置，那么就不可轻视收入差距的影响力。在任何社会中，不需要移动任何人在收入等级中的位置，也可以增加或者减少不同人群之间的收入差距。但如果人们的收入差距确实变得非常小，以至于几乎注意不到，那么所有人就会有差不多的身份认知。而如果收入差距巨大，我们就没法忽略它。每个人的社会地位一望即知，其差距就会变得很明显。所以，收入差距会影响个人的收入等级、社会地位、身份价值的重要性。

证据不断积累

在本章最开始，我们展示了不同社会中收入不平等与身份焦虑水平、精神疾病患病率高低之间强有力的关联。现在，我们清楚地认识到，收入不平等会让人更多感受到社会评价体系带来的威胁，从而激活支配行为体系，于是，我们渐渐理解了更严重的收入不平等对精神健康造成的负面影响。已有数项研究表明，谢里·约翰逊和同事发现的一些与支配行为体系相关的失调症状在更加不平等的社会中更为常见。

美洲开发银行的研究者收集了 93 个国家共 8 万人对 2007 年“盖洛普调查问卷”（Gallup Opinion Poll）的回复。[93] 尽管这项调查问卷中只有受访者对抑郁症的一些主观感受，因而存在一定局限性，但其结果还是很能启发思考。在所有受访者中，共有将近 15% 的人反馈自己在前一天有抑郁症状。但很明显，在某些国家这个比例要低很多，而在另外一些国家则高很多。这些差异与平均收入水平无关，但与收入不平等密切相关。与居住在乡村的人相比，城市里的人似乎更强烈地感受到不平等的影响。有些研究专门针对特定人群。比如，在针对 23 个高、中、低收入国家的 17348 名大学生开展的一项调查中，在控制了家庭财富和其他因素的变量后，研究者发现，更高水平的收入不平等会导致更严重的抑郁症状。[94] 2008 年的一项研究采用了世界卫生组织 2002—2003 年间获得的 65 个国家共 251158 人的数据，发现在高收入国家中，收入不平等与抑郁症之间存在关联，但在中、低收入国家中两者就不存在关联。[95] 在一项针对美国 45 个州开展的研究中 [96]，收入不平等与抑郁症患病率之间存在清晰的正相关性（见图 2.5），这一结论被埃米·法恩和其同事在另一项研究中予以证实 [97]——该研究主要关注老年人的抑郁情况 [98]。还有一项研究发现，在被认为社会地位差异更大的欧洲国家，抑郁症也更为常见。[99]

在用来确定抑郁症患病率（见图 2.5）的问卷中，许多问题也涵盖了双相障碍的大多数表现。在 2013 年之前，精神疾病的官方分类还没有更新，双相障碍被当作抑郁症的一个分支，在过去又名“躁狂抑郁症”，特点就是情绪会急剧波动。病情持续的时间可以是几天，也可以是几个月，病人会从抑郁的状态突然变得非常乐观积极，甚至极度亢奋，然后又会重新跌入抑郁状态。

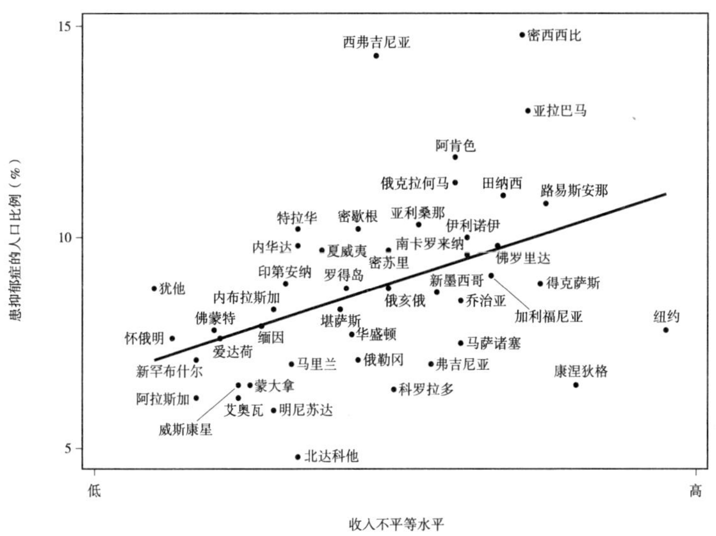

图 2.5：美国 45 个州收入不平等水平与抑郁症患病率的关系。[96]

约翰逊和卡弗写过一篇论文，总结了一系列实验的结果，他们发现，人们在躁狂状态下会表现出支配动机的数种征象，还会过高评价自己在支配和主导别人方面的能力。[100] 其他研究也指出，与这些特质同时出现的还有对自己的社会地位做出过于积极的评价，变得极度自信，有时还会出现夸大的自恋妄想。但是，双相障碍也和自残、药物滥用、自杀等行为相关。对支配行为体系的了解似乎能让人更好地理解双相患者的抑郁期与躁狂期。

一些研究已经表明，收入差距更大的地方，精神分裂症也更为常见。覆盖面最大的一项研究通过 107 种不同的衡量标准，对 26 个国家中精神分裂症患病率进行了研究，发现在更加不平等的国家中患病率也更高（见图 2.6）。[101] 研究者认为，这或许是因为，在更加不平等的国家中，社会凝聚力更低，对社会地位的比较也更频繁。

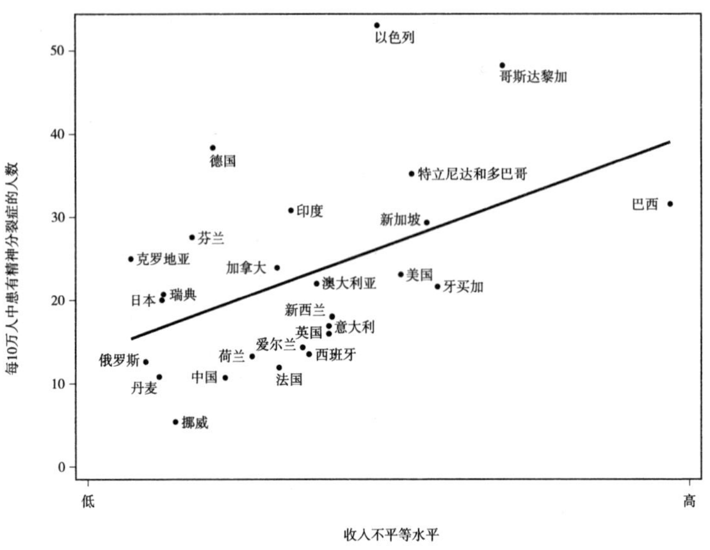

图 2.6：1975—2001 年，收入不平等水平和精神分裂症发病率之间的关系。[101]

另外一项大型跨国研究分析了世界卫生组织数据库中涉及精神病性症状的数据，其中包括对 50 个国家的比较有代表性的样本（共约 25 万人）的诊断访谈。[102] 这些症状包括幻听、感觉他人“对自己过于关注”或者在密谋伤害自己，以及感觉自己的思想被他人或者某种神秘力量控制。由于专制政府本身就会让人害怕受到迫害或者控制，所以该研究也将不同国家民主政府执政时间的长短当作一个参考因素。结果表明，在这 50 个国家中，社会越是不平等，就越容易出现这些病症。无论是在哪一个国家，如果更多的收入被人口中最富有的 1% 纳入私囊，该国的其他人就更有可能出现幻觉、妄想，认为自己的思想被控制，出现上述症状的人数也会比较多。

觉得别人或者某种外部力量控制了自己的思想，这其实是心理学家所说的“外控点”（external locus of control）和“内控点”（internal locus of control）两者形成的连续体中的一种极端的精神状态。不同的人对运气、命运和他人的行为（这些外界因素）在多大程度上影响自己的人生经历与人生走向有着不同的理解，对自己的行为、选择和努力（这些内部因素）对人生的影响程度也有不同的理解。在过去的50多年里，心理学家一直在观察拥有内控点或外控点的人的极端表现。衡量标准基于人们对23条截然不同的论点——包括“人们的不幸源自他们自己犯下的错误”和“人们一生中大部分不愉快的经历都是因为他们走了霉运”等——的反馈。简·腾格教授收集了测量内外控点的数据，受访者是1960—2002年间的美国儿童（9—14岁）和大学生。[103] 腾格教授对41名儿童和97名大学生的数据进行了分析，发现年轻人对自己生活的掌控能力大幅下降。她表示，“越来越多的外部控制产生了消极的影响”。拥有外控点的人会更加焦虑，也更有可能陷入抑郁状态，也许，从童年时期开始，他们在学校的成绩就没那么好。她还说，随着外控点的影响增加，愤世嫉俗、疑神疑鬼、疏远他人的情况也不断增加。

自20世纪60年代末起，美国的收入差距就开始扩大，这种趋势在腾格教授完成研究之后的数年还在延续。这也与这种观点契合，即愈发严重的不平等让人们更容易感受到外控点的影响。不过，截至目前，我们只找到一篇研究控制点与不平等之间关系的论文。该论文分析了来自43个国家的调查数据，结果发现——正如我们所预料——生活在更加不平等的国家中的人会觉得自己对生活的掌控力更弱。[104] 同一项研究还表明，随着收入等级的不断下降，外控点的影响也越来越大，最富有的人对自己掌控生活的能力有更多自信，最贫穷的人则几乎没什么信心。

现实就是，不平等会带来真实的痛苦——不管我们怎么定义这种痛苦，它都切实地存在。更明显的不平等加强了社会地位产生的威胁和自我的身份焦虑，唤起一种羞耻的情绪，让我们本能地想要退缩、屈服、从属于他人。而当社会阶级金字塔更高、坡度更陡，对自己身份地位的不安全感不断增加时，会出现更广泛的心理层面的负面后果。也就是说，身份竞争越激烈、焦虑越严重，人们就会越不友好、越少做出利他行为，越有可能欺辱别人。

研究进一步证明，虽然影响程度不同，但不仅仅是个别个体，而是整个社会都会遭受损害。除了感到沮丧之外，努力想要追上他人这件事也会让我们失去同理心。更严重的收入不平等的一个重要后果是破坏整个社会的凝聚力。肯特大学的社会学家罗伯特·德弗里斯和他的同事选择了参加过一项网络人格测试的志愿者作为样本，来验证他们的假说，即不平等会营造一种竞争更激烈、人心更涣散的社会氛围。[105] 他们测量人们在“亲和度”量表——该量表衡量人们对别人的态度及行为，指标包括乐于助人、体贴、相互信任，而不是试着给他人挑错、冷漠、粗鲁或是好斗——上的得分。研究者们想要验证，生活在更加不平等社会中的人在应对更加鲜明的阶级划分时，“亲和度”水平是否会更低。即使是将年龄、性别、受教育水平、城镇化水平、平均收入水平和种族等因素纳入考量后，他们的猜想依然得到了证实。

牛津大学的社会学家玛丽·帕什科夫的研究也得出了同样的结论。她发现，在收入不平等更严重的欧洲国家，无论是穷人还是富人，帮助邻居、老人、移民、病人和残障人士的意愿都更低。[39] 人们并不会更加努力提高自己的社会地位，反而很容易被不平等带来的各种巨大困难束缚，从而变得灰心丧气。[106] 另外一项更深入的研究收集了 24 个欧洲国家的实验数据，证明了在更加不

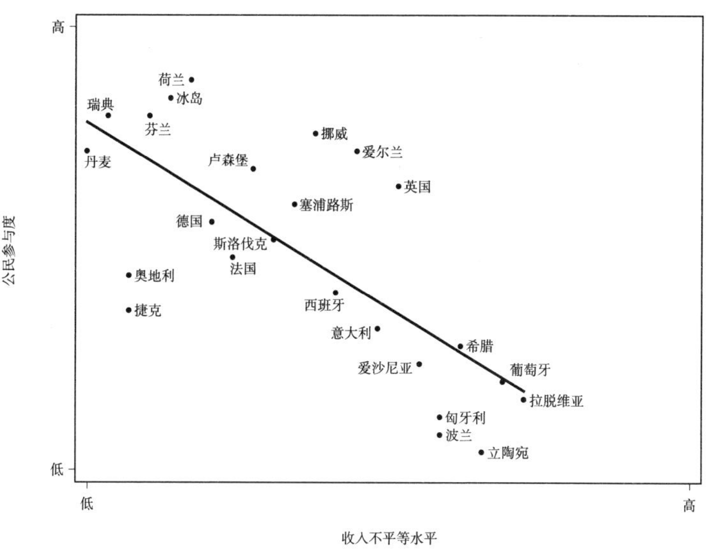

图 2.7：在更加不平等的欧洲国家中，公共生活的公民参与度相应降低（收入不平等水平根据基尼系数测算）。[37]

平等的国家，公共生活的公民参与度（加入娱乐、政治、慈善、宗教或其他专业团体、俱乐部或机构组织的意愿）明显要低许多（见图 2.7）。多年来，我们也很清楚，在更不平等的地方，对他人的信任度会变低。[107] 很显然，更加不平等的社会的凝聚力会减小。

之所以随着不平等越来越严重，人们的公共生活参与度会降低，最重要的原因可能是不断增长的社会评价威胁：人们选择退出公共生活，因为它给他们带来的压力越来越大。在更加不平等的社会，由于人与人之间的距离增大，整个社会也变得更加支离破碎——人们越来越自我封闭，左邻右舍之间关系疏远，同时更担心自己的外表，怕给别人留下不好的印象，所以更倾向于“离群索居”。当人们感觉被人排斥或者受到威胁时，这种心理过程

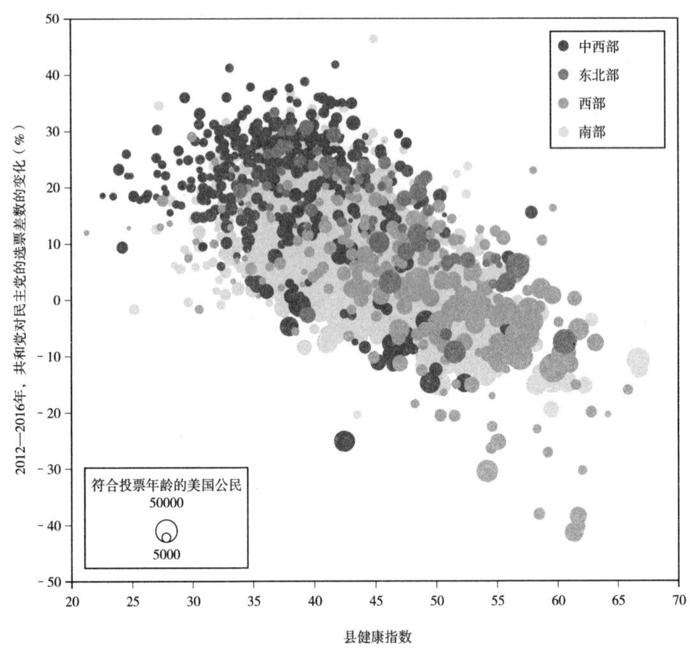

图 2.8：在居民身体健康状况越糟糕的县，唐纳德·特朗普的支持率越高。[108]

不仅会影响个体的身心健康，还会影响整个社会的政治生活。

推特上曾发起过一项挑战，希望能找出到底是什么因素让唐纳德·特朗普在 2016 年的美国总统大选中获胜，作为回应，《经济学人》杂志刊发了图 2.8。据称，他们能找到的最合理的原因就是肥胖、糖尿病、酗酒、缺乏体育锻炼、预期寿命变短等因素的结合——随着收入不平等加重，上述状况也会进一步恶化。欧洲经济智库布鲁盖尔研究所（Bruegel）的经济学家们也认可了这一结论：在收入不平等越严重的州，唐纳德·特朗普的支持率越高。[109]

第 3 章

妄自尊大的幻觉

“爷爷，不能自拍，也没有社交媒体的时候，人们是怎样宣传自己的呀？”

作为一个机会主义者，我并不会真的喜欢别人，我只为自己而活。我所做的一切完全取决于“这件事 / 这个人 / 这个东西对我是否有用”。

因为缺少才华、美貌和能力，所以我只能通过其他方式来争取我渴望的尊重。我熟知的唯一的武器就是谎言、欺骗、痛苦和折磨。

——2012 年，网络论坛“我是个自恋者”帖子

假装乐观

几年前，我们一直在寻找比较各国贫富差距和健康状况的新研究。当时，我们发现了一个非常有趣的现象：九项最近开始的、针对富裕、发达国家开展的类似研究中，七项使用了一些客观的衡量标准，比如死亡率、预期寿命等，并得出结论，更加不平等的国家中的健康状况更糟。[1] 另外两项研究则观察了收入不平等

和“自测健康状况”之间的关系，研究者下发调查问卷，请人们对自己的健康状况做出从“极好”到“极差”各个等级的评价，最后得出了相反的结论：在更不平等的国家中，人们竟认为自己的健康状况更好。

这一下子就激起了我们的兴趣：如果死亡、健康状况与收入不平等存在相关性，为什么自测健康状况反映的情况会相反呢？地理学家安娜·巴福德博士和丹尼·道灵教授后来发现，和正常预期相反，在那些预期寿命更短的国家，人们自测健康状况得出的平均健康水平反而更高。[110]比如，在日本这个相对更加平等的国家，只有54%的人评测自己的健康状况时选择了“良好”，在美国这个比例达到了80%。然而，日本的预期寿命几乎是全球第一长（仅次于欧洲小国摩纳哥），2005年时就已经达到了82岁，而那个时候美国的预期寿命在发达国家中垫底，只有77岁。看起来，在更加不平等的国家，人们对自己的健康状况更乐观，而在相对更平等的国家，人们倾向于秉持谦虚的态度，并乐意承认自己的缺陷。

很显然，人们对自己健康状况的看法也存在文化差异，有时与他们实际的健康情况和寿命并无关系。当然，我们发现的关联也证明了，自测健康状况确实和收入不平等相关，只不过与我们的预期不同。数据表明，在更加不平等的国家，因为身份地位竞争更激烈，所以更有必要表现出强硬、自立的样子。断言自己健康状况极佳或者良好，也许是在这样一个竞争激烈的环境中维持个人形象的办法。而在更加平等的国家中，人们似乎更谦虚，对给自己打高分并不积极。这个现象不仅仅出现在对健康状况的自我评估中，比如：与美国人相比，日本人更少反馈自己对生活很满意或者活得很开心——在美国，人们至少会说自己对现有生活很满意或者活得很开心。[34][111] 我们在想，在一个更平等的社会成长起来的人是否更不会轻易给出“最好”或“极佳”这样的评价。

“乌比冈湖效应”

2011 年，上文做出的设想被澳大利亚心理学家史蒂夫·洛克南和他同事的一项研究所证实。[112] 他们研究了心理学家所谓的“自我提升偏见”（又名“虚幻的优越性”），即：在与他人的比较中，人们倾向于强调或夸大自身具备的理想特质。这种现象有时令人捧腹大笑，比如，几乎所有人都说自己的驾驶技术远在平均水平之上。美国喜剧演员加里森·凯勒曾杜撰了一个名为乌比冈湖的小镇，称这里“所有的孩子都在平均水平之上”。所以，这种“虚幻的优越性”也被称为“乌比冈湖效应”。这种效应广为人知，在许多不同领域一次又一次被证实。比如，在某所大学，有超过 70% 的科研人员认为自己的教学能力排在前 25%[113]，有 25% 的美国学生认为自己的社交能力属于前 1%[114]。

虽然自我提升偏见在世界各地都有，并且与各种能力和性格都相关，但在不同的文化背景中，人们对自己才能的夸大程度各不相同。超过 90% 的美国人认为自己的驾驶技术高于平均水平，而只有 70% 的瑞典人会有这种想法。[115]

这些差异大多被归因于个人主义与集体主义的区别：一些文化格外强调个体的独立自主，以及信心与魄力；另外一些文化则强调团结，比如，要维护家人、社区和同事的关系。相较东方文化，西方文化更看重个人主义，因此自我提升偏见更严重。

部分是为了验证我们关于不平等影响力的论点是否正确，洛克南博士与一个涉及 18 个国家的国际团队合作，论证自我提升偏见和不平等之间是否存在关联。[112]他推断，“在不平等的社会，个体受到更强的驱动，想要让自己鹤立鸡群。更强的自我提升可能就是表达这种渴望的一种方式。而在经济更平等的社会，高人一等并没有太大优势，人们也就没那么大的动力想要让自己达到平均水平以上”。在一项针对 15 个国家开展的研究中，洛克南和他的同事证明，自我提升行为与收入不平等之间存在强关联。他们发现，在这 15 个国家中，比起个人主义与集体主义的差异，收入不平等更能解释自我提升偏见这种现象（见图 3.1）。

有心理学研究表明，在更加不平等的国家中，自我提升行为不断增多，并且死亡率更高的国家的人们反而会高估自身的健康状况，这些现象都是对不断增长的社会评价威胁做出的反应。有充足的证据表明，当面对更强的社会评价威胁时，人们的自我提升行为也会增加。[116–118] 在一项典型的心理学实验中，受试者会被告知自己的受欢迎度，当然，有些受试者受欢迎度较低，有些则较高。此后，受试者要拿自己和同龄人比较，并对自己进行评估，比如，自己有多小气、嫉妒心有多强、有多不注意卫生或是有多颐指气使。和其他实验得到的结果一样，那些以为自己受欢迎程度较低的人会给自己打出更高的分数。在研究文献中，这被视作开启了自我防御机制，但其实，这种行为和狗受到威胁时竖起颈背上的毛，或其他动物受到威胁时试图让自己看起来更大的举动类似。

在前一章（图 2.1）中我们可以看出，身份焦虑的严重程度与不平等的程度呈正相关。在更加不平等的国家中，自我提升行为也会增加，这个论点进一步证实，不平等确实会加剧社会评价威胁。因此，人们会倾向于虚张声势。

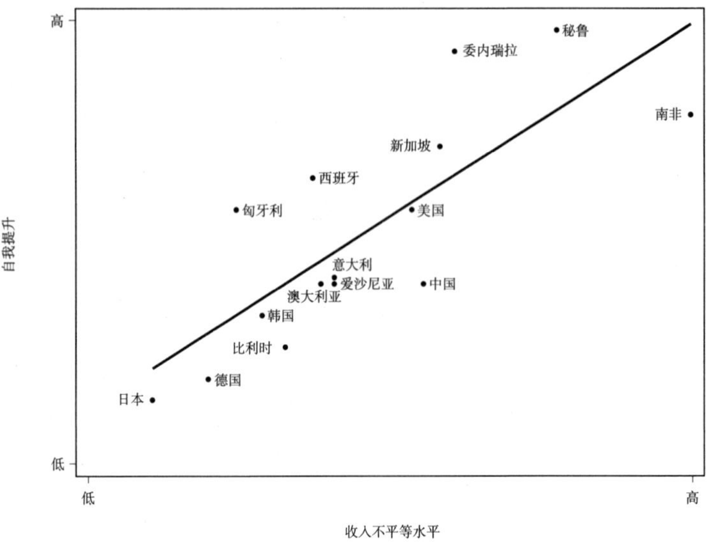

图 3.1：收入不平等水平与更高水平的自我提升偏见之间的关联。[112]

我们如何定义自尊？

这些自我提升的倾向到底只是有趣的文化差异，让人有机会嘲弄喜欢自吹自擂的美国人和总是一本正经的日本人，还是确实反映出不平等会造成更大、更不易被察觉的危害，足以损害个人幸福和社会凝聚力？人们相信自己的能力并且有很强的自尊心，这难道不是一件好事吗？

当代大众心理学为自尊赋予了很高的价值，认为它是精神健康和获得幸福的基石，是实现目标和获得成功的必要基础。只要我们足够自信，就能够意识到自己的潜力——如果我们认为自己是特别的,我们就可以成为特别的。但事实的确如此吗？

现在来看，谈及自尊时，我们对其内涵的理解跟我们进行自我评测时所评测的东西是不一样的。心理学家过去认为，存在一种自相矛盾的倾向：随着焦虑水平的提高，人的自信会不断增强。在 20 世纪 50 年代，只有 12% 的美国青少年认为自己是社会的栋梁；到了 80 年代，这个数字变成了 80%。[119] 与此同时，他们的焦虑水平也巨幅上升。

数十年来，罗森伯格量表（Rosenberg scale）都是衡量自尊程度的标准。量表列出 10 个观点，询问人们对其持同意还是反对态度，这些观点包括："我觉得自己是一个有价值的人""我倾向于认为自己是个失败者""我希望能多给自己一些尊重""我认为自己很不错"，等等。但这些观点并没有区分"充满安全感的自尊"和出于防御而进行的自我提升。要知道，前者是建立在对自己的效能和能力真情实感的认可之上，后者只是在自己不太好的时候试着告诉自己，自己其实很好（有时候又被称为"缺乏安全感的自尊"），二者完全不同。因此，我们会看到前文所提到的那种自相矛盾的情况，一方面是焦虑水平攀升，另一方面自尊程度似乎也一起增加了。

另外还有一个谜团：有些人实际社会地位更低，遭遇了更多歧视和偏见，你以为他们的自尊会因此受损，结果却恰恰相反。过去这些年，无数研究表明，美国非裔男性比白人男性呈现出更高水平的自尊（在女性中也出现了同样的情况，不过二者之间的对比没有那么明显）。2011 年，《华盛顿邮报》和凯撒家庭基金会共同开展了一项调查，结果显示，72% 的黑人男性自尊水平较高，相较之下，只有 59% 的白人男性反馈如此。[120] 而就在同一份调查中，黑人男性比白人男性焦虑水平更高，他们会担心丢掉工作、没有足够的钱支付账单、得不到应有的医疗保障、感染艾滋病毒、成为暴力事件或歧视事件的受害者，以及无法为自己的小孩提供良好的教育。

要弄清出现这种矛盾的原因，或许，我们可以从调查中一些关于尊重的问题上找找思路。[120]72% 的黑人男性认为受到他人的尊重十分重要，而只有 55% 的白人男性有这种想法。但是，黑人男性更有可能说自己在别人那里获得的尊重比较少、在餐馆和商店里接受的服务质量更差、总是感觉被忽略和被无视。28% 的非裔美国人认为，这个时代的美国并未善待黑人。

当然，有这样的情况很自然，在心理学上可能也讲得通，因为任何社会地位低下、不受尊重、遭受歧视和偏见的群体都会尽量维护自己的自尊，竭尽所能避免陷入自我怀疑与不安全感中。不平等日益加剧，这似乎导致了人们在面对日益激烈的地位竞争、对他人的看法感到忧虑时，更加需要捍卫自我价值。根据预期，不平等可能会增强这种防御性的自尊，但这不是真正的自尊。

自恋的黑暗面

如果要用精准的词汇表达我们的想法，就需要放弃原先对“自尊”的那种含糊的衡量标准，找出一种能够将真正的自信与带有防御性、自恋倾向的自我认同区分开来的办法。我们需要这样一个量表，如果人们在不同的情形下对自己的能力怀有一种积极且相对准确的认知，就可以得高分，同时，再设计一个不同的量表，针对那些只是自恋的人。

充满自信、认同自身的价值，如果符合实际，同时具备同理心、能与他人友好相处，那就显然是件好事。但如果缺乏同理心，总是否认而不是正确看待自己的缺点，面对批评时态度也很差，或只在乎自己能否获得成功，只在乎自己在别人眼中的形象，这些人的“自尊”就会变得很危险。

这种病态、不健康的伪自尊就是自恋，其特征包括寻求他人的关注、不能接受对自己的批评、自负、总要夸大自己的才华和能力、缺少同理心，并且乐于占他人便宜。

20世纪80年代，加州大学伯克利分校的一群心理学家设计了“自恋人格量表”（Narcissistic Personality Inventory，简称NPI），在受访者不知情的情况下测试他们自恋与否。量表上共有40组成对的陈述，要求受访者选择能够最贴切地形容他们自己的描述。比如，受访者需要在这样两条陈述中做出选择：

A. 我不好不坏，水平跟大多数人差不多

B. 我觉得自己是个很特别的人

再比如：

A. 我喜欢融入人群

B. 我喜欢成为人群中的焦点

有些组的两个选项看起来都不太对。比如，在让人们描述自己照镜子时的感受时，给出的是“我喜欢对着镜子打量自己”和“我对照镜子并没有特别大的兴趣”，人们很可能两个选项都不想选。真实情况是，当穿得漂漂亮亮、头发做了个好造型、周围光线适宜时，很多人都喜欢欣赏镜子里的自己；但是，在其他大部分时间，人们并不喜欢盯着镜子里的自己看。同样，我们可能会同意“如果由我统治，这世界会变得更好（至少要比现在好一点）”而并不因此尴尬，但与此同时，我们也会赞同“光是想想统治世界这件事，我就被吓得魂不附体了”。

的确，前文提到的两种自尊很难区分，但撇开争论不谈，大多数关于自恋的研究都会使用自恋人格量表，它已被证明能有效衡量自恋的态度、价值观和行为方式，足以识别缺乏安全感的自尊。它会把人格特征划分为不同的等级，而不是单纯定义为某种精神障碍（精神科医生诊断出来的自恋型人格障碍是一种长期的病态心理，是以自我为中心、自视甚高和缺乏同理心等特征的综合表现）。尽管多数人偶尔都会有一点自恋，但自恋人格量表还是有用的专业工具，因为和本书第 2 章中提到的“诊断访谈表”一样，它可以被用来衡量整个人群的自恋水平。这就意味着，我们可以评估某些社会和文化是否会比其他社会和文化更自恋，其自恋的水平会不会随着时间推移而变化，以及出现这些现象的原因。

自恋的流行

简·腾格和基斯·坎贝尔两位教授都是研究自尊和自恋的心理学家。在第 1 章中，我们谈及了腾格关于焦虑水平大幅攀升的一些研究。他们在 2009 年出版过一部著作《自恋时代：现代人，你为何这么爱自己？》，提及自恋倾向在美国的蔓延已呈现出令人担忧的趋势。[119] 书中举了很多自负到失控的例子，比如新娘把新婚蛋糕设计成自己的样子，还有一家名叫“一日名人”的公司，可以向客户提供假扮的狗仔队跟在他们身边，疯狂偷拍并大喊客户的名字。书中关于虚荣心、人际关系困难和反社会行为的章节反映出，自恋在美国文化中到底有多普遍。正如作者所言，“20 世纪 60 年代是为了更好的社会而奋斗，到 80 年代，所有的努力都是为了满足自己的利益”。

腾格、坎贝尔和其同事们收集了 85 项使用自恋人格量表对 1982—2006 年间的美国人进行的研究。[121] 他们发现，这段时期的自恋水平急剧攀升——2006 年与 1982 年相比，显示出自恋倾向的人数增长了 30%。考虑到自我提升和收入不平等之间的关系，以及防御性自尊对自恋起到的催化作用，在我们的预期里，自恋程度也应该可以反映不平等水平的变化。腾格发现，自恋水平急剧攀升的这段时期，美国的收入差距也急剧扩大。图 3.2 同时呈现了这两种趋势，其中收入不平等水平相关数据源自世界顶级收入数据库。[122]

我们曾预测，自恋、自我提升行为与更严重的收入不平等相关，因为不平等让人们的社会地位变得更加重要。当某些人的“价值”比其他人高时，我们就会依据地位高低来评判他人。为了抵抗自我怀疑和低人一等的感觉，我们会为在这个社会生存而做出各种努力，自恋则是其中比较极端的一种表现，是人对这样一种制造社交焦虑、羞怯和自卑情绪的环境做出的反应。腾格和坎贝尔写道，美国社会中的竞争和对地位的追逐逐渐白热化，同时，“人们逐渐意识到，必须要一路往上攀爬，不然就有深陷贫穷泥沼的风险”。[119] 不平等和自恋之间的关联还被其他研究证实——该研究发现，从小家境贫寒的人更容易追逐社会地位，家境富裕的人则更容易变得自恋。感觉自己很富有、把自己定义为富人、认为自己收入较高，这些都更有可能推动自恋人格的形成。波士顿大学的肖恩·马丁及其同事收集了美国部队现役军人的数据，发现父母的收入与孩子长大后的自恋人格之间呈正相关。[124] 家境更富裕的士兵更有可能认为自己是“特别的，因为大家都这么跟我讲”，并且还会觉得“没有我的集体活动会变得很无聊”。

不平等加剧，人们对身份地位的渴望也增强，这种关联在其

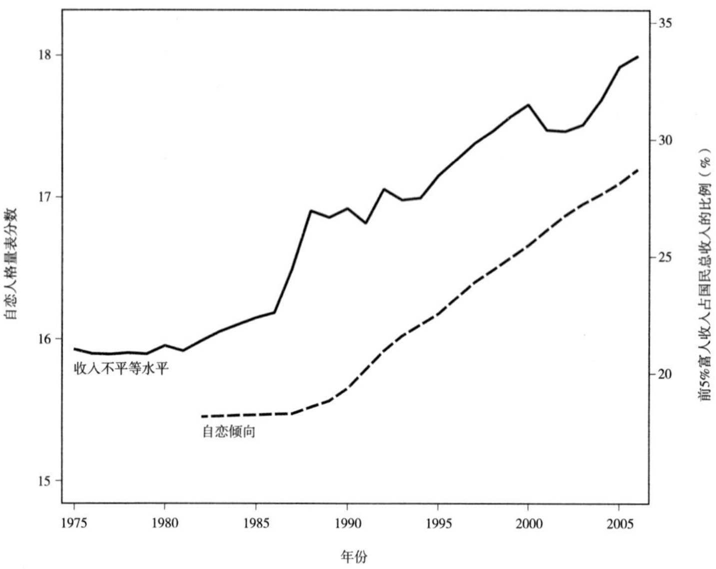

图 3.2：一段时期内，大学生自恋人格量表分数的提高反映出美国收入不平等状况的加剧。[123]

他调查数据中也有所体现——具体表现为，人们渴望达到的收入水平在不断提高。从 20 世纪 80 年代中期到 90 年代中期，随着收入不平等进一步加剧，人们的预期收入水平也翻了一倍，从 5 万美元增长到了 10.2 万美元。[125]

腾格教授及其同事比较了不同年代出生的人——包括婴儿潮一代（出生于 1946—1961 年的人）、X 一代（出生于 1962—1981 年的人），以及千禧一代（出生于 1982 年之后的人）——在同一年龄阶段的人生态度和人生目标。他们发现，出生较晚的人会觉得金钱、个人形象和声名更重要，而自我接纳、友好关系和社区归属就没那么重要。随着时间推移，在收入不平等更明显的年代，想要赚钱是比求知更为重要的上大学的驱动力。[126][127]

更严重的不平等带来了不断增长的社会评价威胁，使我们所有人都身处夹缝、举步维艰——或向焦虑症和抑郁症屈服，或通过自我提升或自恋努力沿着社会阶梯向上攀爬。这两种选项之间的冲突到底有多激烈，看看人们受精神分裂症或双相障碍折磨有多严重、妄自尊大的幻觉有多常见，就知道了。多达半数的受害者会认为自己其实是名人、政治领袖或宗教领袖，或是知名跨国公司的首席执行官。尽管这些妄想似乎能对自卑和抑郁情绪具有某种抵御作用，但为了解决对声名、财富的渴望与现实的无能之间的冲突，打造一个妄想出来的身份所付出的代价也太大了。

重塑自我

自恋倾向的一些性格特征包括自我迷恋，需要获得他人持续不断的关注和奉承，对成功、美貌或者浪漫情缘总有不切实际的幻想。所以，当自恋的人身份焦虑增加、竞争驱力增强时，他们不仅会在意他人对自己气质、性格、成功与否等各个方面的看法，还有可能把他们的身体同别人的进行比较、担心自己在别人眼中的形象，并且把外貌美丑同个人价值混淆。

记者蕾奥拉·塔嫩鲍姆坦言，女性会进行整容手术来消除自认为的面容和身体方面的“缺陷”，并通过这种方式，让自己符合有着各种苛刻限定的理想长相。[128] 整形手术的起源可以追溯到 19 世纪，当时犹太男性试图抹除一些鲜明的面部特征，好让自己的生意和职业生涯不受种族歧视的影响。当代女性被要求符合某种标准，她们承受着巨大的压力，和上述犹太男性的境遇没什么不同：每天无论是在杂志、广告、电影或电视里，还是在 T 台上，这样的完美女性形象都在对我们进行视觉轰炸，暗示女性必须遵从这种理想，并且不断提升自我。女孩一旦进入青春期，这种压力带来的影响就会清晰可见。“千禧世代研究”发现，根据家长的反馈，英国患有情绪问题的 11 岁女孩占同龄女孩总数的 12%，但这一比例在 14 岁女孩中增长到了 18%。到了 14 岁，当这些女孩报告自己的症状时，24% 的人说自己会感到抑郁。[129]

男性也不能幸免。在电影、电视节目、MV 和男性杂志中，理想的男性肩宽体阔、肌肉发达，如古代的雕塑般完美。过去，女性总是承受着广告牌和大屏幕上那些展现女性魅力的完美形象的压力，而现在，不管销售的商品是内裤还是汽车，男性也总能在广告牌或屏幕上看到搓板一样的八块腹肌和凸出的肱二头肌。男性也承受着要保持健美的压力，从普通超市就有的一排又一排健美营养补剂就可见一斑。同时，越来越多的男性患上了饮食失调，他们选择用蜡脱毛，美白、注射肉毒素，并接受其他美容手术。正如八卦小报所言，要想长得像肯*，其难度就和长得像芭比娃娃差不多大。[130]

在 2013 年，有差不多 200 万美国人接受过整容手术、1400 万人接受过非侵入式医疗美容，比如注射肉毒素或者皱纹填充剂。[131] 最受欢迎的项目包括隆胸、隆鼻、割双眼皮、吸脂和拉皮手术。在所有医美项目中，受欢迎程度增长最快的分别是：乳房上提（自 2000 年增长了 70%）、紧腹（增长 79%）、提臀（增长 80%）、下半身提拉（增长 3417%）和上臂提拉（增长 4565%）。另一个专业机构——美国美容整形外科学会——还补充了阴唇整形手术（拉紧外阴附近的皮肤），这种手术越来越受

* 芭比娃娃的男友。——译者注

到欢迎。[132]同年，在英国一共进行了 5 万次整容手术，和在美国一样，也涉及乳房、鼻子、眼皮和面部等多个人们想要重点矫形的部位。[133]吸脂手术——将身体中多余的脂肪抽出——的手术率，仅 2013 年一年就增长了 40%。

我们应该为这些数据担心吗？也许把自己交给手术刀、在自己体内注射肉毒素，这些行为都表明，人们不再觉得接受外界的改变是种耻辱，更多的人选择实现心中那些健康的梦想，好成为理想中的自己。然而，2012 年发布的一项研究却不这么认为[134]。研究人员花了 13 年时间跟踪调查挪威的女孩，收集她们对自己外貌的满意程度、精神健康情况和接受整容手术的次数等相关信息。那些接受整容手术的年轻女性更有可能出现抑郁和焦虑症状，更容易有自残行为、自杀冲动，并且会服用违禁药物。与在研究期间没有接受过整容手术的年轻女性相比，她们的抑郁和焦虑程度更严重，还更容易出现饮食问题和酗酒行为。另一项较早完成的美国研究表明，接受过整容手术的病人有精神病史的可能性是接受过其他手术的病人的五倍。事实上，在做过整容手术的人中，有 18% 的人在进行手术相关咨询的同时，就已经在服用精神类药物。[135]我们不应该为整容手术带起的潮流风尚而得意，因为它们实际上反映了一种焦虑感，反映了安全感与幸福感的丧失。而如果这跟社会中的相互攀比有关，那它肯定是一种零和博弈——我们互相做比较时，总不可能所有人都比别人更具有魅力。

感觉自己很特别

让我们回到之前讨论的问题上，自尊自爱、自我感觉良好，到底是不是一件重要的事？难道我们不需要充满自信、取得进步，用足够的勇气“让自己成就一番事业”吗？

腾格和坎贝尔的研究在美国总体上获得了正面反馈，但也收到了一些“很尖锐的批评”，那些被困在自负和积极心态的魔咒中的人会问：“难道我们就只能厌恶自己吗？”有一位学生对着媒体抗议：“但我们确实就是特别的，知道这一点没有错。我们这一代人表现出的不是虚荣，而是我们的自豪。”有研究表明，没有人喜欢被别人指责过于以自我为中心。特别是年轻人，哪怕他们承认自己这一代比父母辈更自恋，他们也尤其不喜欢自己被贴上自恋的标签。[136]

腾格和她的合著者指出，自恋的人缺少同理心，从长远来看，很难维系互相珍爱的伴侣关系或友谊。他们还指出，自恋和智商测试得分之间并不存在关联，自恋的人并不会更好看，而且自恋也不能使人持续获得成功。自恋的人更有可能从大学辍学，在商业行为中冒过高的风险，作为老板不会受到下属欢迎，在团队中的表现也很糟糕。总之，自恋的人并不比不自恋的人更好，他们对自己的痴迷并非建立在真才实学或真正的成就之上，他们的行为也会给其家人、朋友和同事带来真实的伤害与折磨。“大家都是彼此的敌人”的思维，以及因为不平等的出现，对社会地位的竞争取代了合作，都是自恋心态的成因。

社会顶层的精神变态倾向

所有的社会都希望营造出一种气氛，能让诚实正直、遵纪守法、勤勤恳恳的市民过上幸福生活，为社会做出贡献并实现自己的理想。我们希望各种机构——学校、企业和政府——会奖励正直、坦荡、努力工作、善于合作的人。但事实上，不平等和愈演愈烈的社会地位竞争，以及随之而来的个人主义，似乎培育出了另外一种文化，认为“贪婪才是好的”，大家钦慕的是敢于冒险的人。并且，支配欲过强和领导力之间的界限也变得模糊。

在这样的氛围里，具有擅长撒谎和操控他人、自私自利、麻木不仁等人格障碍的人总是能爬到现代企业管理层的最高处，也就不足为怪了。心理学家保罗·巴比亚克和罗伯特·黑尔称这种人是“穿着西装的毒蛇”，他们记录了这些精神变态的“毒蛇”在充满激烈竞争的现代企业中是如何以他人为垫脚石走向成功的。[137]

更严重的不平等不仅会让更多人暴露出精神变态倾向，还塑造出了一种残酷的环境。在这样的环境里，这些变态会被视为有价值或者有令人钦慕的品质，竞争也远比合作更重要。越来越多有精神变态倾向的人占据了商业世界的上层，这个现象不仅引起了心理学家的关注，也被公众注意到了。记者乔恩·罗森在2011年的著作《疯狂心理学：发现潜伏在日常生活中的疯狂》[138]中，讲述了自己是如何使用罗伯特·黑尔的“心理变态核查表”来辨识心理变态的。判断心理变态与否的依据是在这个核查表中得到的综合分数的高低，而不只是单纯具备其中的每一项特质。所以，就算受试者没有犯罪记录，儿童时期也没有行为问题，他也可能有精神变态倾向。因此，如果某种文化特别重视某些带有精神变态意味的行为表现，那么具备这些特质的人可能就会混得不错，至少在短时间内会过得很好，也就不足为奇了。

日光工厂主要生产烤面包机和华夫饼烤模等家用器具，罗森回忆了他与这家工厂的前首席执行官阿尔·邓拉普之间的会面。邓拉普在帮助企业扭亏为盈方面是小有名气的专家，同时也很擅长裁员。根据维基百科提供的信息，由于手段冷酷无情，他被人称为“链锯阿尔”和“穿条纹西服的兰博*”。尽管刚开始有些犹豫，邓拉普在与罗森会面的过程中最终还是同意配合完成“心理变态核查表”。他承认自己的情况与很多条目相符，但强调这些都是正面积极的特质。他声称自己“魅力四射”，认为拥有非凡的个人价值很重要——“因为你必须相信自己”。他还强调，操控他人是种“领导力”的体现：

> 于是，一整个上午，阿尔都在把大量的精神病特征重新定义为积极正面的领导力。冲动“仅仅是快速分析的另一种说法。有些人要花一个星期去权衡利弊，我呢，只用10分钟。如果利大于弊，就行动”。“浅层的情绪反应”能避免你产生“某些无意义的情绪”。“极少懊悔”能让你腾出手以便继续前进，并获得更多成就。[138]

午餐时间，邓拉普给罗森讲他觉得有趣的炒别人鱿鱼的故事，他的妻子在听完每个故事后都会大笑。罗森为此感叹：“对这家企业而言，找到像他这样享受解雇员工的人，简直就像是获得了天赐的礼物。”

当然了，对于在日光工厂工作多年、忠实勤恳的老雇员而言，邓拉普并不是什么天赐的礼物。大范围关闭工厂和大规模解雇员工可能是股东所欢迎的，但这给许多人造成了巨大的痛苦，并且破坏了许多小城镇的经济。而从长远来看，日光工厂也因邓拉普膨胀的自我价值感、各种狡诈的犯罪手段而深受其害——他用欺

---

* Rambo，美国动作影星史泰龙在《第一滴血》等片中扮演的角色，常用来代指强壮好斗的男性。——译者注

诈性的会计报账令股东相信公司已经扭亏为盈，并重新开始制造巨额利润。2001 年，他被美国证券交易监督委员会告上法庭，2002 年，日光工厂宣布破产。进一步的调查表明，他之前就有此类的违规行为，并因激进的管理风格被解雇过。商业杂志《快公司》的主编约翰·伯恩曾写过一本关于邓拉普的书，称自己从未见过“像阿尔·邓拉普这样善于操控他人、冷酷无情并极具毁灭性”的高层管理人士。[139]

邓拉普会不会只是极少数“烂苹果”中的一员呢？在企业家的世界里，身处最高层的心理变态的数量是否要比下面的层级多呢？英国心理学家贝琳达·博德和卡塔琳娜·弗里松进行了一项调查，将 39 名企业高管（均为男性）的人格特征，与英国安全级别最高的布罗德莫尔精神病院中的 768 名病人进行了对比。（所有布罗德莫尔的病人都接受过法律鉴定，均患有精神疾病或精神错乱，要么是被判犯下严重罪行，要么是在接受重罪审判时被发现其心理状态不适合庭上辩护。[140]）结果竟然是，商界人士在部分负面特征评定中的得分要比确诊的精神病患者高。这些特征包括：表演型人格（表面看起来很有魅力、虚伪、以自我为中心、喜欢操纵别人）、自恋（举止浮夸、缺少同理心、喜欢剥削压迫他人、自私自利）、有强迫症（完美主义、极度沉迷工作、刻板、固执并且有专行独断倾向）。

本书第 2 章中的图 2.4 表明，人类的行为通常存在于两个维度：支配 / 从属，友好 / 敌意。有自恋和心理变态倾向的人位于坐标轴右上方，是支配与敌意组合的区域。他们是凭借对他人的操控和冷酷无情的商业手段获取成功，还是因为行事过于暴力激进而被关进监狱，很大程度上取决于运气。就看命运给他们安排怎样的家庭和社会机遇，是让他们一步步爬到商业世界的巅峰，变成穿西装的毒蛇，还是让他们在早年就因为贫穷举步维艰，无法避免做出侵犯行为而堕入社会底层。

巴比亚克和黑尔称，20 世纪 70 年代末，美国的企业中充满收购、兼并、裁员和解散事件，这些企业努力摆脱官僚主义，不断变革，加速发展并时刻创新。在此期间，流失的是那种对忠诚于企业或机构的精神的认可，雇主与雇员间、企业与社会间的那种社会契约精神。商业世界的这种转变跟当时的政治和经济意识形态变化有关。信奉不受任何制约的个人主义和自由市场带来的后果就是，收入差距不断扩大，全社会对身份地位的竞争愈发激烈。事实上，现代企业与那些大受欢迎的自恋者、心理变态者几乎是一丘之貉。在 2003 年，就出了一部关于这个主题的标准长度纪录片《大企业》，该片根据法学教授乔尔·巴坎的一本书改编而成。[141] 片中表明，企业从一种具备公共职能的合法机构变成了一种享有个人权利的机构，被赋予了个体才拥有的一些权利（比如可以产生政治开支）。因此，巴坎将企业架构作为一种人格特征来研究，并将其诊断为心理变态。2003 年，这个观点可能还像是黑色幽默，但在经历了 2007—2008 年的全球金融危机后，一本又一本的著述，以及类似《天启四骑士》《监守自盗》这样的电影，都描绘了企业中的那些冒险者和没有社会责任感的流氓企业家对全球数以百万计的人造成的伤害。

在《你就要很独特》一书中，哲学家西蒙·布莱克本就逐渐增长的收入不平等水平，以及最顶层 1% 的人所享有的巨额薪水和奖金，提出了疑问："他们是怎么做到直视镜子里的自己，并且能坦然走在大街上的？他们就没有一点道德感吗？就不会同情那些被他们劫掠并且还将继续被他们剥削的人吗？"[142] 他的答案是，因为这些人真的相信自己"能力、判断力和智商超群，所以值得拥有一切。他们认为，自己的工资如果未能达到其他员工平均工资的300倍就是一种不公，是没有给予他们的惊人天赋应得的回报”。布莱克本还指出，事实上，像他们那样支付银行存款客户1%的利息，收取借贷客户16.5%的利息，并在法律允许范围内将中间的差额尽可能多地塞进自己的腰包，并不需要什么惊人大赋。

那么，在一个不平等的世界，我们又何来希望，觉得可以再次对这些企业进行变革，让它们重新具备大多数人认同的普世价值呢？在第9章，我们会提出，要想维持一种社会契约精神，并让其比股东权益更为重要，就必须发展出各种形式的经济民主。比如，雇员所有制公司、合作社、雇员持股计划、强大的工会，以及民主选出雇员代表，这些都能帮助抑制顶层高薪和分红文化。同时，经济民主也可以抑制那些自恋又心理变态的企业家“领袖”无节制且冷酷无情的行径，并且限制他们的自由，让他们无法随意操控和霸凌他人，无法冒过高的风险，也无法事后掩盖自己的错误。对雇员负责的企业领导可以将积极的管理策略与热情的态度相结合，从而获得更高的地位，由此实现第2章图2.4右下角的目标——用他们的能力和经验来组织联盟，通过合理说服和道德心体现真正的领导力，激励而非威胁雇员，并且真心为自己创造与培育出服务而非剥削民众和社会的企业而感到自豪。

有钱人真的不一样：不平等和特权意识

虽然有相关证据表明，因不平等而产生的自恋倾向有所增加，但大部分人并非自恋者，也只有很少一部分人是心理变态——尽管他们可以对社会顶层和底层同时造成巨大的精神伤害，甚至是进行非法侵害。然而，自恋和心理变态也只是冰山一角。有些人觉得自己高人一等，因此值得拥有比别人更多、更好的东西，单是这种想法就足以对社会造成巨大破坏。

加州大学伯克利分校的社会心理学家保罗·皮弗曾完成一组引人注目的实验，他关注的是阶级地位、情绪状态和社会群体与心理学家所谓的“亲社会”（prosocial）行为——对他人或整个社会有益的行为，比如乐于分享、参加志愿活动、与他人合作或者主动帮助他人——之间的关系。

在第一组实验中，皮弗和同事观察了“较低社会阶级”的人所具备的“亲社会”行为。所谓较低社会阶级指的是生活境遇糟糕（受教育程度更低、钱更少、社会等级更低，还会更经常遇到与资源匮乏相关的问题，家庭关系也很紧张）而觉得无力掌控自己人生的群体。[143] 研究人员想要了解，尽管处于这样的社会阶级（又或者正因为处于这样的社会阶级），他们与收入更高、受教育程度更高的人相比，是否会更关注他人的需求、更愿意主动帮助他人。研究人员已经掌握的信息是，在美国，与更富裕的家庭相比，贫穷的家庭反而会将更多的收入投入到慈善事业中（也许是因为，这些人有靠社会福利和他人捐助才能勉强生活的经历）。[144] 在实验环境中，将年龄、种族和宗教信仰的影响纳入考量后，研究者发现，在经济博弈中，社会阶级更低的人反而会拿出更多的金钱与伙伴分享、更信任别人，家庭支出中投入慈善事业的金钱占比也更高。如果实验者让他们觉得自己的同伴遭遇了困难，他们也会给予对方更多帮助。

社会阶级更低的人不仅更“亲社会”，也更具道德感。在第二组实验中，皮弗和同事再次使用实验方法进行观察性研究，观察在十字路口和人行道前等候的汽车司机的反应。[145] 他们发现，所驾驶车辆（根据车型、车龄和保养水平来判断）的等级越高（车的价格越高），司机越有可能强行超车，并且，停车礼让行人的概率也低一些（见图 3.3）。

皮弗还研究了上层阶级和下层阶级人群的特权意识。[146] 在关于特权意识的心理量表（问题诸如“我真的觉得自己比别人更值得拥有一切”）中，相较下层阶级人群，上层阶级人群会得到更高的分数。而在自恋人格量表中，当他们以为周围无人注意独自一人的自己时，他们也更喜欢花时间仔细欣赏镜子里的自己。

在对照实验中，研究人员会让实验参与者阅读情节梗概：其中的人物拿走了不属于他们的东西，或者获得了本来无法获得的好处。与下层阶级人群相比，上层阶级人群更有可能承认自

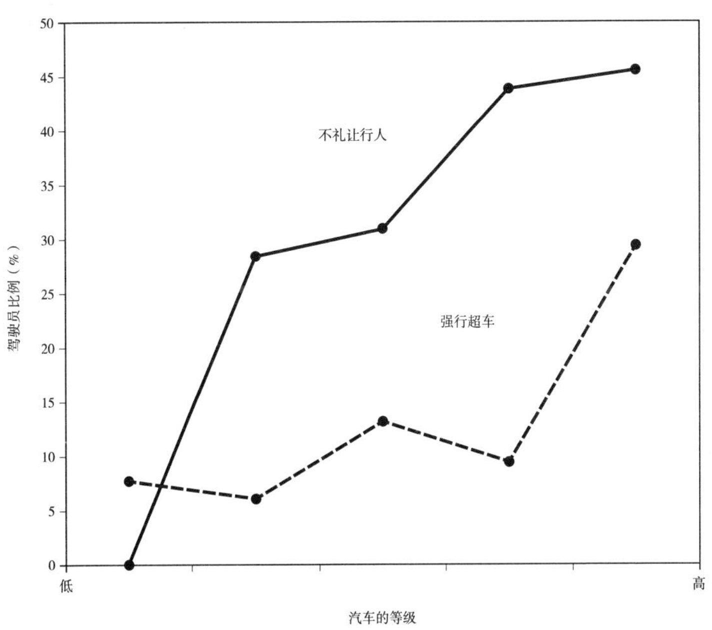

图 3.3：根据汽车等级划分，强行超车、不礼让行人的车辆的比例。[145]

己也会做出同样的行为。尽管这也可能仅仅表明，上层阶级人群并不太在意研究人员对自己的看法，但假如是要去申请工作，并且可以选择向面试官隐瞒一些事实，在这样的情形下，他们更有可能欺骗面试官。此外，他们还更有可能在骰子游戏中作弊，更有可能偷走据工作人员所说本应分给附近其他实验室的孩子们的糖果。[146]

皮弗的研究表明，我们可以通过唤醒人性中更善良的一面，来改变这些人的不道德、反社会和自恋行为。当要求参与者写下三条平等的好处，并反思“贪婪是好事”这句话时，上层阶级和下层阶级人群在不道德行为方面存在的差异消失了。研究者因此得出结论，这些人的区别不在于做出不道德行为的能力，而在于意愿。同理，研究者可以通过让上层阶级的人更多考虑平等主义的价值取向，从而降低他们的自恋程度。在完成自恋人格量表之前，参与者被分成了两组。实验要求实验组参与者（“平等主义者”）写下平等对待他人的三个好处，要求对照组参与者写下他们在很寻常的一天进行的三项活动。正如预期，对照组中的上层阶级个体表现出了自恋的特征，但是实验组的上层阶级个体在考虑了平等主义价值观后，自恋倾向明显减弱了（见图 3.4）。

皮弗发现，上层阶级人群对待他人的态度看起来更糟糕。有两种说法可以解释这一现象：一是，那些强烈地想要最大限度地抬高自己的身份地位的人在本性上就更加“反社会”；二是，所有人可能都会对比自己社会地位更低的人做出一些糟糕的举动，如此一来，上层阶级人群和我们唯一的区别就在于，他们眼中的低等人更多。

但正确的解释似乎是，正是不平等的现状营造出了这种氛围。这些富有的上层阶级人群会有如此恶劣的表现并非是他们固

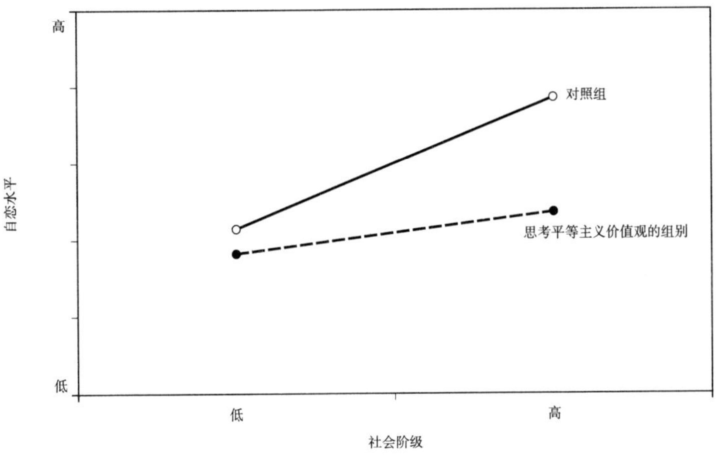

图 3.4：当社会上层阶级人群更多思考平等主义价值观时，他们原先较高的自恋水平会有所降低。[146]

有的天性使然。皮弗的研究和实验都是在美国进行的，在更加平等的社会中，似乎没有发现这种条件更好的人反社会倾向更明显的现象。比如，在荷兰、德国和日本这些比美国更平等的国家，更富有的人和更贫穷的人差不多，都比较慷慨且信任他人。[147] 2015 年的一项研究提供了更多证据：即便是在美国，收入越高的群体越没那么慷慨友好的现象也几乎只存在于更加不平等的一些州。[147] 研究者在全国范围内展开调查，给所有受访者一个向他人捐赠的机会。结果发现，在美国最不平等的几个州，高收入人群与低收入人群相比，慷慨大方程度比较低；而在不平等水平最低的几个州，高收入人群则相对更慷慨。研究者还进行了实验，将受访者家乡所在州的经济不平等水平分为“相对较高”和“相对较低”。在这个实验里，如果提前告诉受访者他们所在的州不平等水平更高，高收入人群就表现得没有低收入人群那么慷慨，但假如告诉受访者他们所在的州相对比较平等，就不会出现这种现象。

被自恋打败的领导力

在更加不平等的社会中，尽管这些上层阶级个体不值得被信任，也没那么慷慨，但假如他们是高效的领导者，对某些人来说，事情就没那么严重。我们开始撰写这部书稿时还没意识到，某个极度自恋的人会被选举为最高政治领袖，但随着时间推移，特朗普总统的领导能力已经成为一个让全世界都担忧的大问题。虽然不可能仅仅依据一个人在社交媒体的发言就对他做出精神诊断，但特朗普不间断的推特发文体现出他拥有自我夸大、麻木不仁、控制力较差等诸多自恋者和心理变态者才具备的特质。我们从他的推特中选了几条：

——我明白这些事。我的理解能力非常强，差不多比所有人都强。

——我比任何人都更懂税法。

——关于可再生能源，我比这个世界上所有人知道得都多。

——没人比我更了解银行业务。

——这个国家成立以来，还没有谁比唐纳德·特朗普更明白基建这回事。

——在军事领域，没人比我更强，也没人比我权力更大。

也许还要加上下面最有意思的这句（也是最可悲的一句）：

——新任教皇是个很谦逊的人，和我很像。

刚认识自恋者时，我们可能会觉得他们是高效的领导者，因为我们会欣赏他们流露出的自信。但是，长期交往下来，自恋者会变得越来越不受欢迎，因为他们傲慢的态度和放肆的行为会逐渐暴露无遗。[148][149]

我们在本章开始的时候提到过针对美国士兵进行的研究，来自更富裕家庭的士兵更有可能自恋，研究者还发现，这种关联也导致他们缺乏真正的领导力。[124] 如果像大多数人认为的，收入不平等会进一步扩大社会的割裂，从而推动民粹主义的兴起，那么它同时也可以让领导者产生一种特权意识，对自己莫名自信，因此无法有效领导，也不能做到态度谦逊、满怀同理心。

共情：社会如何看待差距

不平等对自恋、心理变态和特权意识的形成起到了很重要的作用，然而，共情也有同样的影响力。能够理解彼此的感受，用同理心理解对方，是社群生活和社会关系的基础。不仅仅是人类，许多群居动物也表现出对彼此的共情，毕竟，正因为如此才能维持在群体中的相互关系。与人类最相似的几种动物，比如猴子和猿，都会表现出对同伴的依恋，并且能够分享同样的心情。如果看到族群中其他成员亢奋，它们自己也会激动起来，还会安慰那些看起来受了惊或者很难过的同伴。灵长类动物学家弗兰斯·德瓦尔举过一个例子，黑猩猩和倭黑猩猩会抛绳索给陷入动物园深沟淤泥里的同伴，把它们拉上来，还会给没法自己前往水源饮水的伙伴送水。[150] 共情对于生存至关重要，因为合作本身就是生存的基础。[151]

无论是成人还是孩子，个体的共情能力都会因为被忽略或被虐待而逐渐消失。玛丽·克拉克是解决冲突的专家，她认为，这种从共情中产生的同理心是人类“最原始的人性特质”。[151]用心理学家西蒙·巴伦-科恩的话说，共情能力的欠缺“会把人变成物体”，让人陷入一种“唯我独尊模式”，而共情的缺失将会导致一些残酷的行径。[152]巴伦-科恩在其著作《恶的科学》中举了很多例子，描述不同文化中的个体因缺乏共情能力而做出的一系列行为，以及无端的残忍。他对共情的定义是：产生共情时，“我们不再一心一意专注于自己，而是转变为一心二用”，这样就可以“察觉其他人的想法或感受，并且用一种恰当的情绪予以回应”。由于不平等让整个社会的共情水平降低，人们也越来越难弥合不同人群之间日益增大的等级差异和社会距离。人们渐渐无法意识到，其实大家共处于同一个世界，应该去保护那些最脆弱、最无力发声的人。

普林斯顿大学的心理学家苏珊·菲斯克曾提出，那些引导人觉得自己很强大的心理学实验同时也削弱了这些人理解他人情感和思绪的能力，因为强大或者说占支配地位的人即便忽略他人也不会受到惩罚。[153]正如她所说：“权力给人以轻蔑他人的权利。”但她也指出，轻蔑的态度对轻蔑者和被轻蔑者而言都十分有害，它会建立起屏障，使双方无法分享经验。她表示，轻蔑并嘲讽他人是社会地位较高的人面对的道德风险，可以造成从无心的忽视，到故意贬低被蔑视者的人格等各种程度的伤害。蔑视的反面是嫉妒，嫉妒同样会对嫉妒者和被嫉妒者造成破坏性影响。嫉妒者会感到羞耻、憎恶和愤怒，而被嫉妒者则会被认为天性冷漠、精于算计、具有威胁性。

收入不平等除了会影响个体经验，重塑人的性格，削弱人的共情能力，是否还会对社会整体的共情能力产生影响呢？我们前面已经提到，收入不平等会让人们之间的社会阶级差距不断扩大，凸显地位差异，加剧围绕社会地位展开的竞争。菲斯克在其著作《嫉妒向上，轻蔑向下》中讲道："人被分为嫉妒者和蔑视者两类，由弥漫于社会的对于社会地位的焦虑造成。收入不平等水平如今达到了历史高点，扩大了这些地位差距。"[153] 但是，直到最近，还没有直接证据证明，共情能力会根据收入不平等水平的不同而发生变化。后来，两项发布于 2012 年的研究才花了些工夫解释这个现象。

第一份研究由米兰大学的心理学家费代丽卡·杜兰特和其同事进行，他们研究了 37 个国家的人是如何对"他者"生成刻板印象的。[154] 他们想要弄明白，为什么在收入不平等已经造成这么多严重问题的情况下，人们还是不会主动反对这种不平等，反而默认维持现状。研究者推测，如果能够从矛盾的视角看待"他者"，让"他者"既有好的一面也有坏的一面，人们也许就能将不平等合理化。例如，如果我们觉得所有富人都自私自利、尖酸刻薄，也许就不会允许巨大的贫富差距存在；但如果我们觉得富人特别有才能，而且还会为经济发展做贡献，那我们就会容忍这个群体的存在。

从某种程度上来说，我们所有人都会对"他者"持有刻板印象，而且认为不同的人有不同的优缺点。我们对他人形成的刻板印象包括判断对方社会地位的高低、能力的强弱、是争强好胜还是善于合作、是热情友好还是冷漠且充满敌意，等等。杜兰特和同事提出假设，在更加不平等的国家，人们更容易对他人持有一种矛盾的刻板印象。比如，有些人会有一种非常大男子主义的观点，认为女性温柔但是能力不足；还有人觉得富人能力很强，但是过于冷漠且精于算计。这一假设后来通过实验被证实了：在更加不平等的社会，人们倾向于给别人一个更加模棱两可的评价。随着收入不平等的加剧，人们将这种矛盾看法正当化、合理化的需求也越来越强烈：富人很自私，但也做出了一些贡献；即便穷人无法过好自己的生活，他们还是会对他人充满善意。如果不这样想，人们就会觉得整个社会结构充满不公，令人无法忍受。我们在心中替不同群体贴上标签，相信他们值得或不值得帮助，道德感较强或较弱，以此将不平等合理化。正如作者所言："收入不平等越严重，就有越多的社会群体需要获得抚慰。"不平等能够改变人们对他人的看法。

这样的刻板印象重要吗？毕竟这项研究只是衡量了人们对他人的看法（事实上，只是衡量了研究者眼中的他人对别人抱有怎样的看法），而不是他们的行为模式——更准确地说，他们与他人的互动模式。毫无疑问，更能衡量共情能力的是人们在他人面前的实际表现，以及是否愿意表现得更具同理心而不是冷漠无情，是否更愿意集体协作而不是互相竞争。

在第 2 章，我们提到了社会学家玛丽·帕斯科夫和卡罗琳·德维尔德进行的研究，他们使用欧洲价值观调查表收集的数据来研究收入不平等和社会凝聚力之间的关系。[39] 他们对"社会凝聚力"的定义是，人们愿意为了他人的福利而努力，这也是共情能力的重要组成部分。他们询问了来自26个欧洲国家的受访者："你们是否已经做好准备，愿意切实付出行动，来改善（a）你的邻里或你所在社区的其他居民、（b）你所在国家的老年人、（c）你所在国家的病人和残疾人、（d）你所在国家的外来移民的生活境况？"分析数据时，研究者考虑了每个国家的人均收入、在社会保障方面的开支、社会福利制度的类型，还有受访者的性别、年龄、婚姻状况、就业情况、受教育程度和收入水平，还统计了他们是否为移民、是否有宗教信仰等。

把所有这些影响因素考虑在内后，研究结果明显呈现出一种趋势：更加平等的国家中的人更愿意帮助他人，而且更多出于道德责任和同情心，而不是为了社会的公共利益或者某种私利。人们更愿意帮助病人、残疾人和老年人，但帮助外来移民的意愿就没有那么强烈。从整体来看，国家之间的差异相当大：在瑞典，85% 的人愿意帮助老年人，而在英国这个比例只有 54%，在爱沙尼亚只有 33%；68% 的瑞典人愿意帮助外来移民，而只有 14% 的英国人和 4% 的立陶宛人愿意这么做。不平等在社会凝聚力、种族隔离和信任问题上造成的影响已经广为人知[1][155]。很多不同的研究已经证明，不平等的扩大会逐渐侵蚀人与人之间的信任。帕斯科夫和德维尔德证明的是，相互信任的程度和社会凝聚力的大小可以转化为实际的团结与睦邻关系：在更加不平等的国家，无论收入水平高低，人们帮助他人的意愿就是会小一些。

在本章中，我们已经看过一些证据，了解了收入不平等是如何施压于人，让人们更迫切地想要让自己看起来比别人更好；也知道了当代流行的自恋情结反映的是逐渐扩大的收入不平等；懂得了商业世界的运作规律，它如何为那些有心理变态倾向的人铺就了一条在企业高升的道路；也明白了为何在更加不平等的国家，人们对自己的社会地位有更强的焦虑感。我们也看到了，可以通过对富人进行引导，让他们思考平等主义价值观，来削弱他们的反社会倾向，使他们变得更有道德感，不再把一切都看作理所应当。我们也读到了相关研究，证明收入不平等会逐渐侵蚀人们的共情能力和帮助他人的意愿。

这些现象表明，更严重的社会不平等会让社会地位、自我提高和自身利益等对人们产生更强的影响，好像回应这个充满竞争的、不平等的世界的唯一方式就是不断扩大自己的权势，通过相互竞争一路向上攀爬。但也有证据表明，自我提升和自恋倾向其实是在掩饰内心极大的不安全感，并阻止人们获得幸福或者拥有美满的人际关系。这种情况下，对于社会上层与下层产生的蔑视或嫉妒会损害人的幸福——无论你是蔑视或嫉妒他人，还是被他人蔑视或嫉妒。

共情能力是人类维系社会关系和幸福生活的基石，西蒙·巴伦-科恩称之为万能解药：当发挥共情能力时，人际关系问题、婚姻中遇到的困难、工作中遇到的麻烦、与邻居的纠纷、政治僵局、国际冲突等，一切都可以得到解决。共情能力是自由的，发挥共情能力也不会给谁带来压迫。尽管不平等削弱了共情能力，但只要减少不平等，就能充分释放共情能力，使其效力最大化，还会给我们带来巨大的希望，相信我们能创造出一个更美好的世界。

第 4 章

错误的解决办法

“事实上，我从来没考虑过自己‘是否拥有这一切’，我的情况更像是‘我必须拥有这一切’。”

每天晚上，我躺在床上，告诉自己再也不会这样了，“明天一切都会不一样”。但根本不是这样的……一切总是照旧，循环不停。我的朋友们那样开心，而我一无是处，只是站在那里，与开心无关。我深陷在自己的世界里，看着别人过着我本可以拥有的人生……我本该拥有的人生。

——2014 年，网络帖子

我的身体又开了个洞，我的肚子渴望被填满。而我渴望的并不是食物。一次触碰、一次抚摸，这样开始就很好。但我什么都没有得到，今晚什么都没有。

我猜我只能去找点东西吃……

——2014 年，网络聊天室“我有一种上瘾症状”帖子

购物、酒精、巧克力、性、小装置……看起来，我们可能对任何事物上瘾。许多人称自己沉迷于最新款的电脑游戏或者电视剧集，还有些人说自己对培根、睡眠或者纸杯蛋糕上瘾。网络版“城市词典”（Urban Dictionary）嗤之以鼻地指出，“holic”（意

为“瘾”或“狂”）这个后缀“总是被不恰当地使用，准确的用法只能指沉迷于酒精”。不管怎样，还是有很多人乐于承认自己对某种事物过分投入，甚至沉迷，以至于一旦满足了这份欲望，他们就会暂时觉得自己的人生改善了许多，自己也变得更好了。

我们已经看到，在更加不平等的社会中，要想保持自信和一定的社会地位，得承担相当大的压力。无论一个人是自卑沮丧，觉得自己被日益加剧的社会竞争压垮，还是硬着头皮努力挣扎，想要全世界认为自己很成功（这种自信通常都很薄弱，一碰即碎），这种压力感会导致人们对任何能让自己感觉好一点的事物产生强烈的欲望——不管是酒精、药物，还是暴饮暴食、“购物疗法”或者其他精神依靠。这些应对方式能让许多人从持续不断的焦虑感中暂时挣脱出来，但并不健康。

许多和药物成瘾者或酗酒成性者打交道的专业人士反对将“成瘾”这样的词汇贴在其他类似行为上。不过，我们在此使用的是心理学家布鲁斯·亚历山大——他因为做了一系列名为“老鼠乐园”的实验而闻名——对“成瘾”的定义。他的实验表明，把一群老鼠关在一起，它们吸食阿片类药物的概率要比被单独关在一个笼子里的老鼠低。亚历山大由此推断，这些药物本身的性质——成瘾性——只能对“药物问题”做出有限的解释。由此，他展开论述，指出成瘾不仅是个人问题，也是社会问题。本章接下来提出的证据可以验证他的这个结论。亚历山大在他概述成瘾之历史的著作《成瘾行为全球化：对精神贫乏的研究》中，将成瘾行为定义为：“过度投入对某些事物的追求，会对上瘾者、社会，或者同时对二者造成伤害。”[156] 这个定义很宽泛，包括了人们有可能深陷其中的各种重复性行为，而这些行为总是会危及他们自身和周围的人。这个定义也让我们能在社会层面思考成瘾行为，反思为什么人们的成瘾行为越来越多，沉迷于各种各样的事物。

亚历山大认为，这种广义上的成瘾行为是现代化的副产品。自由市场经济打破了原有的社会凝聚力，制造了“错位”，亚历山大称之为“精神贫乏”。在他看来，我们之所以对某样事物上瘾，是为了应对那种错位、被人疏远、与世隔离的感觉——所谓的“错位”指的是那种不得其所、被排除在外、与一切隔绝的感受，人们觉得自己缺乏良好的社会关系，情绪越来越低落。他认为，在现代化的市场经济社会中，错位不仅仅是少数人才有的病态心理，而是由“经济人”这个反社会概念引起的整个社会的心理现象。“经济人”的观念认为，人的某种天性促使人们理性、符合逻辑地行动、追求个人利益，人们所做的一切都是为了实现个人目标，绝不会思考怎样做才符合公共利益——这种观念在过去的 50 年里已经深入人心。亚历山大指出，物质匮乏时，人们依然可以保持尊严，但如果精神贫乏或者错位，人们就没有尊严可言了，即便拥有再多的物质财富也无济于事。

亚历山大解释成瘾根源的依据是心理学界长期存在的、关于健康个体的定义。健康的人会维系以下两者的平衡：一边是自己对自由和成功的追求，另一边是同样重要的、对社会联系和归属感的追求。[157] 根据亚历山大的观点，“自由市场经济再自由也无法摆脱成瘾现象，正如它没有办法彻底摆脱激烈的竞争和收入差距”，被过度推崇的个体之间的竞争造成了社会凝聚力的缺失。同时，正如我们之前已经注意到的，不断加剧的不平等也加重了身份焦虑。在这样的情况下，人们需要很努力才能获得社会心理方面的协调，所以，有时会转而求助于各种成瘾性事物。然而，这种依赖行为通常会适得其反，让人在困境中越陷越深，进一步加重本想通过成瘾行为减轻的心理负担，形成恶性循环。

逃离自我

在自由市场经济社会里，与他人在社会心理层面保持协调，并具备较为稳固的身份认同越来越难实现。[158] 由于社交媒体和数字世界带来持续不断的社会评价威胁，达成上述目标更是难上加难。但与此同时，对我们而言，归属感和被人需要的那种价值感也变得愈发重要。1991 年，佛罗里达州立大学的心理学教授罗伊·鲍迈斯特出版了《逃离自我》，列出了一系列人们为了维持自我形象，以及自己在他人面前呈现的样子而去做的事：[159]

> 我们一直在努力获得资历与声望。为了学习如何给人留下好印象，我们读相关的书、参加相关培训课程，我们丢弃还没有穿旧的衣服，好去买更时尚的新衣服。我们努力为自己的失败和不幸寻找能为自己开脱的借口，并拼命想让他人承担过失与责任。我们忍饥挨饿，为了让自己瘦得符合大众审美。我们提前多次彩排对话或者讲演，事后还会不断重温，试图分析哪一步可能出差错。我们接受整容手术。我们无休无止地搜索他人的讯息，以便我们能与他人进行比较。我们会对那些质疑我们的名望和优越性的人动手。我们渴求让一切合理化。当做了蠢事时，我们会面红耳赤，闷闷不乐。我们买数不清的杂志，上面会教我们怎么打扮更好看，怎么更好地做爱，如何在工作或游戏中获得成功，如何成功节食，如何说漂亮话。维持自信看起来简直就是一项全职工作！

生活在一个社会评价威胁较高的环境中，人确实会筋疲力尽，随着网络身份形象变得越来越重要，我们需要付出的努力也越来越多，最后成了一项几乎不可能完成的、永无休止的任务。鲍迈斯特在书中列举了一系列会让我们想要逃离自我、放弃在他人面前维持良好形象的事——不仅包括灾难和不幸事故，还包括他人对我们的期望带来的长期压力。在文艺复兴之前，人们会试图遵守标准或理想的行为准则；而现在，大家似乎更在意肤浅的理想，追求肤浅的审美标准，想要拥有受追捧的物品。

当我们感觉被轻视时，当我们觉得自己一无是处、无能为力并遭人嫌弃时，药物、酒精、电子游戏和电视中的幻想世界、安慰食物、购物疗法和投机，这些都变得越来越诱人，令人沉迷。我们总是被诱惑：这些产品许诺，能够帮我们获取想要的身份地位。这些活动或购物行为可以暂时缓解我们长期承受的压力和焦虑，但除此之外不会解决任何问题。

以物质取代人际关系

早在 20 世纪 80 年代末就有人认为，成瘾行为和强迫行为在本质上是“以物质取代人际关系”。这个说法最早由心理治疗师克雷格·纳肯提出，并在记者达米安·汤普森的《瘾头》一书中占据了很大的篇幅。书中提到，“以物质取代人际关系”指的是人们越来越沉迷于手机、甜腻的纸杯蛋糕、电子游戏、冰咖啡和网络购物。[160]

汤普森讲到，越战期间，大量的美国士兵通过吸食海洛因来应付孤独、高压、令人恐慌的环境，而一旦从那个环境脱离出来，安全返家后，几乎所有人都会戒掉毒瘾。在汤普森看来，现代这些拥有各种成瘾行为的消费者，“就像是那些被征募到越南的士兵，迷惑无助、担惊受怕，总是被一些许诺会让现实变得没那么难以忍受的东西所诱惑。不是出现了精神问题才会屈服于这些诱惑，只要是人就无法抗拒”。这种类比令人不安，因为我们已经“在家”了。因此，假如我们想要逃离他描述的这种自毁模式，就必须弄清，到底是不平等社会中的哪种要素推动着我们走上这条成瘾的道路。

做足准备，蓄势待发

“预饮”和“热身酒”是指在出去跟大家一起喝酒玩乐之前先提前喝大量的酒，这些词虽然最近才出现，但反映的是一种早已很普遍的趋势。这种习俗已经改变了年轻人的喝酒模式。从前，年轻人们先在酒吧喝酒，然后再去夜店；现在他们会先在家里喝酒，离开家时差不多已经喝下了当晚饮酒总量的三分之一。在所有对这种喝酒方式的研究中，研究者发现，年轻人给出的主要理由是为了省钱。到酒吧、夜店喝酒之前，先在家里喝一些超市打折的瓶装酒，他们少花很多钱就可以达到想要的醉意。当然，很多人也承认，出门时就醉醺醺的，并不利于接下来的理性消费。喝热身酒的另外一个重要原因是社交焦虑。对于很多年轻人来说，出门前就已经喝醉意味着不需要应付清醒时不得不面对的社会评价威胁。女性受访者在一项研究[161]中反馈，“我在夜店里会觉得很惊慌，所以出门前先喝点酒会给我足够的勇气面对那个场面”，“酒吧不适合我和我的伙伴，除非我们喝得大醉，准备好面对接下来的混乱场面”。在新西兰的一项研究中，研究者指出：“清醒的时候，人们十分羞怯，会感觉到日常生活中的压抑，还会发现夜晚的消费令人极其不快。因为上述理由，人们才会选择喝热身酒喝到醉。”[162]

社交活动总是会给年轻人带来焦虑感，他们不确定自己的身份认同，同时又在寻求可以结交的朋友、潜在的恋爱对象或者性伙伴，觉得自己一直都暴露在他人的眼光和评判中。但在更加不平等的现代社会中，这种焦虑感会不会变得更强？我们在第 2 章中看到，在更加不平等的社会中，各个阶级的人的身份焦虑都会随着不平等的加剧而增长；另外，我们也知道，焦虑症、抑郁症，借酒精或药物解压等现象会同时出现。[163][164] 但我们是否能得出确切结论，焦虑症和收入不平等会让喝热身酒乃至酗酒、滥用药物等成瘾行为不断增加？生活在更加不平等社会的人是否更容易对赌博、电子游戏或纸杯蛋糕上瘾？

评估社会的接受程度

在《公平之怒》中我们提到，在富裕国家，包括成瘾行为在内的许多精神疾病都与收入不平等紧密相关。同时，不平等也和海洛因、可卡因、安非他明等毒品的滥用存在关联。在美国收入最不平等的几个州中，瘾君子的占比更高，吸毒过量致死的人数也更多。[1] 一项对纽约社区的研究发现，在收入不平等最显著的街区，吸食大麻 [165] 和吸毒过量致死 [166] 的人数也最多。收入不平等与非法吸毒之间的关联清晰且稳固，但酗酒造成的影响更加复杂。在英国和美国，喝酒这种行为——只要沾酒精就算——在越高的社会层级中越常见。然而，酗酒这种现象则是在较低的社会层级中更为普遍。由于人们对自己饮酒量的评估参考价值不大，对不同国家人们饮酒量的研究多采用酒水销售数据，而不是人们自己判断的饮酒量。这不仅仅是因为有些人不愿意透露自己实际上到底喝了多少酒，还因为人们对自己饮酒量的评估不够精准。这并不难理解，因为很少有人清楚，一杯红酒、半品脱啤酒，或者一杯双份金汤力到底含多少“单位数量酒精”（units of alcohol）。

不管怎样，收入不平等水平在纽约市和更频繁的饮酒行为之间存在关联[165]，在富裕国家和年轻人更严重的饮酒问题之间存在关联[167]，在13个欧洲国家和人均饮酒量之间存在关联[168]，而在澳大利亚与饮酒致死人数之间存在关联（模式更复杂）[169]。当然，也不是所有的研究都呈现出如此直观的结果。比如，对13个欧洲国家开展的研究，尽管发现了收入不平等水平和重度饮酒之间的关联，但没有发现和酒精肝之间的关联。有研究发现，在美国各州，与总体上的不平等相比，和种族有关的收入不平等（贫穷的少数族裔与白人比较）与更严重的酗酒问题之间存在更紧密的关联。[170] 总体来说，虽然收入不平等与高饮酒量之间的关系很复杂，但至关重要。此外，也要考虑针对药物使用和成瘾进行的研究，这也是破解谜题的另一块拼图，说明了收入不平等造成的社交焦虑是如何造成更多伤害的。

至于赌博、电子游戏和纸杯蛋糕，关于这些行为在不同国家的普遍程度，目前并没有好的、可进行比较的数据。我们已经在《公平之怒》中指出，在更加不平等的国家或者州中，肥胖症患病率更高，因此，我们可以将其视为强迫性暴食的衡量指标——事实上，在更加不平等的国家，人均摄入食物热量的确会更高。[171] 目前，根据严谨的实验，研究者已有了充足的证据，证明焦虑——包括由于收入不平等加剧而不断增长的焦虑——既会增加人们的进食欲望，又会让人们更喜欢高糖高热量的不健康食品。[172][173]安慰性进食是应对压力的一种根植于本能的方式，这一点在动物研究中已得到证实。另外，之前就有研究证明，糖分和脂肪能使人平静，并且和阿片类药物作用于大脑的同一个部位。

赌博、电子游戏之所以被拿来和饮酒做比较，是因为它们本身不是问题，但极易让人上瘾并导致一系列问题。所以，比较不同地方的人赌了多少钱或玩了多少电子游戏并不能得到太多有用的信息。我们需要知道的是，有多少人已经沉迷于赌博或者电子游戏。一份 2012 年的研究报告花费巨大精力计算出了赌博成瘾人群在总人口中的占比，并根据人口年龄结构进行了调整[174]，最后发现，统计出的结果和收入不平等紧密关联。图 4.1 展示的是，赌博成瘾和每个国家中最富裕的 20% 家庭与最贫穷的 20% 家庭的数量比例（参考《联合国人类发展报告（2007—2009）》）之间的关系*。[123]

似乎还没有足够可靠的关于电子游戏成瘾的数据可以拿来分析在不同国家中，电子游戏成瘾与收入不平等之间的关联。但是，为了让读者对这个问题的严重程度有个概念，我们可以举个例子。据美国 2009 年的一项研究估测，8% 的年轻玩家已经在游戏中表现出病态倾向。[175]在其他最近的研究中，新加坡的这一比例已经达到 9%，德国和澳大利亚则分别是 12%、8%[176]，而挪威不到 1%[177]。在韩国和日本等国家，电子游戏成瘾已经成

* 虽然从全美的角度来看，我们能通过收入不平等水平预测赌博成瘾问题的严重程度，但我们并没有在美国各州发现同样的关系，这或许是因为赌博在各州的合法程度不同。1964 年前，赌博只在内华达州合法。但即便是今日，犹他州与夏威夷州仍禁止赌博。而在许多州中，由拥有主权的美洲原住民部落在居留地建立的赌场于 1987 年获政府批准。此后，赌博行为就只局限在这些区域中。这些区域基本上都位于贫富差距较小的中西部与西部各州。——原书注

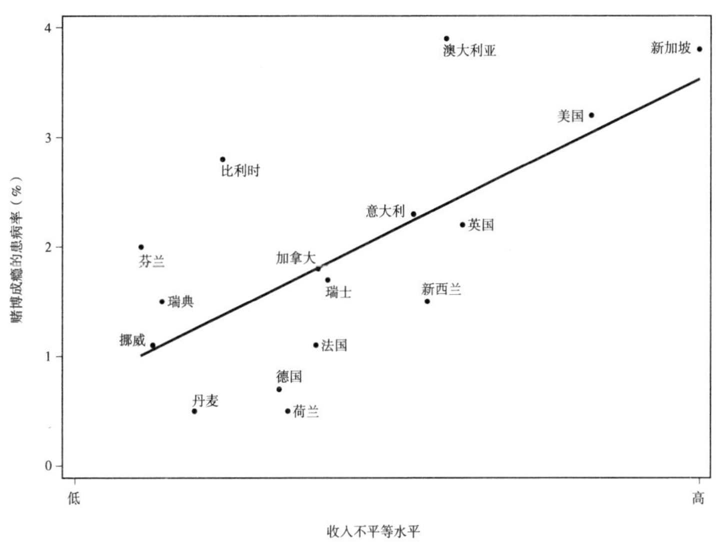

图 4.1：在富裕国家中，收入不平等水平和赌博成瘾的占比之间存在关联。[123]

为公共健康问题，但我们很难确定问题的严重程度和规模。[178]

研究发现，在富裕国家中，收入不平等水平和成年人的抽烟程度之间不存在关联，这一点令人困惑。也许是因为抽烟这件事只能给人非常轻微的心理安慰，让人暂时从自我困境中逃离，并不能消除人们心中那种无力感、无能感，以及随着社会不平等程度加剧而增加的力不从心感。而有镇定作用的酒精、有刺激作用的可卡因、赌博与电子游戏等都会让我们觉得自己更强大、更有能力，从而暂时脱离社交恐惧与无助感。[179]不过，有研究表明，在中低收入国家，年轻人买烟、抽烟是一种身份的象征，在这些地方，收入不平等与更高的吸烟率之间是存在关联的。[180]我们还会看到，购买商品，特别是能说明社会地位的物品，也会受到身份焦虑和收入不平等带来的激烈竞争的影响。收入不平等越严重，人们就越注重自尊，同时，被他人忽视造成的影响就越严重。

购物狂

“女孩玩游戏”（GirlsGoGames.co.uk）这个网站专门为年轻女孩提供可下载的游戏和应用程序。上面有亲吻类游戏、选美类游戏、化妆和时尚装扮类游戏，有专门设计的关于纸杯蛋糕和甜甜圈的游戏，还有一整个分区的购物狂类游戏。你可以变成一个购物狂，在纽约、巴黎、伦敦或者东京购买结婚礼服、泳装或者圣诞礼物。刚进入“购物狂之婚礼游戏”主页面，第一个画面就是欢迎你进入“永远幸福生活小镇”，游戏会很有技巧地问：“你很擅长购物，是不是？”然后，你会得到700美元的“初始资金”，以及500美元的“奖金”，用来按要求选购婚礼礼服，比如选一套“威尔士鲜花主题婚礼裙”。在下方的评论区，起了“蛋糕仙女小公主”或者“咯咯笑123”之类网名的女孩会写下评论，说她们有多么喜爱这些游戏，并且沉迷其中，但也有些人抱怨这个游戏分配的钱不够花。一些女孩曾提及自己的年龄，似乎都是十一二岁或者刚进入青春期——只需要八岁以上就可以在这个网站注册。

“女孩玩游戏”是荷兰游戏公司Spils Games旗下的网站，该公司称自己开发出的游戏能让“女孩子有机会通过玩游戏的方式进行人生发展和自我表达试验”。这些数量庞大的女孩已经成为潜在的广告投放商的目标，这个平台每个月就有3900万名访客。Spils Games公司跟他们的广告商保证：“从儿童到青少年再到成年女性，我们各种用户都有。”当小女孩长大后，她们可以去读一读索菲·金塞拉写的一系列暧昧地讽刺购物狂的畅销书，主人公贝基·布鲁姆伍德不同于传统小说中的女主角，她出身优渥、娇生惯养，消费行为完全失控，还有一大堆债务问题。

政治评论家尼尔·劳森在《消费主导》一书中，将英国于全球金融危机爆发前数十年里发展出的这种购物文化称为“涡轮消费主义”。[181] 由于购物中心营业时间延长、提升信用卡额度十分容易、进口商品价格低廉、网上购物便宜实惠，购物行为——以及我们购买到的商品——渐渐决定了我们是什么样的人，会怎样打发空闲时间、怎样花费越来越多的钱。我们逐渐陷入一种花钱、无法满足、继续花钱的恶性循环中，永远也追不上别人，人生目标也一直变来变去。劳森的书于 2009 年出版，那个时间节点很巧，当时似乎这一切都面临改变。商业街每天都有关门大吉的奢侈品连锁店，人们的钱包不断缩水，工作也岌岌可危，情况好像糟到一切都要变了：或许需要一种不同于以往的经济模式和价值观来构建“新常态”。然而，尽管金融危机规模浩大并且带来了地震一样的冲击，变化并没有紧随其后，劳森在书中表达的期望也很快烟消云散。“金融危机改变了一切，”他当时这样写道，“我坚信有另外的、值得我们为之奋斗的选择……我们可以与那种以消费为主导的生活方式抗衡，让人们有足够的时间和空间来寻找真正且持久的幸福，并以此构建一种新的常态。”

劳森的书和简·腾格关于自恋的书（见第 3 章）很像，都讲了许多令人震惊的真实故事：人们愿意斥巨资购买手提包；愿意在易贝网（eBay）花高价买一个来自专卖店的二手包，只为假装自己在那家专卖店买过东西；女孩会觉得男孩穿的衣物牌子比他的长相和性格更重要；有的人花费一笔庞大的支出专门租仓库，用来堆放即便家里已经没有空地可放，但仍在持续购买的商品。但是，和自恋一样，这些令人震惊的故事背后，是痛苦的心情与苦涩的动机。我们买东西是为了获得归属感，是为了加入某个群体，是为了证明我们足够好。对于穷人而言，由于没有办法维持这样的购物水平，没法购买最新款的商品，他们似乎也因此被打上了失败者的标签——普通人只买得起普通商品。

当然，我们都喜欢拥有好物。无论在何处，所有人在购物活动中都会感到某种程度的刺激感，有时是因为杀了个好价，有时是因为买到了物超所值的商品，有时是因为买到了一直心仪的东西。然而，弄清购物的压力究竟是怎么来的，就没那么容易了。即便现有的一切都很完美，还是有越来越多的人想要翻新自己的住宅。那种“再提升一个档次”的欲望和房子的功能没有任何关系，完完全全就是因为目前的装潢给人的印象是“它已经过时了”。你可以很容易地说服自己一切都需要被翻新（比如，洗碗槽的犄角旮旯太难清理），但实际上，这种冲动更多来自你在周日的报纸副刊和电视节目中接受到的各种明示和暗示，或者是你拜访亲戚时看到他们翻修了盥洗室。诸如此类的事情会让我们觉得自己的家居装饰陈腐又俗气。没有人愿意承认，我们的购物行为是为了维持社会地位，我们花销中很大一部分都只是为了不落后于他人。然而，广告商无休止地利用着我们因为不平等而不断增强的身份焦虑，因为他们知道这样做必定有效。

关于消费的秘密

有些书或电视节目会探讨大家购买的商品代表了购买者怎样的性格特质，似乎还颇受欢迎。这些书或者节目包括一些搞笑的社会评论，比如记者哈里·沃洛普于 2013 年出版的《消耗殆尽》[182]，书里对比了两种不同的消费习惯，区分出“阿斯达超市妈妈”和“木柴火炉族”。此外，还有人类学家凯特·福克斯相对更严肃的著作《英国人的言行潜规则》[183]，米娅·华莱士和克林特·斯潘纳合著的、有些居高临下的《傻帽！英国新兴统治阶级用户指南》[184]，融汇了弗兰克·特伦特曼毕生研究成果的学术著作《爆买帝国》[185]。以上著作都明确了一件事：我们吃什么、穿什么、读什么书、听什么音乐、休假的时候去哪里玩、在自家花园里种些什么——他人会根据所有这一切，即我们花钱的方式给我们贴上不同的标签。哈里·沃洛普认为，花钱的方式已经取代赚钱的方式，成为定义人们所处社会阶级的更重要的指标。并且，这对于某些人来说，“不仅造成了经济方面的困难，还导致了极高水平的社交焦虑”。[182] 当然，花钱大手大脚并不一定是因为轻率。许多人在明知高消费会给自己带来麻烦的情况下还是会选择更昂贵的私立学校或私立医院，因为他们觉得，免费的同类服务——公立学校和国家医疗服务（NHS）——不仅是更低一等的公共服务，一旦接受，也会让自己被看作低等人。

尽管如此，不管将钱砸在何处，只要你试图通过花钱的方式提高自己的社会地位，就注定要陷入漫长和艰难的奋斗。法国社会学家皮埃尔·布尔迪厄曾说，只有那些拥有文化资本的人——受过良好教育，并拥有其他社会资产的人——才有资格在任一时间的任一社会决定究竟什么才是真正的好品位。[47] 任何属于下层阶级的人试图定义自己的审美和品位，都会受到上层阶级的谴责。而一旦中产阶级和下层阶级逐渐适应上层阶级的品位和审美，他们所喜欢的东西就会不再流行、魅力尽失。

在谷歌搜索“UGG 雪地靴的兴衰”，你可以搜到一页又一页的故事，讲的都是这款别具一格的澳大利亚羊皮靴跌宕起伏的命运。在20世纪30年代，UGG一直有很稳定的客户群，这些人只是喜欢让自己的脚暖和又舒服。但是到了21世纪初期，这款靴子突然变得异常时髦，很多所谓的顶流明星都穿着它出门，其中就包括著名影星卡梅隆·迪亚兹和超模凯特·莫斯。接下来，UGG雪地靴（和无数种更便宜的山寨版）就遍布了大街小巷。而一旦大众也开始穿这款靴子，超级明星就立刻抛弃了这个款式，雪地靴也因此不再具备时尚属性，沦为三线甚至四线真人秀艺人才会穿的普通靴子。到了2012年，UGG销量大幅下跌，公司很努力地想要维持品牌的知名度，甚至出了一款新娘雪地靴（白色鞋面配浅蓝色鞋带、搭扣上镶嵌人造钻石）。UGG这个品牌从受到所有人追捧的神坛跌落，一些势利的人称其“沦落至工人阶级”。如果你想要维持甚至提升自己的社会地位，就要关注这些品牌在时尚杂志、报纸时尚专栏或者时尚博客上的动态。变化永不停歇，如果你想要一直跟得上潮流，就得不断花钱。而且，这并不是一个简单的直上直下的过程，有些品牌还可以重现荣光，再度成为品位和时尚的代表。即便如此，只要你的社会地位偏低，无论你花多少钱、买什么大牌产品，你都极有可能因为自己的选择而受到嘲讽和蔑视。

在那些消费水平较高的社会中，购买行为已经成为一种日常的衡量标准，我们会根据一个人购买的物品来做出评价。我们也会通过别人的评判进行自我定义——别人看的不是我们的内在，而是我们购买的物品塑造出的那种形象。仿佛有什么在驱动着人们不停购物，直到筋疲力尽，或者刷爆信用卡为止。除非诱发这种焦虑和地位竞争的状况得到解决，除非我们缩小造成这种强迫性消费的不平等，否则这种状况，及其对我们的财务、健康甚至对整个世界的影响，将一直持续下去。

如何成为一个重要人物

为了提升自身地位，我们购买的不只是物质商品。东伦敦大学的丹尼尔·布里格斯研究了在西班牙伊维萨岛度假的、来自工人阶级的英国游客[186]，他发现，这些人酗酒、滥用药物、滥交，还会做出暴力行为。这些行为不仅会影响他们自身，还会对整个度假村造成恶劣影响。但更重要的是，布里格斯向我们表明，这些人之所以如此行事，是因为受到他们本国文化潜移默化的影响——他们登上小岛后所做的一切都是受到社交焦虑的驱使。尽管他们来度假的目的是“圆梦”，是“成为自己一直想要成为的人”，但实际上，他们的表现与他们在家度过一个寻常周末的样子别无二致，只是略显夸张罢了。布里格斯认为，他们的行为“早已形成既定模式，由社会环境构建，包装再包装，之后再销售给他们。于是，在小岛度假期间，这种行为模式带来的压力被不断强行施加于他们自身”。

对于这些人而言，假期意味着远离日常生活的空间和时间，他们可以享受阳光、大海、沙滩，摆脱在家时每天都要面对的来自工作和家庭的束缚。在这短暂的假期里，他们逃离了自己在家乡的低下地位，就像在中世纪的混乱无序期，有很短暂的一段时间，整个社会不再存有明确的阶级划分。布里格斯与年轻人待了一段时间后发现，他们那种充斥享乐主义和消费主义的生活方式其实也是身份地位的一种标志：这象征着他们还算个人物，在同龄人中已经取得了某种得到众人认可的社会身份。能够来伊维萨岛度假，说明你有足够的钱进行这样一次假期旅行，并享受一段美好时光。很可惜的是，每年的旅游旺季都有很多人受伤、遭到骚扰、被强奸甚至被杀害。但是，他们的选择、行为模式和消费方式都是由商业利益和压力塑造而成的。旅游业和各种媒体，特别是电视真人秀，创造并强化了这样一个概念：你只有花更多的钱，才更有可能享受到假期的乐趣。如果你每天穿一件不同的比基尼、戴一块不同的名牌手表，或者穿一条不同品牌的牛仔裤，这个假期你会玩得更开心。如果你再进行一些“额外消费”，也许你会过得更愉快，比如参加游艇派对、在游轮上欣赏日落、加入一个有人数限制的俱乐部、开一次摩托艇、来一次龙舌兰畅饮，或者加入某个私人沙滩俱乐部。布里格斯讲，一群又一群年轻人还没等假期结束，早早就把钱花光了，只好靠刷信用卡来勉强维系接下来的开销。尽管回家的时候欠了一屁股债，他们还是迫不及待想在来年的假期带更多钱来，这样就可以“好好玩一遍伊维萨岛”。

“好好玩一遍”意味着花钱参与更多特别定制的活动，比如享受贵宾专属的太阳椅，或者进入一个超级俱乐部的贵宾专区。你总是能找到机会花更多的钱，而只要你花更多的钱，就总能享受更尊贵的设施和服务。所以，问题在于，你到底能负担哪种程度的贵宾待遇，等你明年再回到这里，你能否比今年更上一个档次？布里格斯称此为“极端资本主义”，这个制造商业利润的营销过程让很多因为拿低薪、工作不如意而变得脆弱的年轻人深陷其中，沉溺于享乐主义和过度消费的陷阱。

贩卖梦想

许多研究人员和评论家都注意到，设计师和消费品生产商将目标瞄准神经科学中所谓的大脑奖励系统，通过一系列复杂的操作引诱我们对某些商品产生依赖——这些商品仅能够在短期内缓解我们的压力与焦虑，而要想更好地减轻痛苦，还是应该与人建立联系。在漫长的进化史中，我们已经适应了食物短缺、繁殖困难、居住环境恶劣、为获取资源必须相互竞争的情况，而在资源富足时自控能力反倒会变差。所以，现代社会中的人们极其脆弱，易受诱惑。

心理学家奥利弗·詹姆斯的著作《富贵病》关注过度消费，其中引用了一位丹麦报纸主编的话：

> 跨国公司逐渐意识到，丹麦本不存在奢侈品的市场。当一款新的奢侈品面世时，在最开始的几年里，它总是无法流行开来，一方面因为定价高，另一方面人们也不喜欢招摇卖弄，所以只有那些古怪的花花公子才会买。然而，等价格降到丹麦普通中产家庭也能担负的水平，在 18 个月之内，70% 的人都会拥有。[187]

詹姆斯认为，奢侈品消费对丹麦人来说并非是为了展示自己的身份地位。他们的收入相对更平等，男性和女性之间也比较平等，所以广告对丹麦人的心理影响不大，他们也不会对豪车和其他标榜身份的奢侈品穷追不舍。这样的结论是真实的吗？在更加平等的社会里，广告商真的不会花费那么多精力吗？

看起来的确如此。如果计算广告开销在国内生产总值（GDP）中的占比，考虑其与收入不平等的关系（见图 4.2），我们会发现，当不平等水平提高时，该项开销也会急剧增加。

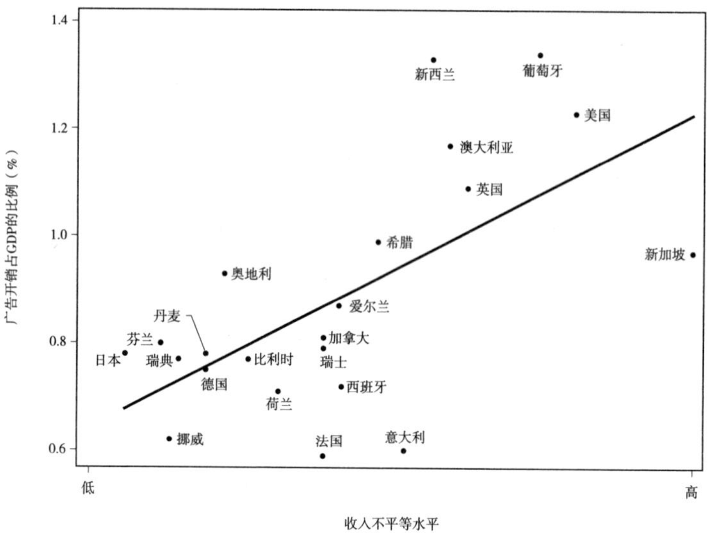

图 4.2：广告开销在 GDP 中的占比，随着收入不平等水平的提高而增加。[123]

生而为购物

有越来越多证据表明，物质主义和为彰显地位而进行的消费正严重影响不平等社会里孩子们的健康成长。2007 年，英国民众震惊地发现，在联合国儿童基金会（UNICEF）关于富裕国家儿童福祉状况的一份报告中，英国排名垫底。[188] 我们在 2007 年和 2013 年的两份研究报告中指出，儿童福祉状况指标是如何与收入不平等紧密相关的（见图 4.3）。[189][190] 2007 年，执政的工党政府指责联合国儿童基金会的报告采用的是过时的数据（不过这是很多报告的通病——总是需要花很长时间收集、整理数据并对其进行分析，所以报告涉及的所有国家都存在数据时效性的问题），还声称英国儿童的福祉状况正在不断改善。英国的儿童

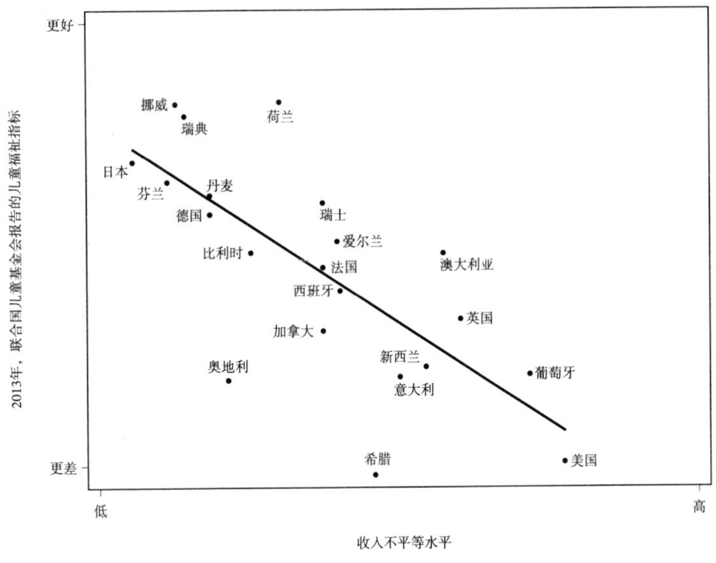

图 4.3：在更加不平等的富裕国家，儿童的福祉水平更低。[190]

事务专员则希望，“这份报告（能）让我们看透这些数据代表的问题，弄清楚我们为什么没能培养出开心又健康的儿童”。[191]

考虑到需要对儿童生活状况有更深入的了解，联合国儿童基金会驻英国办公室开展了进一步研究，对三个国家的家庭生活进行了调研，分别是：不平等水平较低、儿童福祉水平较高的瑞典；不平等水平中等、儿童福祉水平较高的西班牙；不平等水平较高、儿童福祉水平较低的英国。[192] 该研究旨在“深挖儿童福祉水平数据背后的儿童真实的生活体验”，研究方法包括同儿童学校里的好友进行交流、仔细观察儿童的家庭生活等。

观看研究过程中录制的视频令人既兴奋又沮丧。兴奋是因为在屏幕上看到那些家长和孩子，他们内心的想法及真实的情感所反映出的不平等带来的影响验证了我们之前做出的推断：我们研究了这些数据这么多年，如今终于了解到这些数据背后的家庭故事。但这一切也令人沮丧，因为这么多英国家庭苦苦挣扎，与西班牙和瑞典形成了鲜明对比：在瑞典，家长们会讲到孩子们如何省下零花钱购买特别想要的东西，还会动手制作玩具甚至修补旧玩具。在西班牙，孩子们很珍惜自己的书本和寓教于乐的玩具，并把它们精心保存在专门的小箱子里。在英国，所有的父母都是一脸疲态，他们的家中永远堆满各种盒子和成堆被丢弃的玩具。研究报告中是这样描述的：

> 英国的家长都在苦苦挣扎，很难挤出孩子们需要的时间。
>
> 当被问到什么能让他们开心时，很多英国孩子并不会提起物质商品，也能理解消费适度的原则。但很多家长都觉得必须购买各种商品，即便这种购买行为完全违背了理性的判断。

> 随着孩子们长到上中学的年纪，他们（会）逐渐意识到不平等的存在，因此在同龄人中，消费品就成了身份地位的一个衡量标准，从而区分出不同等级的圈子或团体……而当英国家长达成共识，通过购买象征身份地位的消费品来掩饰自己的不安全感时，西班牙和瑞典的家长中几乎完全不存在这种行为。

对该研究的反应各不相同。有些媒体评论员认为这份报告主要是在谴责家长。和上一份联合国儿童基金会的报告一样，这份报告也受到了批评，批评者认为研究方法有误，只是依据少数家庭的情况得出结论，并没有收集具有时效性的数据。（报告提议禁止对12岁以下的儿童进行广告宣传，不出所料，市场营销和广告行业人士纷纷表示反对，认为相关证据“十分薄弱”。）但所有加在一起，无论是定量研究还是定性研究，结果都证明，收入不平等会增加家庭生活的压力，让商品取代本应培养出的亲子关系和共度的亲子时光。这些例子进一步证实了数据的可信性，反之亦然。家长陷入困境，通过各种方式将自己的感受传达给孩子，比如表现出身为家长的沮丧、工作时间延长、欠的债越来越多、不断发生家庭冲突。

物质主义和遭受损害的幸福生活之间存在强相关性。伊利诺伊州诺克斯学院的心理学教授蒂姆·卡塞尔提出了一种“愿望指数”，将人们的价值观放置在不同的坐标轴上，其中很重要的一条就是目标在多大程度上是外在的、物质的（比如金钱、个人形象和受欢迎程度等）或内在的（比如个人成长、归属感、社群融入感等）。经过多年研究，卡塞尔发现，物质主义与焦虑症、抑郁症、药物滥用、缺乏同理心、在社会支配倾向量表上获得高分、充满偏见、马基雅维利主义、反社会行为、相对于合作更倾向于竞争之间存在关联。物质主义让我们不快乐，与此同时，不快乐也导致我们陷入物质主义。[193]观察不同国家的情况后，卡塞尔发现，在那些认为平等主义比等级制度要好、和谐共生比集权统治要好的社会中，孩子们会更幸福。[194]通过与简·腾格合作，卡塞尔注意到，1976年之后的几代美国儿童更加物质主义、更看重金钱、更想拥有昂贵的商品。[195]

在21世纪头10年，像爱尔兰和瑞典这样的富裕国家逐渐变得更不平等，而诸如意大利和比利时等国家则变得更平等，丹麦、荷兰和日本等国家变化不大。当我们观察同一时期内收入不平等水平的变化和儿童福祉水平的变化时，就会发现，在那些变得更加不平等的国家中，儿童福祉水平有所下降，而在那些稍稍变得更平等的国家中，儿童福祉水平有所提高。这两者之间存在显著关联，并非只是偶然。[190]

2015 年发表的一份报告对来自 15 个国家的 5.5 万名儿童进行了研究，结果再次显示，英国儿童的福祉水平较为靠后。约克大学的社会政策教授乔纳森·布拉德肖说：

> 儿童幸福与否对我们所有人都很重要。作为国民，我们都非常关注经济发展的状况、天气的变化、体育赛事的排行榜、城市的发展和股市的波动。媒体每天会花费大量篇幅报道这些方面的内容。我们还需要付出更多努力，关注这个国家里儿童的福祉，我们还需要投入更多资源，以了解他们的生活状况，并确保他们尽可能度过最愉快的童年。[196]

一系列研究——包括很多对照实验，比如让青少年参与专门设计的，旨在让他们减少消费、学会共享和节约的教学项目——表明，物质主义与自卑、抑郁及孤独有关。记者乔治·蒙贝尔特在评论这些研究时说，物质主义是“一种普遍存在的折磨，恶劣的政府政策和企业战略，分崩离析的社区和公民生活，我们对这样一个从内部吞噬我们的系统的默许都会让这种折磨降临在我们头顶”。[197] 当然，用“物质主义”来形容这种折磨显然不恰当，因为这不是我们天生就有的一种占有欲，而是一种疏离的向他人展示自我价值的形式，受到了因不平等而激化的身份地位竞争的驱动。

不多不少刚刚好

除了追求一些不太可能提高幸福感的目标之外，由于对身份地位没有安全感，再加上竞争压力，发达国家中的很多家庭表现出过度的物质主义和消费主义倾向，背负的债务也因此激增。在当前膨胀的住房市场里，要想找一个能安家的地方就得承担巨额房贷。但对于大多数劳动者而言，在很长一段时期内薪资水平都没有发生过变化。要想与那些中产阶级看齐，只能通过信用消费。

在全球金融危机发生之前，家庭负债水平就已经在急速增长，可以说，与不断增长的收入不平等水平齐头并进（图 4.4 反映了在美国这两者之间的关联）。2005—2009 年间，除了德国、奥地利和爱尔兰，其他所有欧盟国家的家庭负债水平都有所增长。在金融危机之后，越来越多的家庭在房贷、信用消费和公共事业缴费方面出现拖欠，政府也砍掉了很多福利和公益开支。[198]

尽管债务与糟糕的健康状况——包括精神状况不佳——之间的关系很复杂，大部分研究者和评论家还是发现了这样一个恶性循环：背负债务给人带来更大压力，会对身心健康造成影响，反过来，健康状况糟糕的人又会进一步深陷债务泥潭，因为疾病削弱了他们的营生能力，让他们无力谋取更高的收入和更多资产。家庭负债也会对孩子造成影响，出生于背负沉重债务的家庭中的儿童和青少年会更敏锐地察觉到父母承受的压力，因此变得更加脆弱，更容易出现各种心理问题。

大量与公司，特别是与大型跨国公司的犯罪活动相关的研究文献表明，很多跨国公司只支付给员工微薄的薪资，却给公司高管巨额薪酬和奖金。它们掏空了整个社会和社区，然后又通过激进的营销策略告诉大家，“我们有办法填补被掏空的空

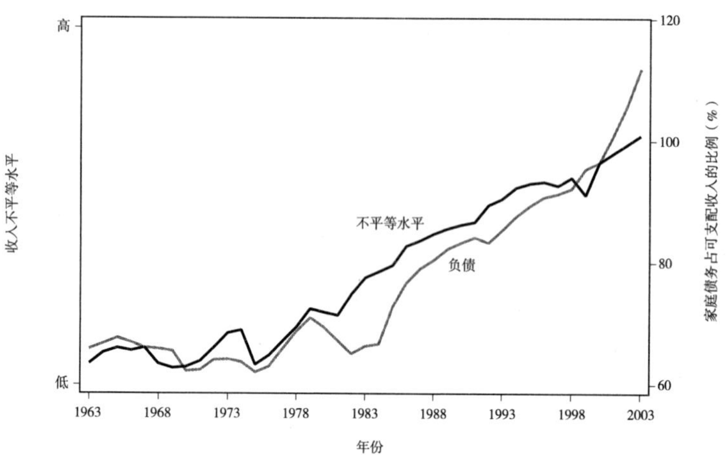

图 4.4：1963—2003 年，美国家庭负债随着收入不平等水平的提高而增长。[199]

间，只要大家愿意购买我们品牌主打的生活方式”。还有很多书——比如娜奥米·克莱恩写的畅销书《No Logo：颠覆品牌全球统治》——向更多人揭露了跨国公司的阴谋。我们知道这些公司会利用我们的欲望与恐惧，也有很多研究结果证明了他们的许诺不过是空话。我们反复强调那句经典的话——“钱买不来幸福”，却又总是重蹈覆辙，继续无节制地消费。

不管是因为某种宗教信仰、环保主义，还是其他原因，总有一小部分人坚定拒绝追求金钱与物质生活。然而，要想让整个社会变得更幸福，还是需要大多数人做出彻底的改变，并重新选择不同的生活方式。波士顿学院的社会学教授朱丽叶·舒尔如此形容被她称为“富足”的生活方式：更多关注人与人之间的关系，而非各种物品。[201] 经济学家罗伯特·斯基德尔斯基和社会哲学家爱德华·斯基德尔斯基这对父子在《金钱与好的生活》一书中也提出过类似观点。[202] 瑞典新近兴起了“lagom”的概念，也就是“不多不少刚刚好”的意思，这个词也抓住了这种精神的实质。[203]但是，做出改变，向一种对人们更有益的、可持续的生活方式过渡，可能会让一些人面对各种棘手又无法克服的困难，甚至可能与人类本性相冲突。我们究竟是如何进化成这样一种对身份地位分外敏感，以至于有时明知自己是在自毁也要一意孤行的生物的？在下一章，我们将研究身份地位如此重要的原因，并探索为何别人的评判会对我们造成那么深刻的影响。

第二部分

人类天性的神话、精英管理与阶级社会

第 5 章

人的处境

收入差距的扩大会让人们愈发为正常的社交活动感到焦虑，我们之前已经提到，这种焦虑会促使人们产生不同的反应：有些人缺乏自信、沮丧抑郁；有些人格外自恋，采用各种手段夸大自我，以提升自己在他人眼中的形象。但是，由于这两种表现都是为了对抗不断增加的焦虑感，这些人更有可能对药物和酒精产生依赖，而且，为了改善自己的形象，他们会迅速变成消费主义的猎物。随着社交生活逐渐变成一种仪式和表演艺术，人们开始从社会联系中抽离，社区公共生活也就逐渐弱化。最重要的是，我们发现，富人与穷人之间的收入差距越大，一切就会越糟糕。

那么，这种根深蒂固的、因过于在意他人的评价而产生的焦虑感，又源自何处？为什么我们对别人的评价如此敏感？为什么我们会有这样敏感的神经，能够抑制我们的行为，甚至让某些人完全无法正常地与社会接触？倘若能够理解这种敏感性的起源，我们或许能更好地对抗由其造成的各种机能障碍——不仅每个个体可以找到应对的办法，通过出台政策，整个社会也能更好地应对其负面影响。尽管繁荣的现代社会尤其会受到社交焦虑的影响，但“皇帝的新装”这个故事说明，这种焦虑并非现代才有。

“皇帝的新装”最广为流传的版本要属安徒生于1837年发表的版本，但故事的起源可以追溯到中世纪，甚至更久远的年代。这个故事劝诫大家不要有虚荣心，也不要过于在意身份地位，所有人，哪怕是皇帝本人，只要害怕别人把自己当作傻瓜，就会做蠢事出洋相。即便一个小男孩不假思索地说出了真相，皇帝还是坚持维系自己身着华服的假象，完成了整场游行活动。为了免遭被人当作白痴的耻辱，他反倒做出了白痴才会做的事。

我们乐得目睹处于权力巅峰的皇帝受辱，但这个故事之所以到现在都这么受欢迎，被翻译成多种语言并在多种文化中引起了共鸣，主要还是因为皇帝的遭遇能让我们产生共情。因为大家都会遇到这种尴尬场面，并因此产生强烈的抵触情绪。这个故事也反映了普遍存在于我们心中的噩梦：在大庭广众之下赤身裸体。通常，在这样的梦境中，我们最希望别人不会注意到我们没穿衣服，希望自己的本来面目不会暴露，就此逃脱被羞辱的命运。这充分表明了我们内心的恐惧与焦虑：我们生怕别人看穿自己勉力维系的那个积极向上的个人形象。在《梦的解析》一书中，弗洛伊德对这种在公众面前赤身裸体的梦境的解释十分幼稚，他认为，做这种梦也许只是因为盖在我们身上的被子滑落了，又或者，这是对婴儿时期光屁股状态的一种回忆。不过，每次遇到涉及阶级或社会地位的心理学问题时，弗洛伊德表达的观点都很狭隘，尽管他本人的一切表现都与他所属的阶级以及年代相符。

美国社会学家、心理学家托马斯·谢夫将羞耻称为“最主要的社会情感”。[204]他将许多常见的、自知自觉的情绪都归在同一门类之下，从自大到羞耻：尴尬、受辱、害羞、别扭，以及感觉自己能力不足、低人一等。谢夫认为，人之所以有羞耻感，是因为害怕获得别人的负面评价，不管这种负面评价是真实存在，还是只存在于自己的幻想中。他提到，我们总要观察别人如何看待自己的一举一动，随时提防被他人拒绝。他还引用了本书第1章提到的美国知名社会学家查尔斯·库利的话："让我们自大或羞愧的并非他人对我们的看法本身，而是一种把看法归于他人的思想——幻想他人有可能会评价我们。"我们关注着他人的回应，生怕出现任何会进一步导致拒斥的负面评价。

我们对他人的看法极度敏感，也很在意那些会让我们觉得尴尬或者羞耻的事，除了收入水平和社会地位这类非常明显的衡量指标外，美貌、才学、魅力、智慧、能力和其他许多元素也是衡量指标的一部分。这是因为，总存在着不同的维度，让人们可以按照从正到负——从美丽到丑陋、从聪明到愚蠢，诸如此类——的顺序，简单地说，就是按照从好到坏的顺序给大家排出名次。这就导致人们会获得不同的评价。社会地位和我们被喜爱或厌恶的种种理由之间存在着紧密的联系。

我们会注意到这些评价体系的影响力，所以害怕排名落后，让他人对我们形成负面印象。尽管如此，也许我们还是很难完全意识到他人的评价对我们的重要性。这个时候，有必要回想一下库利的观点，他建议我们设想这样的场景：假如经历了某种失败或发生了某件丢脸的事，我们习以为常的来自他人的善意和尊重突然消失，取而代之的是冷漠和轻蔑，那时我们会有怎样的感受？[5]虽然库利认为失去他人的认可会让我们意识到他人评价的重要性，他却没有考虑总是受到排挤的人（甚至是遭社会排斥之人）的处境有多么艰难，在这些人身上很难找到象征成功的标志，因此他们很难赢得他人的尊重，总是遭到拒绝而不是赞同。

和在他之前的诸多知名社会学家（包括查尔斯·库利、诺贝特·埃利亚斯、欧文·戈夫曼、罗伯特·林德、海伦·刘易斯和理查德·森尼特等）一样，托马斯·谢夫也认为，通过他人眼光审视自己是社交生活中很正常甚至很基本的行为。除非发生意外，或者出现极度尴尬的场面，我们常常对这种下意识的行为浑然不觉，就好像鱼感觉不到水的存在一样。[204] 这就是我们生活在其中的社会介质的一部分。

海伦·刘易斯是耶鲁大学的精神分析学家兼心理学教授，她首次发现，在几乎所有对话中，潜在的尴尬情绪——或者说对这种尴尬情绪的预期——会起到重要作用。[205] 她辨别出一系列反映出这一点的行为，引发了学界的关注。在花费了很多精力逐字查阅以前的数百份精神分析治疗记录后，她发现，病人说的话背后暗藏着一种羞耻感，而且他们经常会做出反映内心中的尴尬、害羞和窘迫的动作，包括：发出不安的笑声、说到一半突然暂停、语流变得紊乱，或者说话风格和语音语调突然变换，用别人几乎听不到的声音喃喃低语。刘易斯证实了之前其他研究者的猜想，她的研究报告很快被广泛引用。[206] 一旦点破这些就可以发现，我们极易感到羞耻和尴尬，具体表现为总是和他人进行生硬又笨拙的对话。

但是，为什么我们总要通过别人的眼光来理解自己？——用库利的话说就是只关注“镜子里的自己”——为什么我们渴望从他人那里获得好评，生怕别人认为我们古怪、无能、愚蠢又低人一等？

社会脑

为了回答上述问题，我们首先要思考在人类进化历程中逐渐纠缠在一起的社会关系与经济关系。人类的进化不仅是一段自然选择史，在很长一段时间里，生存靠的不仅仅是躲避捕猎者、承受极端天气、抵抗饥饿或疾病，社会环境以及我们彼此之间的关系也是一种强大的选择力量。

关于这一点，有一个显著的例子可以证明应对复杂的社会生活对人类脑容量的扩大起到了关键作用。在到目前为止的人类进化过程中，最后生长出来的部分位于大脑的上层，叫作新皮质。新皮质在人类大脑中体积更大，这是人类大脑远远大于其他灵长类动物的关键。牛津大学社会和进化神经科学研究组负责人罗宾·邓巴证明，大脑新皮质的占比与灵长类动物的社群规模存在密切联系。一些更喜欢独自行动的灵长类动物，比如猩猩，其新皮质在大脑中只占很小的一部分，而其他更喜欢群聚的动物大脑新皮质的占比更高。[207] 人类不仅是所有灵长类动物中大脑新皮质占大脑比例最高的，而且在狩猎采集的史前时期，人类的平均社群规模也是所有灵长类动物中最大的。图 5.1 展示了这种关系。

两者间的关联性该如何解释？最主要的原因在于社会互动是一种非常考验心理承受力的活动，随着社群规模扩大，对个体的要求也不断提高。你不仅需要认出每一个人，知道他们在社会等级中的排位，还要了解谁是你的朋友、谁是你的敌人、谁又是他们的朋友和敌人。你必须知道自己可以信任谁，又绝对不能信任谁。最重要的是，你还得很擅长解读他人的心思，通过观察他人的面部表情和肢体动作来分析他们的真实动机。自从邓巴率先提出这套“社会脑假说”，又有更多的研究发现，即便是在人类之外的其他灵长类动物中，那些形成更大规模社群的动物在社会智商测试中也会取得更高的分数。[209]

显然，毫不夸张地说，人的大脑实际上是一个社会性器官，其成长与发育受到社会需求的驱动。之所以如此，是因为我们与

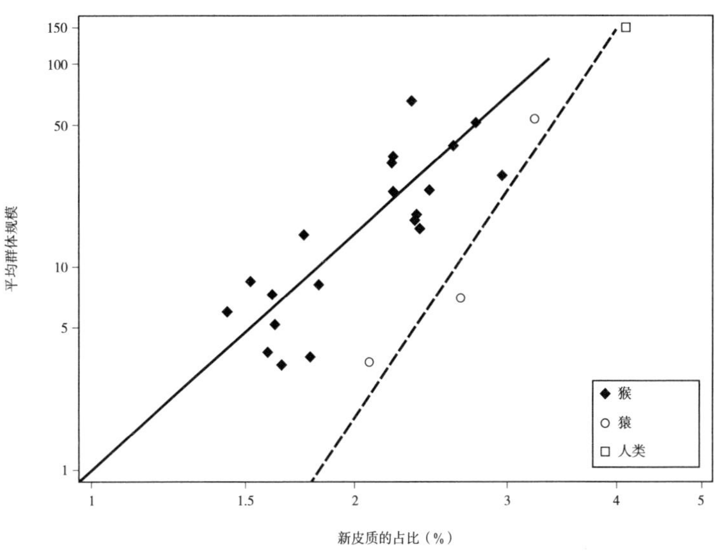

图 5.1：在不同的灵长类动物中，新皮质的体积在整个大脑中的占比与该物种建立起的群体的平均规模有关。[208]

其他人关系的好坏对于我们的生存、幸福生活与繁殖成效会起到关键作用。

朋友还是敌人

在同一物种的不同成员之间，似乎总是存在发生冲突的可能性。因为属于同一物种就会有同样的需求，所以几乎所有事情——包括获取食物、搭建住所、划分领地、选择性伴侣，甚至在哪片树荫底下乘凉放松——都有可能引发竞争和冲突。但是，人类的独特之处在于，我们同时具备与其相反的合作潜力：能够为彼此提供关键支持，像是安全感、帮助、爱和学习。与其他物种截然不同，人类有能力照顾社群中的病人或者能力不足的人，这些人在其他动物的社群中可能都是没办法生存下去的。

我们是否互相照顾、如何分享和交换生活的物质必需品，都与我们社会关系的本质密不可分。分享和友谊相关，因为它们都在从竞争到合作的这条光谱的同一侧，决定我们如何获取资源和其他必需品。“companion”（同伴）这个词——西班牙语里是“compañero”，法语里是“copain”——结合了拉丁语的“com”（和）和“panis”（面包）两个词，言下之意即：同伴就是那些我们与之共享食物的人。美国社会人类学家马歇尔·萨林斯曾总结社会关系与物质生活之间的联系，当讨论到狩猎采集社会中礼物的使用以及整个礼物交换体系的运作规律时，他说，“礼物让人交到更多朋友，朋友又会让人获得礼物”。[210] 他还指出，在某些社会中，拒绝礼物相当于向对方宣战：因为你拒绝的是一段友好关系。礼物是友谊强有力的象征，因为它们是实实在在的物证，证明我们能够意识到彼此的需求并能与对方分享，而非通过交战的方式获得必需品。

即便是在现代社会的社交生活中，通过交换礼物来表达或加固友谊也是很重要的一个环节。同样，一家人和来客共同就餐也证明了分享基本必需品在心理层面的必要性和其重要的象征意义。很多不同的宗教习俗也验证了这一根深蒂固的需求。比如，所有锡克教谒师所都会为访客提供食物，锡克教徒也会分享食物。类似的还有基督教分享面包与葡萄酒的圣餐礼，这种仪式也旨在表明，分享生活必需品正是生活的根基。同样，伊斯兰教先知穆罕默德曾教导信徒要分享食物。犹太教的教义也认为，共同就餐和分享食物是很重要的事。除了在以上这些宗教、道德体系中被视为一种美德，合作的必要性也是不断完善的心理学中重要的组成部分。

我们在获取物质必需品时的相互依赖和社会关系本质之间的关联对于世界各地的人来说都是与生俱来的，只不过我们没意识到。交换礼物、分享食物或者一起用餐都强有力地表现出一种紧密的社会联系和友谊。假如人们没有这么做，而是把所有拥有的东西紧紧握在自己手中，罔顾彼此的需求，这就表明人们对他人的幸福漠不关心，也就无法建立紧密的社会联系。如果再极端一点，人们欺骗彼此、从他人那里偷取财物，这种因物质必需品产生的敌意就会引发各种冲突。在宏观层面，国家之间之所以会发生战争，主要原因就是为了争夺资源。无论是分享还是掠夺，物质资源与社会互动必然相互牵扯。尽管对经济和社会生活的研究差不多是两个截然不同的领域，但有一点很明显，物质生活并没有占据一个独立的研究领域，而是与社会关系的构建存在不可分割的联系。随着本书的论述逐一展开，我们可以看到，不同的交换关系，以及物品在社会中的不同分配方式，都会造成深远的社会和心理影响。

早在17世纪，托马斯·霍布斯就曾提出，由于我们都有相同的基本需求，如果没有一个强大的政府来维持和平，社会将退化为“各自为战”的冲突局面。“如果任意两人渴求同一样事物，又不能同时享用，他们就会变成敌人；然后或是努力摧毁对方，或是向对方屈服。”[211]他认为，人与人之间的关系本来就是相互敌对的——毫无疑问，因为经历过英国内战，他才会有这样的观点。这就意味着，在他眼里，政治领域最关键的问题就是要有一个强大的集权政府，能够确保敌对各方之间维持和平。然而，霍布斯在很大程度上没有意识到人类社会性的根深蒂固：人类除了能将彼此视为最恶劣的敌人，还拥有独一无二的支持他人、与他人共享生存必需品的能力。在下一部分，我们会看到，这种相互依存的关系不仅存在于个体和个体之间，也是我们远古时代的祖先建立社群的普遍形式。

我们之所以对人与人的关系是友好还是敌对高度敏感，是因为在人类进化史上，这是个体能否幸福生活的基础。人们选择分享、互信，还是为了争夺生存必需品而互相为敌，决定着我们的祖先能否成功存活，并塑造了人类的进化进程，决定着人际关系的本质和重要程度。也正因如此，我们在第 1 章就提到，即便到了今天，友谊和参与社区生活对于人的身心健康、幸福快乐依旧起到了至关重要的影响，麻烦、敌对的人际关系则会带来毁灭性的打击。

平等与不平等

为了更好地理解平等与不平等对我们的心理和行为产生的影响，我们需要简单回顾人类进化史上形成的各种社会组织的主要特点。在最广泛的层面上，人类发展经历了三种社会组织形式：人类出现以前的优势等级，史前时代奉行平等主义的狩猎采集社会，以及更近的等级制度分明的农业与工业社会。

优势等级在动物世界（比如，狒狒、恒河猴、黑猩猩、狼和鬣狗）很常见。这样的社会里有一套划分等级的系统，最高层是一个处于支配地位的雄性，底层则是那些最弱小的依附者。这个系统决定一个社群中哪些成员能够获取稀缺资源，同时，由于处于支配地位的雄性会想独占群体中的雌性成员，等级系统也决定了哪些成员才能获得繁殖机会。尽管目前的化石证据较少，很难确认人类出现以前的社会组织形式，但人们普遍认为，我们的祖先，那些猿类也一定生活在这样的优势等级体系中，即便到现在，它们和黑猩猩，以及许多其他灵长类动物也是如此生活的。更晚近的一些出土文物——比如埃及的金字塔、欧洲青铜时代的坟冢——充分证明，在这些社会中，有些人就是比别人重要许多。然而，关于我们的前人类祖先的资料就没有这么丰富了。为数不多能反映这些前人类祖先生活的重要考古证据之一就是，当时雄性和雌性个体的体形大小。当优势等级关系的存在成为常态时，那些处于支配地位的雄性大多体形较大，也更强壮。因为这些雄性接触雌性同伴的机会更多，雌性也更愿意选择这些雄性作为自己的交配对象，所以这种选择育种过程就会导致雄性后代的体形逐渐变大，远远大于同代雌性个体。这种体形上的差异也证明在这个物种当中，优势等级关系这种社会组织形式已经成为常态。（由于雄性对交配权的争夺，获胜的雄性体形不断变大，但这并不能使雌性的体形也相应变大，就像有些动物头上的角和嘴里的尖牙一样，这种体形的变化只是一种和性别相关的特征。）当一个社群中雄性和雌性体形差不多大时，一般来说，这个社群已经基本形成了“一夫一妻”的结构。至少对于人类的一个祖先（Australopithecus afarensis，阿法南方古猿），研究者已经收集到足够多的化石，均体现出两性在体形方面的差异。这说明，“在当时的社会结构中，几乎不存在严格的一夫一妻制度”。[212][213]雄性比雌性体形大，说明体形更大的雄性交配繁殖的比例已远远超出其他雄性，这也表明我们的祖先或许和黑猩猩、大猩猩一样，每个社群内部都存在严格的等级制度。

生活在这样一个支配等级体系中，很容易形成社交焦虑：那些位于从属地位的成员必须异常小心，避免招惹社群中占据支配地位的成员。灵长类动物学家指出，处于从属地位的动物如果惹得更高等级的同伴不满，最后就会被咬得浑身是伤，并被迫示众。

因此，大多数处于从属地位的成员要一直保持警惕，总是忧虑不安、紧张兮兮。[214] 因为前人类祖先生活在这种支配等级体系中，我们也许在心理上传承了这种体系。但与之形成鲜明对比的是，在进化出人类之后的史前时代，人类生活在相当平等的狩猎采集社会中，人们会共享食物，在群体中传递不同的物品——并非通过以物易物的形式交换，而是形成了一种互惠互利的礼物交换体系。[210][215] 在这样的社会中，人们不会因支配与从属关系而感到社交恐惧。

人类社会组织有一个很重要的特征，但又经常被人们所忽视。自人类出现以来，也就是在过去的 20 万—25 万年之间，其中 95% 的时间里，人类大脑的容积已经和现在一样大了，而人类社会一直奉行平等主义。尽管一代又一代的人类学家辨识、研究狩猎采集社会的平等关系，并发表了许多相关论文，但总体来说，大众对这段平等的历史几乎还是一无所知，因而许多人都觉得，无可救药地喜好竞争、自私自利就是人类的本性。

一项研究回顾了超过一百份人类学报告，其内容来自 4 个大洲的 24 个比较晚近的狩猎采集社会，总结如下：

> 在狩猎采集社会中，并不存在优劣等级体系。没有哪个个体对食物……拥有优先获得权。尽管雌性多少还是会倾向选择那些更成功的狩猎者作为配偶，但与异性的交配权和社会等级之间并不存在因果关系。事实上，在这样的狩猎采集社会中，完全察觉不出存在哪种等级体系。这种现象在各种文化中普遍存在，在民族志相关研究文献中已被明确指出，有时甚至会被着重强调。[216]

在这样的社会中，人们“共享食物，不只是和亲戚或者那些懂得回报的同伴分享，而是根据需求分配，即便在食物匮乏的时候也是如此”。[216] 这就是人类史前文明的概况，这些知识应该作为通识教育的一部分，被纳入经济学、政治学和社会学的基础课程中。狩猎采集社会呈现出的这些特点，与其他任何灵长类动物的族群模式都大不相同——他们当中占据支配地位的个体会率先进食，并垄断族群里的雌性资源，而那些处于从属地位的个体在支配者吃完之后还有剩余食物的情况下才能有机会吃到东西。

最开始，当刚刚知道人类史前社会具有如此高度的平等性时，人们普遍认为只有少数证据支持这种说法，这种说法主要源于研究者的猜测与错误的一厢情愿。也许，人们很难接受人类历史上曾存在如此平等的社会的最重要的原因在于，他们误认为这否定了人类渴望竞争、地位和统治权的天性。但这样的想法是对狩猎采集社会的运作模式产生了根本性的误解。[44][217] 我们的论点不是要说人们——或者人类的天性——自然而然就信奉平等主义。这些狩猎采集社会中的高度平等和相互合作关系也并非建立在某种已经失传的遗传基因之上。人类学家逐渐达成共识，认为真实情况是，这些社会之所以能够减少个体之间的不平等，是因为存在所谓的“反支配策略”，也可以说“逆支配策略”。但凡某一个体想要掌握支配权，这个族群里的其他成员就会联合起来反抗，捍卫自己的独立自主，并保护自己不受他人支配。在狒狒和恒河猴的族群中，两三只地位相对较高的雄性也会为了颠覆领头的雄性而联合行动。类似地，在早期的人类社会，似乎每个人都会和他人结成同盟，以此来反抗任何想要独占支配权的个体。

这就是人类学家克里斯托弗·博姆教授得出的结论，他汇总了迄今为止最详尽的关于狩猎采集社会的研究资料，其中包括他能找到的各种历史和现代文献，甚至包括早期探险家、传教士、殖民地行政长官和人类学家的亲笔记录。现在，这些资料已经被制作成了一个具备搜索功能的电子数据库，囊括全世界150多个类似的狩猎采集社会中存在的各种社会、政治行为的细节。这些狩猎采集社会包括卡拉哈里沙漠布须曼人部落、澳大利亚原住民部落、北极因纽特人部落和美洲原住民社会等。

在完成这个项目之前，博姆研究了48个平等社会的相关数据，对他们能够维持这种平等状态的原因进行了分析。[217]他发现，所有这些社会中都出现了一种主动策略，旨在阻止任何人拥有绝对的支配权。他总结说，这些社会之所以能够维持平等，是因为全社会普遍厌恶被他人支配，希望能够保留个人的独立自主权。人们共同努力，阻止任何试图夺取支配权的行为。[217]

所以，并非他们天生信奉平等主义，而是社会在对那些自私自利、企图夺取支配权的领头雄性加以有效的限制。无论何时，只要有个体掌握太大的支配权，并企图获得超过自己应得的资源，就会遭遇强烈的反抗。“反支配策略”或者说“逆支配策略”涵盖了所有能够抑制反社会行为的方法，轻度的包括批评、嘲讽、公开反对，更极端的方法则包括流放、驱逐和处死等。

通过研究狩猎采集社会如何维持平等，博姆发现，历史上有很多相关记载：一个族群为了消灭那些一直过于激进，企图掌控支配权且不愿与他人共享资源的个体，甚至会将其杀死。在某些事例中，霸凌他人的个体身边的一位近亲会接到指令，去亲自完成击杀，但在一些现存的壁画中，也有由弓箭队执行的死刑。通过权衡各种证据，博姆认为，狩猎采集社会中这种准司法判决造成的死亡率，可以拿来和现代芝加哥的凶杀率进行比较，这已经成为一种强有力的筛选方式，足以选出那些社会性更强的个体继续生存。[218]

研究过近代或现存的狩猎采集社会的人类学家表示，狩猎采集社会的成员不仅仅意识到只要团结在一起就能击败任何试图掌控支配权的个体，他们还会自觉、主动地成为平等主义者。这些社会并非不存在不平等，而是其成员把平等主义视为一种社会准则。社会人类学家詹姆斯·伍德伯恩是狩猎采集社会的顶尖研究者，他曾写道：

> 人们会意识到，在他们所处的平等社会中，总会有个体或者小团体想要获得更多财富、掌控更多权力，或者赢得更加高的地位，所以他们时刻警醒，随时准备阻止或者限制这些尝试。关于平等的论辩措辞也许没有那么周密，但是行动足以说明一切：一切行动都在公开演绎着平等的理念，一切都在宣告对可能存在的不平等现象的反抗。[215]

而且，因为这些社会中的人自知自觉地认为，所有个体都是平等的，所以他们也倾向于经集体商讨后共同做出决策。

如果像博姆说的那样，更乐于助人、更无私的个体更容易被选作交配对象，在需要协作的团队行动中更受重视，而那些反社会倾向明显的个体则会被集体所排斥，长此以往，这个机制将筛选出那些天生就更具备共享精神、不太自私且更擅长协作的个体。最近关于儿童发展的研究也反映出了这一现象：行为和神经经济学家恩斯特·费尔和他的同事通过一系列实验表明，尽管大多数三四岁的儿童都表现得自私自利，但在接下来的五年里，他们却会逐渐发展出对不平等的反感情绪。实验表明，等长到七八岁，尽管有时个人利益会受到损害，大多数儿童还是希望能以一种更平等的方式分配资源。[219]

博姆的进一步研究认为，原始的狩猎采集社会所采用的那种反对支配、维持平等的体系，实际上是近现代社会运动的前身——人们反抗独裁，努力建设法治社会，寻求一种足以让自身免受暴君和独裁统治迫害的民主体制。

早期平等社会到底是如何取代了我们的前人类祖先的等级社会，研究者们尚未形成共识，但最具说服力的解释是，大约在25万年前，当人类社会掌握了狩猎大型动物的方法后，平等的理念就逐渐普及开来。更早的时候，人类主要依赖小型动物的肉为生，用大型动物取而代之后，从两方面加快了平等主义的普及。首先也是最明显的一点是，由于掌握了捕猎大型动物的方法，手里也有了相应的狩猎工具，任何人——不管处于支配地位还是从属地位——都能对其他个体的生存造成威胁。狩猎技术的改进大幅减小了个体力量的重要性，而在大多数的动物族群中，个体力量差异是等级体系和支配权的重要决定因素。当族群中的任何成员都可以从背后捅别人一刀，或者趁别人睡觉的时候拿石头砸碎他们的脑袋，即便是强者也不敢轻易惹怒那些弱者。对于那些有可能成为头领的雄性个体而言，问题不仅仅在于要面对其他个体的挑战，而在于一旦族群里的其他成员全副武装、结成同盟，他们就完全无法进行抵抗。当一个个体再也无法凭借纯粹的肌肉力量为所欲为，人类就来到了社会关系的一个重要转折点。[220]

掌握捕猎大型动物的方法带来的第二个结构性变化在于，杀死一只大型动物后，这些肉的数量在其腐烂之前远远超出一个人或者一家人的需求。所以，毫无疑问，这些肉会被整个族群共同享用。但在大多数狩猎采集社会中，为了防止偏私，狩猎者并不是这些肉的主人，也不会由他来分配这些肉，而是会安排其他人来完成这项任务。这个过程被称为“充满警觉的分享”：人们会格外留意分配过程，确保公平公正。[221]

通过引用一手的人类学文献，博姆描述了分享大型动物给整个族群带来的影响。他说，除了偶尔发生的一些表面的争执，当共享肉时，“整个社群明显因为共同参与而喜气洋洋——大家都很珍惜分到的肉，没有人被遗漏，同时，大家聚在一起吃肉也是一种非常棒的社交方式”。这与黑猩猩的族群形成了鲜明对比，因为黑猩猩只猎杀较小的动物，所以也只能和自己喜欢的几个同伴分享。这些同伴的数量只能确保它们能够将周围那些乞求分到肉的同类抵挡在外。因此，毫不意外，黑猩猩族群中的氛围可谓是“高度紧张，一触即发”。[218]

目前，人类学家已达成共识：我们今天看到身边存在的各种不平等，总是会认为这是人类社会中固有的现象，但这是错误的，因为不平等实际上是农业社会的产物。从进化史的角度而言，农业社会才出现没多长时间：大约一万两千至一万年前，农业社会最早发源于中东一带的新月沃地，并在过去的五千年里，在其他区域独立发展起来。

早期的农业社会居民群居在小型社群中，采取“迁移农业”的生产方式：首先烧毁一片森林，在这片土地上耕种数年，直到土壤不再肥沃；之后，这片土地就会被遗弃，任其逐渐还林，人们再选取另一片林区焚烧成耕地。这些早期的农业社群通常都由一位“大人物”领头，不过，此时的社会还是非常平等的。近现代人类学家的研究结果表明，此时这些社会仍在沿用包括嘲讽、流放和驱逐在内的各种反支配策略。[44] 大多数研究者都认为是农业社会的出现导致了不平等的加剧，但他们对背后的原因各执一词。一些较为详尽的研究将农业的发展和不平等加剧联系在一起，有的把不同的农业社会放在一起进行比较，有的通过研究考古和历史证据来分析演变的过程。[222-225]研究者提出了各种理论，有的认为农业耕作和存储食物都是比较独立的个体行为，有的认为永久居住场所的建造也导致了不平等的加剧。拥有完善的等级制度的社会在更晚的时候才出现，明显和定居农业的发展、逐渐密集的人口相关。关于不平等的加剧，也许近代最令人信服的解释是（考古证据表明了这一点），它与谷物的栽培相关，因为种植谷物后才逐渐出现了税收制度，在种植其他作物的时候税收制度是不存在的。[43]

心理遗产

我们之所以会有社交焦虑，也有可能是前人类祖先和史前人类社会留下的心理遗产。在拥有等级体系的动物族群中，个体之间的关系特征很明显。例如，处于从属地位的狒狒，就像所有物种中处于从属地位的个体一样，必须要避免激怒那些处于支配地位的个体，即便只是让对方产生了轻微的不快也会成为罪过。它们必须清楚认识到自己在等级体系中的位置，还要一直留意领头的雄性在哪里，避免与对方产生直接的眼神接触，因为这样的直视可能会被对方认为是在发起挑战。它们需要随时做出表示服从的举动，示意它们知道自己低人一等，会向处于支配地位的个体献出对方想要的一切，并且避免任何带有竞争性的挑战行为。如果没能遵守以上规矩，它们就有可能招来严重的伤害，甚至是死亡。

博姆通过极具说服力的论辩表明，从原先根据等级体系建立的关系转变为后来的平等关系，这意味着我们当下遵循的道德观念初见雏形。[218]在形成平等局势后，我们不能仅仅与占据支配地位的个体保持立场一致，而是必须与所有人保持一致。社会道德的发展既由食物分享、礼物交换、相互协作，以及关系紧密的社区生活所带来的包容感、安全感作为支撑，也以反支配策略为基础，只要任何人持续表现出反社会倾向，都会面对被驱逐、排斥甚至处死的命运。

美国人类学家马歇尔·萨林斯认为，由于缺少一个能够在人群中强硬维护和平状态的官方政府，所以只能靠这个社群里的成员自发维护彼此之间的良好关系，自觉地避免做出一些招人嫉妒或憎恨的行为。在这些社会中，分享食物和交换礼物可以被看作一种重要的社交投资，目的就是要维持具有凝聚力的社会关系，避免人际关系割裂。[210]

当代研究灵长类动物的诸多实验数据表明，动物们之所以乐于合作并维护公平，是因为想要避免因不公平对待族群中的其他成员而引发的抗议和敌对情绪。[226]灵长类动物学家弗兰斯·德瓦尔认为，也是因为同样的理由，黑猩猩有时会互相帮助，并乐于与同伴分享在实验中获得的食物奖赏。

也许是现代市场经济社会的性质使然，人们似乎完全不需要任何证据就可以认定社会中存在很多反社会倾向，诸如自私、占有欲强、以自我为中心、追名逐利。可是，与此同时，我们却常常不愿承认我们的基因里也有共享合作行为的基础。早期人类社会的性质，以及一些非人类灵长类动物的社会行为都表明，人类需要对自己的认知做出调整。比如心理学家就曾提出，心怀感激和觉得对他人有所亏欠都是人类共有的情绪，在所有的社会文化中都普遍存在。[227][228]当然，正是这些情绪引发了礼物回馈或者分享的意愿，不然，大家就会认为这种人是在占便宜，并对其产生敌意。愿意回报彼此的心理是礼物交换体系的基石，就像分享食物一样，使狩猎采集社会的社会凝聚力得以产生。[229]我们之前也提到，萨林斯认为，礼物交换相当于人与人之间建立起最基础的社会契约。[210]

行为经济学进行的一些实验表明，想要与他人分享的这种意愿不仅根深蒂固，还是我们的自主选择。比如，有种叫作“最后通牒博弈”的心理学实验就可以证明这个理论。所有实验参与者被随机分组，每组两人，每个人都会被分配到一些金钱，可以与搭档分享。他们可以随心所欲地将钱在两个人之间分配——甚至可以把钱全留给自己或者交给对方。而作为接受金钱的一方，只需要拒绝或者接受面前的分配方案。如果搭档拒绝分配方案，两个人都不会得到任何钱财，但如果接受了分配方案，双方就都能获得分配到的钱财。

根据经济理性的观念，接受任何提议，无论多小，都是理性的——你至少会得到一些钱财，而不是一无所有。但最常见的情况是按五五分成。[230]（虽然这是最常见的一种划分，但建议划分的平均情况是六四分成，这是因为很少有人能把多于一半的钱给对方，而有一些人给对方的钱要少于一半。）这个结果来自在25个国家开展的37项使用最后通牒博弈的研究，这些国家的发展水平存在差异，文化也各不相同。（尽管如此，少有证据表明实验结果会受到不同文化的影响。）

一个有趣的发现是，人们愿意拒绝他们认为不公平的提议，即使这意味着他们获得的钱财会变少。例如，你可能会拒绝对方保留八成资金，而仅分给你两成。在这些实验中，拒绝这样的提议并不能让参与者将来获得更有利于自己的分配方案，因为参与者事先被告知他们不会再次与同一个搭档配对。为了拒绝不公平的提议而宁可承受损失，拒绝让提议者获得金钱，被称为“利他惩罚”。这种行为——包括愿意以牺牲自己为代价对做错事的人进行报复——已经被证明是维持合作和维护高水平互惠的重要方式。[231][232]

这些实验以及类似的实验经常被引用，以证明人类并不像经济学家经常假设的那样，会真正理性地行动以实现个人利益最大化。我们之所以不这样做，是因为我们的动机从根本上说比这更具有社会性，并且是为了服务于社会和谐而发展出来的。通过社会选择，人类心理的进化就是不断寻求他人认可的过程。

最后通牒博弈的结果似乎表明，除了希望别人对我们有好的看法，当我们以获得他人认可的方式行事时，我们会更自在。康奈尔大学的经济学家罗伯特·弗兰克认为，要给人留下最令人信服的印象，即我们是值得信赖的人，其他人应该选择与之合作，我们首先需要让自己相信我们是这样的人。他认为，仅靠诚实和大方的外表是不够的[231]，因为人们非常善于发现别人是否真的值得信赖。弗兰克认为，要真正令人信服，我们必须让自己相信我们是值得信赖和无私的，即使在对自己没有任何好处的情况下也应该如此。他提出，这就是为什么即使在远离家的地方，人们也会在餐馆里留下小费。

不平等的烙印

我们的早期祖先进化出了许多种不同的社会组织结构，给我们留下的心理烙印不仅仅限于分配物质财富的方式。第 2 章讨论过的“支配行为体系”（我们以此来应对阶级社会的各种互动），也根植于早期动物社会的等级体系。[70] 我们在第 2 章和第 3 章

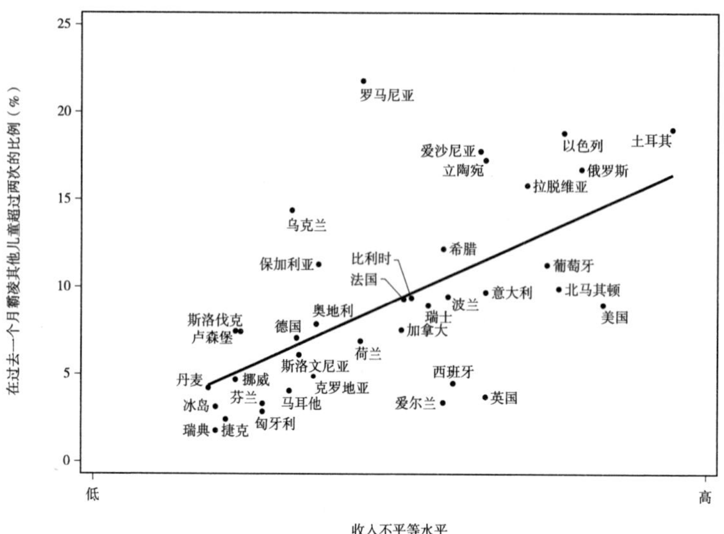

图 5.2：在收入不平等水平更高的社会中，儿童更容易互相霸凌。[233]

中可以看到，随着不平等加剧，一连串关于支配与从属的心理问题出现了。

关于这种心理遗产的另一个特别有说服力的迹象是，有证据表明，在更不平等的社会中，儿童霸凌的现象更为普遍。虽然缺少不同国家成人霸凌数据的对比，但世界卫生组织的学龄儿童健康行为调查确实提供了关于儿童的全球数据。如图 5.2 所示，在更不平等的社会中，霸凌现象在儿童中更为普遍。[233] 与较平等的社会相比，每月至少两次卷入霸凌事件的儿童数量，在不平等更严重的社会要多出近 9 倍。动物的优势等级和霸凌等级在结构上是相似的：两者都按强弱对个体进行排名，最强在上，最弱在下。图 5.2 表明，在更加不平等的社会中，儿童更有可能采取与其以支配地位为导向的祖先相似的行为。霸凌是关于支配地位的竞争，而且，这种行为在更加不平等的社会中变得更加普遍这一事实再次表明，针对不平等进化出的各种心理反应，实际上与支配策略存在直接关联。

此外，还有其他一些针对更严重的不平等的行为反应，看起来也像是适应了不断进化的支配从属关系。其中一项研究发现，在更不平等的社会中，女性更喜欢刻板印象中的更阳刚的男性面孔。[234][235] 该研究使用了在线调查的方法，让30个国家的近5000名异性恋女性观察20组照片中的男性面孔，再让她们说出自己认为每组中哪张脸更有吸引力。每组照片中都有一张是通过电脑技术合成的，强化了男性的面部特征，比如，把下巴调整得更有轮廓。如图5.3所示，在不平等更严重的国家，女性更偏爱男性化的面孔。这一点特别有趣，因为研究报告还指出，有令人信服的证据表明，女性会将反社会特征和行为加在看起来更阳刚的男性身上。她们认为更男性化的男性不诚实、不善于合作，对短期关系比对长期关系更感兴趣。[234] 在更不平等的社会中，女性似乎更偏向于具有粗犷的男性化面孔和特征的男性，这可能会让她们更接近支配体系的最高层——返回到了祖先那种与等级体系的权力关系相适应的心理。

另一项研究发现，似乎部分继承了我们的前人类祖先过去对等级系统的适应，现代社会地位等级较低的人往往具有更高水平的凝血因子，也就是纤维蛋白原，我们在第2章描述过。纤维蛋白原使血液凝结得更快，当人们感到压力时，血液浓度会增加。这在一些可能导致身体受伤的情形下十分有用：如果纤维蛋白原含量较高，伤口就会更快止血。在我们的前人类祖先的优势等级体系中，低阶级的人受到其上级支配者攻击的风险很大，更高的纤维蛋白原水平可以更好地帮他们渡过难关。

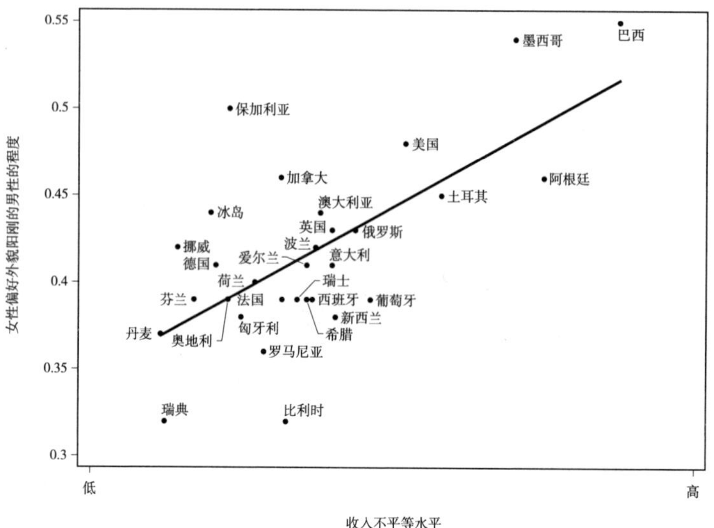

图 5.3：在更加不平等的社会中，女性比较偏好外貌阳刚的男性。[234][236]

为了证实纤维蛋白原浓度确实与社会关系的性质存在一定程度的关联，最近的研究表明，与我们预期的一样，拥有良好关系网络的人，纤维蛋白原含量较少。[237] 幸运的是，我们不再有被阶级更高的个体伤害的风险，但等级关系带来的心理压力仍然使我们的血液凝结得更快，而给予支持、不具威胁性的友谊则相反，让我们的血液凝结得更慢。

找准策略

调整社会策略以适应不同类型的社会，这种能力已经深植于我们的基因，因为采用与环境相匹配的策略一直是生存和繁衍的关键。在优势等级体系中表现得过于慷慨的个体可能会被人利用，正如那些在平等主义社会中过于自我的人有可能被排斥一样。在具有强大等级制度的社会中，威胁低阶级人群生存的不仅是统治者，还可能是有限的繁殖机会和难以获得稀缺资源。与优势等级体系中逼迫人们不断自我提升的压力相比，平等主义社会提供了两种选择压力，一种是负面压力，比如将做出反社会行为的人驱逐流放，另一种是促使更多合作性特征产生的正面压力。那些相对不那么自私、更加慷慨并令人产生信赖的人，在各种需要协作的活动中会更受欢迎，也更容易被选择为交配对象。

通过这些奖励和惩罚，平等主义社会在我们的心理进化过程中创造了强大的进化压力，使更多的社会性特征得以发展出来。我们已经看到了这种遗传的几个例子：等级制度和友谊对血液凝固产生的不同影响；被社会排斥的痛苦与身体痛苦存在于我们大脑的相同部分中；我们倾向于与他人一起吃饭；食物分享的宗教象征意义；“同伴”之类的词的派生。这些心理倾向与我们的生活紧密交缠。例如：我们需要感觉到自己有一个与他人相关的角色或功能，喜欢别人感谢自己的感觉，想让别人觉得自己可以提供帮助。这几乎可以说是一种与他人需求相关的自我实现感，无论是作为父母满足孩子的需求，还是作为个人执行他人重视的任务。尽管现代雇佣劳动意味着许多雇员不被赏识或遭受剥削，但失业仍被视为对人们自我价值的一种打击。在社会中没有扮演有用的角色，会让人们觉得自己的存在没有价值。我们希望自己能够在别人需要的时候扮演一个有价值、受人珍视的角色，这曾经是我们避免自己被众人排斥的最好途径。因为对他人有用，作为这个需要相互协作的社会的一员，我们最大限度地提高了自己的安全感。

人们通常认为，诚实、慷慨和善良等价值差不多是由宗教发明的，并且仍然依赖于宗教而存在。然而，尽管宗教信仰和教义可能有助于维持善良和慷慨的标准（当然有时也会造成不宽容的问题），我们现在可以看到，亲社会的特征是在人类史前时期通过平等主义社会中社会选择的进化力量灌输给我们的。正如人类学对近代狩猎采集社会的描述所表明的那样，重视无私、慷慨和善良品性的这种倾向可以追溯到遥远的远古时期。虽然宗教信仰可以增加这些本能的重要性，但亲社会的价值观更深刻地刻在我们不断进化的心理中，比过去几千年出现的任何宗教意识形态都要古老。

对多种动物的研究都证明，明显的利他行为早就存在于基因中了[238][239]，进化心理学家也在试图厘清，有哪些选择过程可能与此相关。为什么人们要冒着生命危险去帮助一个溺水的陌生人？为什么有这么多人匿名向慈善机构捐款，或者在他们再也不会光顾的城镇的餐馆里留下小费？人们曾经认为这是个理论难题：毕竟，如果某种基因促使人冒着危险去帮助别人，或者在食物短缺的时候还与他人分享，这种基因就不太可能在群体中传播。群选择只能帮助传播群体中已经常见的特征。但是，表现勇敢并让自己为了他人而身陷险境，这似乎不会帮助你的基因变得比当地其他人更普遍。那些能让基因在战争或冲突后留存下来的人必然是幸存者，而不是那些死掉的人。尽管有些人认为利他主义倾向有利于整个群体的生存，但群选择只能在人口中有相当大比例的人拥有这些特征时才能发挥作用。

本章前面提到了克里斯托弗·博姆的研究：是社会环境而不是自然环境选择了具有更多亲社会行为的个体。群体中其他成员对更无私的人的偏好所带来的积极选择压力（尤其是在选择伴侣时），加上人们对反社会者的歧视所产生的消极压力，构成了一个强大的选择组合。这与研究人员的结论相吻合，他们发现，即使在一些非人类灵长类动物中，也存在对不公平的厌恶和对合作行为的偏好。证据表明，那些明显表现出一些无私行为特征的物种之所以会这么做，是因为希望避免因为不公正或不合作而导致种群内的其他成员愤怒地报复自己。[226]

社会环境与表观遗传学

我们前面已经展示出，人类对越来越不平等的社会有一整套天生的行为反应。快速发展的表观遗传学表明，我们从本质上就已经被编程好了，会适应我们所处的那种社会。

表观遗传学是研究环境如何影响基因的学问。然而学者们已经发现，在不改变代代相传的基本遗传密码的情况下，广泛的环境刺激会以影响发育和行为的方式改变基因表达——打开或关闭某些基因。在包括人类在内的许多不同物种中，表观遗传变化使生物体在不同情况下能够以不同方式发育。例如，工蜂和蜂王具有完全相同的基因，但这些基因的作用受幼虫获得多少“蜂王浆”的影响。蜂王浆改变了幼虫的基因表达，使之不再成为一只短命的、不育的工蜂，而是发育成体型更大、寿命更长的产卵蜂王。实际上，生物体发育可以根据经验进行调整。

在人类和其他灵长类动物中，早期生命的经历，包括出生前胎儿发育期间的经历，可以对面对压力的反应进行细微的调整。一项研究显示，怀孕期间的压力对儿童发育的影响非常巨大：与暴露于存有潜在危险的辐射相比，压力对其情绪和智力发育的损害更大。研究人员研究了一组白俄罗斯儿童，他们的母亲在 1986 年切尔诺贝利核反应堆事故中受到辐射影响，当时她们正处于怀孕期。与母亲没有接触过辐射的儿童相比，这些儿童的发育障碍和认知障碍显著增加。[240]但研究人员也很吃惊地发现，辐射暴露对智力功能、言语能力、语言障碍和情绪障碍的影响要比对遭受辐射的担忧以及撤离辐射区本身导致的压力与混乱造成的影响要小。

虽然早年经历对一个人后期心理发展的重要影响早已得到普遍承认，但最近的研究表明，上述过程在很大程度上受到表观遗传变化的左右。承受大量压力的儿童可能会对此反应更强烈、更容易焦虑，并且日后更容易患上抑郁症。[241]

通过对一些研究进行综合分析，研究人员发现，社会压力，特别是父母与孩子之间存在的压力，会改变许多调节压力反应的基因。[242]因此，你是在安全并充满爱的关系中长大，还是属于那遭受心理或身体虐待、被忽视或目睹父母间冲突和暴力的10%—15%的人口，或者介于这两极之间，其导致的后果是非常不同的。[243]

许多物种在生命早期都有敏感时期，使自身发育能够被经验所影响。甚至某些植物也有一种表观遗传能力，可以根据早期在干旱或盐碱环境存活的经验改变它们的发育轨迹，这样它们就能更好地应对未来的任何类似状况。[244]表观遗传变化不只是通过与物理环境接触而触发，它们之所以与人们适应不同的生活质量和等级社会中不同阶级的生活模式的方式有关，是因为它们也被我们对环境的主观看法——包括更紧张的家庭关系——所触发。[245][246]

我们早期的社会经历会引发影响我们发育的基因表达的变化，这个发现表明，在我们的整个进化过程中，人类需要灵活地适应非常不同的社会环境和它们所带来的不同要求。在进化史中，人类曾经遇到各种极端的社会环境，一端是推崇“强权即真理”的统治阶级主导的社会，另一端是充满关爱、分享互助的社会。我们并没有一劳永逸地适应某一种环境，相反，表观遗传与进化出来的心理让我们同时具备了两种人性，可以根据所处社会系统的需要被触发。这就好像每个婴儿天生就是演员，他们走上舞台，观察现实，看究竟该上演人类剧目中的哪一出戏码。

其中，影响最大的就是社交关系的性质。早期行为模式和性格的发展都与成长环境息息相关：我们有可能生活在一个需要努力奋斗才能赢得机会的社会（必要时还要听从处于支配地位的个体的命令），大家都是彼此的对手，互相争夺稀缺资源，因此没有办法相信别人；不过，我们所处的社会也有可能是以互相协作为主的，人们都具备同情心，并且相互信赖。在不同的社会制度中，人们的社交倾向可能会有差异，情绪与认知的发展方式也会不同。儿童时期承受很多压力并不代表那个人心理上就一定备受伤害，反而有可能会让他更好地适应压力巨大的社会环境——他们可能可以更好地适应城市生活，倾向于怀疑他人，心中不会出现假想的安全感，做好随时捍卫自己的准备。

这些表观遗传变化在史前时期对于人类是有益的，当时儿童还没有脱离群体，不像现在生活在独立的核心家庭中。在狩猎采集社会，儿童对于社交关系的感受可以很好地反映出他们出生时及长大以后生活在怎样的社会中。但到了现在，大家都住在个人隐私空间中，家庭生活从某种意义上来说已经与社会脱节，人们很难从儿童时期的经验来判断如何处理社交关系。有些家庭充满爱与关怀，有些则天天发生暴力事件，但不管儿童时期的经历能否反映整个社会的关系性质，这段经历都会让人踏上特定的人格发展道路。不过，现代核心家庭当然也没有办法避开整个社会带来的各种压力。财务压力和背负债务，工作与生活的关系失衡，失业，心理问题或成瘾问题，最后还有低人一等的自卑感，这些不平等导致的问题都会给家庭关系带来危害。确实，有证据表明，在美国一些较为不平等的州，儿童虐待事件的数量也相对较高（见第 6 章）。[247]

有些表观遗传变化不会一直维持，有些则会持续遗传给下一代。比如，大屠杀幸存者身上的表观遗传变化同样会出现在他们的子女身上。由此表明，即便是母亲在受孕前承受的压力也会对后代子女造成影响。

社会地位

在不同的社会中，人际关系的特点存在着极大的差异，而在社会阶梯的最顶端和最底端，每个人在适应自己地位时面对的挑战也各有不同。在更加不平等的社会中，社交关系的性质和每个人面对逆境的感受会因为社会地位的不同而出现极大的差异，因此，居住在城市的富裕地区与贫困地区的人们在表观遗传上也会出现明显的不同。一项在苏格兰格拉斯哥进行的研究对从事体力劳动和脑力劳动的人的 DNA 结构进行了比较，也对生活在富裕地区和贫穷地区的人进行了比较。两项结果表明，具有不同社会经济地位的人在表观遗传上存在极大的差异。虽然我们现在还需要进行更多的实验研究才能判断这些表观遗传变化带来的影响，但它们肯定与社会不平等的潜在恶果相关。[249]

幸好，只要个体的生命经历发生改变，许多基因方面的改变都是可逆的。曾经有一项研究发现，只要将猕猴转移到不同的族群，并改变它们在群体中的地位，它们的表观遗传特征就会发生变化。[250]

虽然学术界假设这些改变能够帮助个体适应新的身份，但人们对基因表达中的某些特定变化所带来的影响还是一无所知。这些基因表达之所以发生变化，有可能是受早年承受的压力的影响，比如曾对忧虑和焦虑情绪进行过激烈反抗，而这些早年经历也很有可能导致长期的健康问题。[246][251]

斯坦福大学的神经内分泌学家与灵长类动物学家罗伯特·萨波尔斯基曾经提出，压力会改变人的生理层面的优先级。“迎战或逃跑”的反应让我们在碰到紧急状况或者受到人身威胁时，能够将体内的能量转移到肌肉运动上，从而加快身体的反应速度。不过，人体在启动这种应激反应的同时，也会因此牺牲掉原本分配给修护、生长、消化以及繁殖功能的能量。虽然在受到短暂的威胁时，短时间内启动这种应激机制并不会对身体造成伤害，但如果忧虑和焦虑情绪持续数周甚至是数年，身体健康状况肯定会大打折扣。

不平等与贫穷

人们经常会把较低的社会地位带来的负面影响与贫穷带来的负面影响混为一谈。我们都以为，糟糕的物质条件（例如简陋、拥挤的居室和品质低劣的食物）是贫穷与物质匮乏给穷人造成的最直接的影响。然而，随着社会逐渐富裕起来，物质生活水平已经不像此前一样能发挥那么大的影响。尽管如此，我们还是可以通过物质生活条件来判断人们是否能够正常开展并参与社交生活，是否能够避免“社会排斥”。因此，对发达国家中的贫困状况的评估现在几乎都基于相对程度。比如，在欧盟国家，贫穷被定义为所得薪酬小于该国收入中位数的60%。因此，用来判断一个人是否贫穷的依据并非他本人的实际收入，而是他与别人比较之后的相对贫穷程度。在看待贫穷这个问题时，大家多把焦点放在“社会排斥”带来的影响上，但真正有损人格与尊严的其实是穷人的处境：许多人都认为穷人生来就低人一等。马歇尔·萨林斯更是指出，“贫穷并不意味着拥有较少的东西，也不仅仅是手段与目的之间的关系。它实际上是人与人之间的社会关系，是一种社会地位”。[210] 获得诺贝尔奖的经济学家阿马蒂亚·森曾以相同的方式指出，贫穷者“最无法消除的绝对核心”就是羞耻感。[252]

有支国际研究团队在七个发达国家和发展中国家——包括乌干达和印度的乡村、中国的城市、巴基斯坦、韩国、英国和挪威——采访调查了当地穷人（包括成人和儿童）的贫困生活体验。[253] 这份研究清晰地验证了前述两位学者的看法。在不同的国家，受访者的物质生活水平差异悬殊：印度的穷人基本上都住在只有一两个小隔间的房屋里，地板就是泥土地，屋顶是带有波纹的铁板，厨房基本都是在户外，社区里的所有居民共用一个水龙头，各家通常不会有独立的厕所。乌干达的受访者都是些生活困苦的农民，他们住的是茅草搭建的小屋，也是直接搭在泥土地上，没有另外铺设地板，房子的架构无法很好地遮风挡雨，这些农民同样也需要在房屋外下厨做饭，很多人无法获取干净清洁的水资源。相比较而言，英国和挪威的穷人受访者都住在有三间卧室的房子或公寓里，每家每户都有自来水和热水，还有电力、暖气保障，厨房、浴室也都可供使用。大部分受访者都是失业人员，他们靠社会保障金度日。虽然生活条件水平大不相同，获取食物和衣物的数量也有差异，但这些受访者都有差不多的感觉：自己要比别人穷困很多。为了避免引导受访者做出某些特定回答，研究人员在访问过程中刻意避免使用了“羞耻感”“贫穷”这一类词，但最终还是得出了以下结论：

> 各国受访者都很厌恶贫穷的状态，也时常因此厌恶生活在贫穷中的自己。儿童经常会轻视父母，女人轻视自己的丈夫，男人也会因为自我厌恶而对自己的孩子或者父母乱发脾气。虽然受访者都认为自己已经在尽全力摆脱贫困的生活，多数人还是会因为生活环境艰辛，被别人视作一事无成而感到羞耻，觉得对不起自己。家庭生活、职场遭遇、与政府机关打交道的经历，以及各种外部环境，都一再加深他们内心的羞耻感。就连这些家庭中的儿童也难以逃离这种羞耻的情绪，毕竟学校也是一个划分出高低阶级的场所，学生在无法保证自己能被接纳的环境中受尽屈辱（受调查的国家当中，只有巴基斯坦没有出现这样的情况）……即使孩子已经不再开口索取，父母也会因为无法给自己的孩子提供更丰富的资源而羞愧。除此之外，孩子不再开口索取这件事本身会让父母更加羞愧。[253]

除了自我厌恶之外，羞耻感也会导致“退缩……绝望、忧郁，让人产生想要轻生的念头，总的来说就是自我效能感的降低”。对受访者而言，“无法为自己和家人提供充足的食物与庇护”就是自己人生的最大败笔。“对男人而言，依靠他人或者社会福利的救济度日对于他们的男子气概来说是一种压力和挑战，有一位带两个儿子的英国父亲就坦承‘自己好像一个废物……作为一家之主，本应该有男人的样子……负责照顾老婆和孩子，但自己没能做到’。”

除了内在的羞耻感，研究人员还发现，在这七个国家中，贫穷的人也遭到整个社会大环境对他们的羞辱。值得注意的是，在英国，大众媒体会强调贫穷是个人失败造成的，从而加深这种羞耻感。只有考虑到我们对于低下的社会地位的厌恶，才能恰当地理解贫穷和不平等造成的影响。这种与生俱来的对穷人的厌恶属于人类心理进化的一部分，而且应该可以追溯到前人类社会的优势等级体系。现代社会充满不平等，这种厌恶依然深入人心。有些人总是忽略收入不平等和相对贫穷带来的影响，误以为仅凭推动经济增长就能解决问题。而正如我们所看到的，在穷人自己的主观意识中，“比他人更贫穷”确实会对表观遗传造成显著的影响。

社交焦虑的两大来源

深深植根在人们心中，令人深受其害的这种社交焦虑，其主要来源大概有两个：一个是前人类的优势等级体系在我们身上留下来的烙印，另一个就是史前平等社会留下的遗产。

因为大家随时都在留心自己和他人所处的社会阶级，因此出现了为更高的社会地位而竞争的现象。大家都鄙夷身处社会底层的人，对这些人带有偏见。这有可能就是地位竞争带来的副作用。在非人类的灵长类动物族群中，我们明确地发现，地位更高者能有恃无恐地对处于底层的同类为所欲为，这就是上层的特权。不过，在优势等级体系中，要在不冒犯地位更高者的情况下争夺地位是件非常困难的事。你必须很清楚地意识到自己与地位更高者相比处于劣势，才能在输掉或者受伤之前学会收手。此外，你也要尝试着不断自我提升，稳固自己的地位，让自己不输给其他与自己平级的个体。

要想知道优势等级体系对人的心理能产生多大的影响，只需要观察等级严明的猴子族群。这个物种中地位最低的个体每天都会花费大量时间观察优势个体的行踪与心情，只需找出哪只猴子一直被其他同伴盯着，就能辨别出一个族群中的优势个体。[254] 地位较低的个体最常观察的是群体中侵略性最强的同类。这种戒备心理反映出它们其实非常害怕发生冲突，需要尽全力避免任何可能的冲突。[255]

即使是在现代，人类也还是很擅长从他人身上辨识出具有支配性的人格特征。有一项研究让学生在实验情境下组成不同的小组，然后观察他们初次见面时的互动与回应。研究者发现，这些学生只需要“相互看一眼”，即便没有开口与对方交谈，就能在刚见面的第一时间隐约从对方的肢体语言判断出谁的行为模式更具有支配性。而观察接下来的互动就能验证，他们心中最初的判断是正确的。[256] 开展这项研究之前，测试者已经做好精心准备，将服饰等可能会透露出身份地位的外在因素排除。研究人员指出，看上去是否充满自信、行为举止是否活跃，还有与人打照面时是否会避免眼神接触，这些都是能第一时间暴露一个人是否具有支配性的指标。研究人员表示，最有意思的一点是，他们的研究结果“与对灵长类动物进行的研究结论相似，地位较低的个体会小心地观察优势个体的一举一动”。[256]

前人类社会的等级体系在我们心中留下了深刻的烙印，让我们对社会地位特别敏感。[257—259] 人类把自己和他人不断进行比较的倾向很可能就和动物竞争优势地位的对抗行为一样古老，动物会在心中衡量对方的实力，从而进一步判断自己到底应该发起攻击还是退让。毕竟，在权势等级中，几乎没有什么比地位更重要。正如我们在第 4 章中指出的，在现代社会里，人们对地位产生的焦虑情绪催生出了消费主义：我们对象征身份地位的事物非常敏感，消费行为也因此成为另一种竞争地位的手段。

研究收入不平等产生的效应时，我们总是面对一个难题：人们究竟拿谁跟自己做比较？多数研究相对剥夺的报告都指出，我们经常把自己和状况相似的人做比较，比如邻居或者同事，而不是跟社会地位比自己高或者不如自己的人比。[260] 从这个结论来看，位于社会顶层和底层的群体不会对位于社会中层的大多数人造成什么影响。这看起来跟大多数研究结果背道而驰，因为有大量证据表明，最富裕和最贫穷的群体之间的收入不平等确实有重大影响，会导致各种各样的社会功能失调。不过，从进化的角度看，这两个看起来相悖的论点其实是可以共存的。罗伯特·萨波尔斯基每年都会到坦桑尼亚的塞伦盖蒂研究野生狒狒，持续了25 年。他发现，争夺优势地位的情况通常发生在属于同一等级的个体之间。[261] 换句话说，排行第七名的狒狒只会跟第六名或者第八名的狒狒展开竞争，而不会跟第一名或者第二十名争夺地位。第七名之所以会放弃和第一名进行竞争，是因为知道自己绝对赢不了,第二十名不跟第七名竞争也是基于同样的考虑。不过，如果群体中有任何一个个体的地位有可能提升或者下降，每一个个体都会尽力保证自己不会被地位最接近的个体比下去。如果群体中出现有可能提升地位的机会，排行第七名的狒狒就要防备第六名或者第八名抢在自己前面。但这并不是说地位很高和很低的个体就不重要，毕竟只有分辨出族群中哪个是占据优势地位的个体，才有可能保住自己的性命——因此，灵长类动物会持续关注优势个体，而依据同样的道理，在伦敦的政府系统中，基层公职人员体内的凝血因子浓度才会比较高。

或许这个现象也能够解释，当朋友或者地位接近者的行为举止给人高人一等的感觉时，身边的人总会感到愤怒。大家都会心想，他们居然会觉得自己很了不起？而这无疑也能解释，在不平等比较严重的社会中，社会底层互相攻击的概率大过穷人攻击富人的概率，不平等社会中增多的暴力事件来源于前者。[1][262] 暴力事件之所以在收入不平等更严重的社会中更加普遍，是因为在这样的社会里，人们更重视地位。因此，当感到不受尊重，或者觉得被同类轻视时，他们就更想去捍卫自己的地位。既然社会地位如此重要，我们就格外在乎别人对自己的看法，在乎自己是否被别人尊重、是否给别人留下了良好印象、是否受到尊敬而非轻视。既然如此，我们就更在乎自己的外在形象，极其容易被广告洗脑，相信只要多花钱、多消费就可以提升自我形象和社会地位。

在不平等更为严重的环境中，社会地位的重要性与日俱增，这会导致表观遗传变化的产生，其中一项改变就是，我们越来越执着于和身边的人进行比较。但是，不管这种现象是否与表观遗传有关，我们都能断定，收入不平等让大家更在乎社会地位、更重视他人对自己的看法，也更注意防备他人的轻视和不尊重。

我们之所以更容易受到社交焦虑的影响，还倾向于通过别人的目光来审视——了解与感知——自己，第二个根源就是史前时期的平等主义的影响。生活在前农业时代的人类祖先都很担心自己被社会排斥，总是觉得自己需要得到他人的喜爱或者赏识。人类跟动物不同，动物担心的大多是体能上的差异，而在已经开始以捕猎大型动物为生的人类社会中，大家越来越在意别人——不管是最强者还是最弱者——对自己的看法。族群中的每个人都更在乎自己能否与他人维持良好的关系，或者至少能被周围的人所包容。与避免冲突同样重要的是避免被团结协作、相互包容并共享食物的集体所排斥。

或许这段历史就是心理学家所说的“不平等憎恶”的源头。目前，已经有许多研究（包括之前提到的最后通牒博弈实验）表明，尽管重视社会地位，人类也还是非常憎恶不平等现象。比如，科学期刊《自然》就报道过，曾有研究团队精心设计了一个实验，参与者按照四人一组被分成多个小组，以匿名的形式通过电脑进行互动。[263]电脑系统会将不同数额的金钱分配给每个参与者，每个人都可以保留自己所分到的金额，也可以用这些钱来购买代币，用来增加或者削减其他人的收入。每个代币售价一美元，能用来让其他人的收入增加或者减少三美元。这个实验将参与者多次重新分组，不断重复这种互动。而在进行游戏之前，研究人员会申明游戏规则：游戏结束以后，参与者可以获得留下来的金钱；整个游戏过程都是匿名的；每个人只会和其他人互动一次；大家都不会被告知彼此在前一轮的表现。实验结束后，研究人员发现，参与者花钱购买的代币都用来让那些一开始被分到一大笔钱的人减少收入，让那些起初获得的金钱低于平均水平的人增加收入；因此，一开始被分到一大笔钱的人收入锐减，而那些被分到较少金钱的人手中的钱则大幅增加。并且，最初就被分到一大笔钱的人也会购买较多代币，让钱比较少的人增加收入，而一开始只拿到一点点钱的人则会花钱让钱多的人减少收入。在进行这场实验的过程中，这种行动模式以及某些参与者流露出的情绪（包括愤怒情绪）都体现出大家其实是非常憎恶不平等的。[263]

此类研究为数众多，主要都是由行为经济学家设计并开展的。这些学者利用博弈实验来探讨人类的社交动机，并能够得出相似结论。[232]在前面的章节中我们发现，在狩猎采集社会，人们会有意识并坚定地信奉平等主义的价值观。这是因为避免不平等对狩猎采集社会来说是件好事，它是防止不同个体之间发生争执或冲突的必要条件（虽然不一定是充分条件）。[210] 平等主义增强了互惠与合作的重要性。只要能够避免不平等现象的发生，就能增进友谊、鼓励彼此之间的分享行为，这对所有人而言都是有益的。因此，这种憎恶不平等的心理对于活在狩猎采集社会的人类祖先而言，可以说是社会生活的重要根基。大家对公平的偏好，以及想要通过善意来回报他人的心情，虽然有可能受到其他因素的干扰和影响，但与优势等级体系那种互相敌对、以自我利益为先的原则形成了鲜明对比。总而言之，这种有利于社会的价值观之所以存在，就是因为我们希望能够获得他人的善意对待，期望被别人看作乐于合作、给群体带来福利的人。而实验证据也清楚地表明，如果想要维持人们对不平等的憎恶感，社会体系中就一定要配备制裁手段，比如在前面的章节中提到的“利他惩罚”，惩罚那些滥用他人慷慨行为的个体。

习得文化与社交焦虑

人类对文化这种后天习得的生活方式具有高度依赖性，而不仅仅靠本能生活。这种现象在其他动物身上可以说是闻所未闻。之所以如此，很有可能是因为我们对他人的评价相当敏感。虽然某些灵长类动物具备一些习得的行为模式，比如说在吃可食用的块茎时，它们会把上头的泥土洗掉，或者用棍棒捕捉白蚁吃。不过除此之外，它们并未表现出其他更进一步的习得行为。只有人类积累起了足够多的习得行为，得以构建出一整套习得的生活方式。从依赖于本能、相对缺乏变化的生活方式向几乎具有无限适应性的生活方式的转变，使我们得以应对各种不同的环境，并且从早期以狩猎采集为生的游牧者发展为通过劳动换取薪酬的现代城市居民。

每个儿童在成长过程中，都会将其他人视作文化的承载者。他人是文化的载体，是生活方式的示范者和守护者。长大就代表着要学习正确的待人处事的方法，必须过着“得体”并且能够让他人接受的生活。所以，无论是学习特定技能、积累知识，还是调整发音吐字以避免招来其他人的耻笑嘲讽，人类之所以学习，一大原因就是渴望能够获得周围人的肯定与认可。正因为想要被他人当作行家，或者至少是比较有能力的人，我们才会熟练地践行某种特定的生活方式。

托马斯·谢夫认为，人类会抵触羞耻、难堪等感受，这导致大家都有顺从的倾向——我们不想让他人觉得自己看起来过于古怪或愚蠢。这个说法与我们先前提到的观点很接近：获得他人肯定与避免被嘲弄的渴望让人类发展出全然构建在习得之上的生活方式。如此看来，似乎习得的生活方式应该出自人类循规蹈矩的天性：我们会努力模仿学习他人的行为模式（相反，创新或者发展出全新的行为模式风险极高，即便是那些在特定领域打破常规的人，在生活的其他方面也通常会倾向于遵从习得经验构建起来的文化传统）。

获得他人尊重的强烈愿望让我们产生强大的学习动力，希望通过学习掌握特定技能，或者培养更宽泛的行为模式。有效的学习与自我发展给具备某种突出技能或者能力的人带来了更强大的选择优势。他们更容易受到他人赞许，可能会被视作非常有价值的人生伴侣或者团队成员。我们也能因此判断，那些能力不足或者表现不得当的个体会受到大多数人的排斥与拒绝。

从进化的观点来看，生物都会想要把自己的基因传给下一代，因此这种选择压力和对他人评价的过度在意似乎会在青春期到二十几岁这个时间段达到巅峰，因为这是性选择最关键的一段时期。年轻人都期望能够提升择偶条件,因此也就对自己的外貌、能力以及地位感到无比焦虑。

减轻社交焦虑

虽然我们之前曾经强调，进化在人类的心理层面上留下了显著的烙印，进而影响我们的社会关系，但这并不代表这些特征已经在我们的基因里固定下来了。其实，基因跟环境的互动极为复杂，萨波尔斯基就讲过一个简单的例子，让我们明白，其实有大量的基因特性能让我们在不同环境中做出相应的复杂行为，而不是在忽略环境因素的情况下决定我们的行为模式。他指出，嗅觉能让老鼠分辨其他个体的性别、判断其他个体是近亲还是陌生人、辨别食物，或者判断该以何种行为模式与其他同伴进行互动。作为人类，我们光靠直觉就知道如何与身边的朋友进行互动，如何跟那些和自己地位差不多的人相处，我们也深知社会地位和权力的重要性。现代社会的许多情景都让我们发展出种种亲社会行为，也让人渴望被肯定、被别人当作自己人。不过，在其他情况下，我们对自我提升的执着以及对地位的过度关注变得无比重要，人们会根据社会地位来决定是否尊重他人。通常我们都希望能够提高自己的地位，以此获得他人的重视（至少表面看起来如此），但同时，我们又渴望被别人当作自己人，这两者是充满矛盾的。

若想了解我们选用不同策略的进化过程，就不能把它们拆开来单独理解，因为人类所处的环境千变万化，在不同环境中，我们选用的策略也会各有差异。这些不同的行为模式对幸福感而言有不同的含义，我们必须清楚意识到，收入不平等的水平对整个社会的社会行为具有强大的影响力。

幸福感

我们在前面提到，社交焦虑的两个根源都和想要获得他人的正面评价有关，而且在人类进化史的早期就已经存在。不过，这两个原因存在着截然不同的本质。社交焦虑的根源之一在于我们希望建立友好和谐的社会关系，希望能与他人相互支持，为彼此的幸福感添砖加瓦。根源之二却相当反社会：我们希望自己看起来高人一等，我们轻视地位较低的个体，对于地位较高者卑躬屈膝，一旦被别人比下去就会感到自卑。我们永远无法摆脱这两种根源。不过，相较而言，社会明显对第一种社交策略的需求更大。

一直以来，人类都生活在——同时也适应了——不平等与等级化程度不同的社会。在这些截然不同的社会框架中，人们的幸福感天差地别：跟比较平等、主张互助互惠的社会相比，地位竞争激烈的社会中存在更多不必要的对立关系，生活压力也比较大。在早期的动物等级制度中，暴力霸凌事件层出不穷，而在不平等较严重的社会中，如图 5.2 所示，校园霸凌发生的概率高出 9 倍之多。从进化的历程来看，我们就能知道，我们因为这种社会体制受到了怎样的威胁。霸凌会导致严重的痛苦。有些儿童受到同龄人的霸凌，每天早上只要想到上学就会害怕，甚至呕吐反胃，出现严重的抑郁倾向。而曾经在学校遭遇过霸凌的人，之后的人生会一直背负巨大的心理创伤。更严重的不平等对儿童造成了深刻影响，也以同样的方式严重损害了社会关系的质量。我们其实都很清楚，对地位的争夺实际上是种零和博弈：社会中的所有成员不可能同时提升自己的地位，当有些人的地位上升，一定就有另外一些人的地位下降。

我们在前面提到过，使用博弈实验研究人类社会行为的做法成功地破除了一个谬见，让我们知道，认为人类自私自利且占有欲极强的观点是有缺陷的。正如第1章提到的，针对伤口愈合、伤口易感染度和寿命进行的研究也都印证了，良好的社交关系对人的身体健康和幸福感有极大的益处。[28—30][33][264][265]

只要减小不同个体之间物质条件上存在的差距，就能提升所有人的生活幸福感，改善社交关系的质量。研究数据表明，社会越平等，社区生活的影响力就越大，人们对彼此的信任感也会越强。身份焦虑、消费主义和暴力冲动都会因此逐渐减少，社交关系也会变得更加轻松。

只有实际认识到这些因素相互之间的联系，才有办法做出改变，让社会变得更好，人们更加善待彼此。仅凭道德规劝是无法让大家从此不再用外表来评判他人的，我们也只会继续用物质财富的多寡来衡量个人价值。我们体内仿佛有一整套早就设定好的程序，会不自觉地对地位高低做出反应。如果想关闭这套根深蒂固的程序，首先要了解不平等的严重性。当然，我们也可以期待，人们仅凭自己的努力就可以提高自信心，结交朋友，对社区生活做出贡献。但对于很多人来说，心中的自卑感仍然是一堵无法跨越的高墙。我们希望人们不会因为收入差距而形成优越感或者自卑感，也希望人们不要过于自负，鄙夷那些社会地位较低的群体，但如果真想让现在的状况能有所改善，就不能无视那些引发我们做出上述反应的因素。

因为这个世界上不存在一个完美的平等社会，所以我们无从得知减小收入差距是否会在经过某个临界点后就不再能增加福祉了。目前，由于缺乏来自更为平等的社会的研究数据，我们无法推断，如果一个社会的平等程度超过最平等的发达国家，那里的人们是否会过得更幸福。我们很难想象一个没有地位高低之分、人们彼此一视同仁的平等社会，究竟会是什么样子。如果大家在技能、兴趣、能力、知识以及性格方面的差异不再与身份地位相关，那么他们真正的个性或许就能更加自由与清晰地表达出来。

第 6 章

精英管理制度的误区*

* 本章包括来自以下著作的材料：K. Pickett and L. Vanderbloemen, *Mind the Gap: Tackling Social and Educational Inequality*, York: Cambridge Primary Review Trust, 2015。

2016年，保守党领袖特蕾莎·梅出任英国首相时，前伦敦市长鲍里斯·约翰逊出任外交大臣。后者曾在伊顿公学和牛津大学接受教育，2013年受邀担任“撒切尔夫人讲座”的演讲者。面对台下的高级知识分子和学者，他直言，毕竟这个社会上永远会存在一些落后于别人的笨蛋，所以要实现收入平等纯属无稽之谈，“不管你信不信智商测试，智商与贫富差距有直接的关系。毕竟有16%的人智商都在85分以下”。他还用盒装玉米片来形容整个社会，以此表明对不平等状态的支持，因为它能让最聪明的人功成名就，“用力摇晃盒子，总有某些玉米片更容易向上移动”。不平等“对于羡慕嫉妒、争强好胜这些情绪的产生至关重要，而它们与贪婪一样都是促进经济增长的关键”。[266]

不管约翰逊本人是否和那些会往上走的玉米片一样聪明，但对于不平等他肯定只是一知半解。那些获得诺贝尔奖的经济学家[267][268]，以及经济合作与发展组织和国际货币基金组织的专家[269][270]都指出，不平等不仅无法推动经济增长，更是经济发展停滞和经济动荡的元凶。在收入不平等最严重的社会中，社会流动性降低，人们的创新行为也受到限制。而在相对比较平等的国家，人均获批专利数量确实较高。正如我们在前面已经提到的，羡慕条件优越的人拥有的一切，执着于追赶其他人的财富水平，只会诱发人们的生理与心理问题。不过，还是有很多人跟约翰逊一样，误以为贫富差距的产生纯粹取决于个人能力水平的高低。

人们普遍认为，人类的能力、智商与才华天生就存在差异，而这些差异决定了每个人到底能攀升到社会阶梯的哪一级。这种想法是对阶级制度的一种极为流行又颇具影响力的辩护。一般人通常会觉得，我们都活在一个执行精英管理制度的社会中，能力是决定地位的关键。我们把社会想象成一座金字塔，绝大多数人都位于最底层，只有少数人才能爬到顶端，而我们也都觉得大部分人缺少某些能让人爬到顶端的特殊天赋。大家深信能力的差异造就了社会地位的高低，因此倾向于通过社会地位来判断一个人的个人价值、能力和智力水平。这种观念不仅影响我们看待他人的方式，也影响了我们对自己的看法。位于社会顶层的人总认为自己天生就拥有那种“必要的能力”，因此才到达了自己所处的位置；而底层的普通人则认为自己是由于缺少了某种才能，才会沦落到社会底层。

不过，近年来的科学研究无法证明这样的想象是正确的。首先，研究发现，我们在生命中的大多数遭遇，还有我们最终获得的社会地位，都是由完全不可预测的偶然事件或者偶发因素决定的，也就相当于纯靠运气。此外，抛开运气，能力与社会地位之间存在的最重要的关联却和大多数人的想象相反。事实上，社会地位的高低并不是由个人天赋决定的，恰恰相反，是一个人的社会地位决定了其能力、兴趣与才华。我们还是先来谈一下运气。

不管你是否觉得自己获得了成功，我们都能通过回顾过往的经历，来审视自己现在取得的成就到底有几分取决于运气和机遇。也许纯粹是因为运气好，我们才就读于优秀的学校，遇到优秀的老师，在重要考试中碰到自己擅长的题目，在大学申请中受到某些未曾谋面的人的肯定，或者在找工作时与面试官相谈甚欢。或许一场偶然的会面就能改变你的人生，而升迁机会也会在不经意间从天而降。对生活品质而言，找个合适的伴侣与工作和收入一样重要，但我们更愿意承认机遇与运气在寻找伴侣的过程中起到的作用，而在职场上，我们很少考虑机遇与运气的影响。大家都不介意聊起自己与伴侣的偶遇、让两个人情投意合的机缘，或者是偶然中发现的共同兴趣。

机遇让人们的生活变得极其难以预测。虽然对于社会流动，人们大多抱有强烈的阶级偏见，但事实上，很多人社会地位的升降，就连最细致的针对后天教育和能力培养的分析都没办法对其进行预测。此外，虽然社会顶层与底层人群的平均预期寿命可能有 10 年之差，但这也不能用来解释寿命的个体差异：某些富人会英年早逝，而某些穷人会非常长寿。有些对公共健康问题持不同意见的人会说，就算经常运动、注意健康饮食、不抽烟，最终还是最有可能死于心脏病。最后，我们的人生经历（包括主观体验）是否会触发我们在前一章提到的表观遗传变化，从而影响之后的人生发展，其中有很大的机遇成分。

人们常说气候的形成如此复杂，蝴蝶扇一扇翅膀都有可能改变天气。因此，现在很多人都相信，社会或细胞层面的偶然事件会对我们的人生造成很大的影响。一个人是否会生病、能否取得好成绩、能不能拥有幸福的婚姻，在这些事件中，运气与机遇都扮演着十分重要的角色。科学家担心这些机缘巧合会让他们无法梳理出每件事的因果关系，因此也难以预防负面结果或者对其加以补救。在社会科学中，这被称为“黯淡的前景”——具体解释一下就是，当科学研究遭遇运气或者巧合时，它就不再具有解释效力或实际用途。[271]虽然运气让每个人的生活难以预料，但这并不影响我们在研究大规模人群时理解平均或群体差异。人生仿佛是一场靠掷骰子决定结果的游戏，根据我们出生时所属的社会阶级，骰子里以不同的方式被灌了铅：虽然每次掷骰子的结果依然在很大程度上取决于运气，但多投几次之后就可以看出，某些结果出现的概率特别大，某些则明显很小。所以，说一个人成功与否很大程度上取决于运气，并不是在否认我们可以证明，比较穷的人总体上表现更糟、寿命更短，或者在一个较为不平等的社会，大部分人都更难取得成功。

我们不是要否认每个人确实有能力、专长和兴趣方面的差异，或者那些位于社会顶层的人确实在某些受到高度认可的能力测试中表现突出。不过，如果将评分依据换成体力劳动所需的技术能力，或者驾驶技术与动手能力，又或者仅靠微薄的薪水省吃俭用度日的能力，那么整个社会的能力分布可能就要发生翻天覆地的变化。虽然有些能力比其他能力更为重要，但我们关注的重点不在于如何评判能力高低，而是这些能力差距究竟从何而来。

鲍里斯·约翰逊认为，智商的差别与生俱来，人们拥有某种主要取决于父母遗传基因的“天赋”。这种观念其实并不新颖，至少从古希腊罗马时期开始，有钱或有权的人就已经开始认为不同社会阶级的成员具有不同的生理结构，他们甚至鼓励别人也接受这种说法。在柏拉图的想象中，统治阶级的灵魂都是由黄金炼成的，比他们低一个阶级的人是由白银炼成的，再往下就是铜或者铁。[272]大家都相信不同人群之间先天存在能力差异，并以此来解释为什么会存在不同的社会地位——从顶端的哲人王到底部的奴隶。正是由于这些想法，阶级与种族歧视才会如此根深蒂固。而我们现在已经知道，社会阶级并不基于基因差异。[273]

共有的遗传特征

只要对生存有利，某项遗传特征就会在物种之中扩散，变得越来越普遍。人类之所以有两只眼睛，是因为双眼视觉对日常生活帮助很大。人类祖先定居的纬度高低不同，所以人种的肤色也有深有浅，这是为了提供不同程度的紫外线防护。在几百种灵长类动物中，可以说只有人类拥有眼白，而其他灵长类动物的巩膜都是棕色的。人类是高度社会化的物种，因此追随他人的目光、观察别人在看什么的能力对生存是有利的，这也就成了全人类共有的特征。由此可知，如果某种关于智商的遗传特征对生存相当有利，那又怎么可能只出现在少数人的身上呢？尽管如此，有些人群拥有高人一等的智商因而能够解决各式各样的问题，而有些人天生能力有限这种不确实的说法直到最近还被认为能得到科学研究的证实，并且始终广为流传。

我们正变得越来越聪明……

智力水平存在巨大的先天差异这种观念如今开始被质疑。科学研究发现，全人类的智力水平随着时间的推移在快速提高。20世纪80年代，新西兰的一位心理学教授詹姆斯·弗林发现，在许多国家（所有他能获得足够的数据以做出精确的历时比较的国家）中，自20世纪以来，所有人的智商测验分数都在不断提升。如今，这个现象已经众所周知并且得到了广泛的验证，它被称为

"弗林效应"。就发达国家而言，科学家已经对美国、15 个欧洲国家、4 个亚洲国家、澳大利亚、加拿大和新西兰进行了分析，这些国家都出现了弗林效应。而在发展中国家或其他新兴经济体中，比如肯尼亚、多米尼克、巴西、土耳其和沙特阿拉伯，国民的智商测验分数也在近些年突飞猛进。[274] 智商测验分数通常每 10 年就可以提高 3 分。以 2000 年的智商标准来看，1930 年的人平均智商大概是 80 分左右，恰好介于"迟钝"和"智力不足"之间。显然，如果我们都比祖父母辈和父母辈聪明很多，智商测验就不再适用于测量我们所谓的先天智力。

弗林表示，许多智商测验测量的实际上是"心理习性"，而心理习性是通过文化传承与习得的，并非是通过基因直接遗传。他认为，现代西方的心理习性似乎佩戴着科学的眼镜：我们习惯通过科学知识的角度,而不是纯粹实用的角度来看待世界。所以，如果在智商测验中被问到"狗跟兔子有什么共同点？"，正确答案是"这两种都是哺乳动物"（科学分类），而不是"狗可以用来捕猎兔子"（这是一种实用观点，会给出这种答案的很有可能是在西方文化与教育环境之外成长起来的人）。智商测验多用来评估逻辑思维能力、符号思维能力及其影响。另外，由于工作与生活环境存在差异，社会上的一部分人可能会更早接触并戴上这副"科学眼镜"。

弗林指出，受社会重视、被教育者传授并且在智商测验中得到奖励认可的认知能力已经发生了巨大变化，而先天智力的状况则没有什么改变。因此，"智商测验结果的提高，其直接原因是工业革命，而间接原因则是工业革命带来的社会变革，比如学校教育变得更正规，工作和休闲时间的业余活动对认知能力的要求提高，成年人与儿童的数量比例变得更理想，父母与子女之间的亲子互动更加频繁”。换句话说，经过整个 20 世纪，人类的智力水平之所以大幅提高，主要原因在于社会环境的变化，而非先天遗传的变化。他还指出，有几个发展中国家的平均智商目前偏低，可能和 1900 年美国人的平均智商差不多。

双胞胎研究有什么结果？

为了了解遗传的机制，弄清基因（先天秉性）与环境（后天培育）何者对个人性格特点和行为特征产生的影响更大，科学家们花了很多年的时间研究那些基因存在关联的个体。其中，对双胞胎，尤其是分开抚养的同卵双胞胎的研究最有成效。同卵双胞胎的基因构成完全相同，就算他们被分开抚养，智商测验的结果也还是比从人群中随机抽出两个人进行测验得出的结果更接近。基于此，科学家才会认为智商主要被基因遗传决定，而环境的作用没有那么大。

不过，如今我们都知道这个研究结果具有误导性。研究结果本身没有错，问题出在我们对这种现象的理解。就算将双胞胎分开抚养，他们的成长环境也还是不会出现太大差异，至少比从人群中随机抽出的两个人更接近。假设有一对同卵双胞胎，他们从一出生就被两个家庭分别领养，他们的成长地点可能不会距离太远，比如说两个领养家庭来自同一个城市，或者拥有相似的社会经济地位、种族和文化背景。这样一来，就算没有一起长大，他们的成长环境也不会差太多。

更为重要的是，细微的基因差异有可能会因为环境影响而被显著放大。比如说，有些人也许是由于先天基因的缘故，在体育运动方面可能会比其他人表现得好一点，因此，他们可能更喜欢运动，也练习得更多。他们或许会被选为校队运动员，接受专业指导，水平突飞猛进。从这个角度来看，能力上微小的先天差异会因后天培育——不同的发展路径、不同的环境选择——放大为巨大的个体差异。这个道理可用于解释几乎所有细微的先天优势或秉性，比如有些人很早就学会了阅读，或者展示出了音乐或数学方面的天赋，或者是对各种事物都表现出好奇心。只要出现某种能力倾向，我们就会更加投入到这项活动中，更加享受这个过程，表现也更好，会因为获得的成就感而继续在这个领域深造。因此，我们总是会选择从事那些能发挥自身专长的活动，选择适合自己的环境，做那些我们本来就比较擅长的事。如此一来，细微的生物遗传差异轻轻地把我们推向某个特定的方向，通过我们自身的选择，这些差异不断放大与发展。这个现象在双胞胎研究中也存在。无论是共同成长还是被分开抚养，很多研究认为双胞胎身上之所以存在差异或者相似之处，都是他们的遗传基因造成的；但实际上，这反映的是，基因中原本微小的差异或相似之处后来被个体自主选择从事的活动与所处的环境一步步放大。

以下几个具体事例可以让大家了解这个过程是如何在现实生活中展开的。我们应该先看一看这个关于儿童年龄的差异，而不是基因优势的例子：儿童年龄的偶然差距给某些孩子带来了生理上的微小优势，这些优势后来会被放大，就像基因优势在后天变得越来越显著。

我们对儿童的入学年龄有明确的规定。举例来说，今年入学的学生必须在九月一日之前满五周岁。那么那些在九月一日之后不久满五周岁的学生明年入学时，就会比班级上那些当年八月底满五周岁的同学大出将近一岁。这些班上年纪最大的学生与其他同学相比，在发展上有细微但很关键的优势。研究结果表明，这些晚一年入学的学生在各方面的表现都会更好：学习能力较强、朋友比较多、经常被选为班干部，而且未来也更可能取得成功。[275]有项国际研究针对 16 个国家展开调查，在其中 10 个国家发现，就读小学的相对年龄对于考试成绩有长期的正面影响。[276]

过去，大家都认为之所以会出现这种现象，可能是因为夏天出生的孩子前一年冬天还在母亲子宫里发育，比较容易受到母亲孕期感染的疾病的影响。不过现在我们清楚地知道，不管入学年龄的界限卡在哪个月份，只要在班级里年龄较大，就会拥有长期的优势。如此微不足道的发展优势能在班级互动过程中被逐渐放大，就好像能力或者技能方面的细微遗传差异，会在个体主动选择外在环境或者被外在环境筛选时通过实践而不断放大。

这个现象也同样出现在职业冰球球员身上，一月到三月出生的球员数量比十月到十二月出生的整整多出一倍。[277] 图 6.1 显示的数据是美国和加拿大被挑选进入国家冰球联盟打球的球员的情况。青年冰球联盟（入选后就能接受集训，并获得其他比赛机会）的年龄限制一般设置在一月一日，所以在年初出生的选手普遍比年末出生的队友更高大、更强壮、更敏捷，也发展得更好。他们在起跑线上就已经领先其他人，有更多的机会加入精英培训计划、参加海外比赛、申请到奖学金，因此其发展道路就会有所不同。如今，大量研究已经在包括足球在内的至少 14 项其他运动中确认了这些过程的存在。[278][279]

运动能力或许比某些人预期的更能帮助我们了解与社会流动相关的能力。人们往往以为身体能力与心智能力毫无关联，不过近期有研究发现，运动能力靠的不仅仅是体能，能够在迅速变化的环境中快速处理外部信息也很重要。[280] 有研究发现，在一系列所谓“执行功能”的认知能力（包括工作记忆、心智灵活度

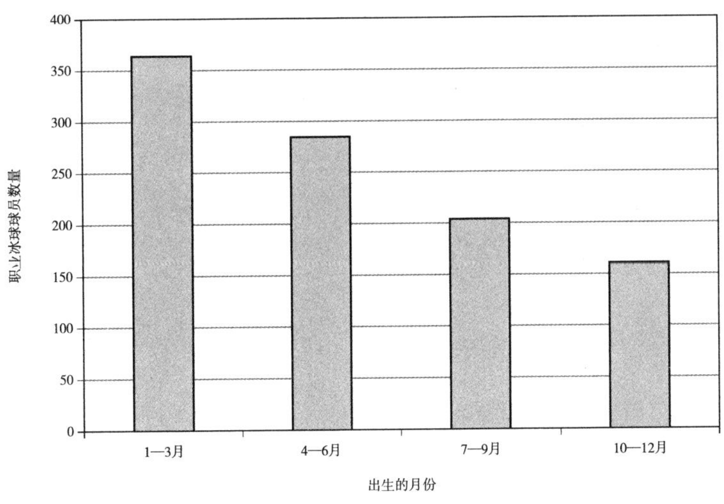

图 6.1：同年度里年初出生的选手更容易进入国家冰球联盟队伍。[277]

和自控能力）方面，无论是男性足球运动员还是女性足球运动员，联盟球员的表现比非联盟球员更优秀，而甲级联赛的球员又比乙级联赛的球员更优秀。同一项研究还发现，“执行功能”的测验结果也能够用来预测球员在比赛中的得分。这就提醒我们，不能随便说某个人仅仅是“四肢发达”，就好像他们的四肢不是由大脑指挥的一样。毕竟，我们不会说某位出色的小说家靠的只是好钢笔或者好键盘。

出生日期会影响学校或者球队的选人结果，而这种由某种原因造成的细微能力差异会通过每个人选择从事的活动逐渐变大。与此类似，由遗传基因造成的微小差异也会被不断放大。另外，从事某些活动有助于培养我们的技能或能力，不过，我们向来都忽略了这些活动的重要性。举例来说，或许某位钢琴演奏家的遗传基因确实带给了他一些先天优势，让他在小时候选择学习钢琴，并以钢琴演奏为职业，但决定其演奏能力的最重要的因素还是练习。

在某项活动上具有细微的基因优势或许会影响一个人的发展，因为我们会从比别人做得更好的事情中得到乐趣与满足，这使我们继续在具有最大的相对优势的领域中不断钻研——这是经济学的重要原理，或许对于生命进化来说也是如此。这种现象在兄弟姐妹中可能尤其显著。如果哥哥姐姐很爱运动，那你可能就会比较爱看书；如果他们很务实，那你可能就比较古怪。这种让兄弟姐妹区分彼此的机制或许能解释为什么有些研究发现，与在人群中随机挑出两个人相比，手足之间的相似度其实并没有特别高。[281] 事实上，我们替自己创造的主观定位比外在的实体更重要。

可塑的大脑

过去数十年的研究颠覆了我们对大脑（以及心智）究竟具有多大的可塑性与发展潜力的认知。目前，有几项研究通过扫描大脑证实，当我们通过各式各样的学习与实践过程锻炼心智的“肌肉”时,我们塑造了大脑的结构与功能。有一项著名的研究发现，伦敦出租车司机在习得专业知识之后（而非之前），大脑中主要用于三维空间定位的海马的体积变大了。[282]（为了取得驾驶执照，出租车司机必须通过严格的测试，包括在不看地图、不使用卫星导航系统、不通过无线电救助的情况下记住伦敦市内的 2.5 万条街道和 320 条主干道的位置。）与此类似，跟音乐爱好者与不懂音乐的人相比，职业音乐家的大脑结构也因为接受过高强度的训练而发生了变化。[283] 另一项研究发现，学习杂耍的志愿者的大脑在负责处理与存储复杂视觉运动的区域发生了变化。[284] 其他研究也在学习第二语言的人、打高尔夫球的人、跳舞的人、走钢丝的人，以及连续两周每天练习 15 分钟镜像阅读的人身上发现了类似的大脑变化。而另一项以备考的医学院学生为研究对象的研究发现，这些学生在吸收大量抽象信息后，大脑灰质的特定区域的结构发生了变化。[284]

毫无疑问，练习和训练能让大脑更好地适应我们从事的活动，从而使我们做得更好。建筑师、足球运动员、律师、心理学家、音乐家、细木工、警察、会计师、汽车修理工和艺术家的大脑都会产生某种改变以赋予他们特定的能力，有时候是强化了原先的能力倾向，而正是这种倾向导致他们对某个领域产生了最初的兴趣。不止年轻人的大脑是这样，中年人或老年人的大脑也会发生同样的变化。虽然大脑可塑性在老年阶段会降低，但研究发现，即使是老年人的大脑也还是会对大量的环境与训练刺激产生反应。[285—287] 人生会出现变化，而大脑则会有所响应。因此，童年时期的成长环境或者学校的糟糕教育条件造成的限制不会是永久的。

研究证据表明，通过智商测验测量的会带来经济与社会优势的“智商”，其发展方式与出租车司机、音乐家或者泥瓦匠的专业技能没有什么不同。我们到目前为止取得的对人类大脑可塑性的了解表明，无论是社交、艺术、数学、空间、语言、实践、音乐还是肌肉运动，所有这些方面的技能或能力的发展方式都基本相同。另外也不要忘了，大脑的发展同样会受到孕期压力、童年成长环境、后天培育、教育和校园生活、家庭环境、尊重与爱等各种因素的影响。

不同的环境

天生的能力决定了每个人在精英管理制社会中的地位，这样的观点是错误的。相反，儿童表现出来的能力以及他们长大后拥有的社会地位，都深受家庭社会地位的影响。至今已有数量众多的研究表明，贫困的生活会对儿童的认知能力造成损害。研究也有力地证实了，出身贫困家庭的孩子能力更低，这反映的是，贫穷导致家庭环境给孩子带来了更大的压力，而积极的激励却更少。这些针对贫困家庭儿童开展的研究表明，他们之所以在认知方面有缺陷，是外在因素造成的，并非与生俱来且不可改变。

有一项最近的美国研究使用磁共振成像技术扫描了（最多达七次）一些年龄在五个月到四岁之间的儿童的大脑。在比较了来自高收入、中等收入和低收入家庭的儿童后发现，低收入家庭的儿童大脑灰质（包括神经细胞、树突与突触，是负责认知、信息处理和行为调节功能的重要区域）体积较小。虽然在五个月大的婴儿身上，大脑灰质不存在明显的规律性差异；但在四岁大的儿童身上，家庭条件较差的儿童与来自最富裕家庭的儿童相比，其大脑灰质体积小了 20%。这种差异无法用出生时的体重、婴儿期的健康状况或者出生时的头部尺寸来解释。同时，产妇抽烟、孕期酗酒、生产并发症、显著的语言或学习障碍，以及其他风险因素也在研究初期就被排除了。而随着这些儿童长大，在贫富悬殊的环境中生活了一段时间之后，他们大脑灰质体积的差异也会变得越来越显著。[288]

其他研究也证明，如果这些儿童的家庭长期处于贫困中，相对贫困对儿童认知能力发展的伤害也就更大。关于英国千禧一代的研究数据显示，生长在贫困家庭的儿童不仅在三岁、五岁和七岁的时候认知能力较弱，而且如果他们持续生活在贫困的家庭环境中，贫困对其认知能力的影响就会更为显著。[289]20多年来，已经有许多研究证实，一个家庭的相对贫困状态持续得越久，儿童认知发展受到的损害就越大。[290][291]有研究发现，家庭收入对三岁儿童的认知发展水平造成的影响比其他因素要大，包括母亲是否患有抑郁症，或儿童是由单亲、双亲还是同居伴侣抚养长大。[292]

贫困之所以会损害认知发展，似乎是由于压力与缺乏心理激励。有一项研究提取七个月、十五个月和两岁大的幼儿的唾液，并测量了唾液中压力荷尔蒙皮质醇的浓度。研究发现，贫困家庭的儿童认知发展受限，跟他们体内皮质醇的浓度相关，这表明贫困的影响主要是通过压力造成的。[293]在另一项研究中，研究人员分析了儿童受到的心理激励、父母的教育方式、物质条件水平和儿童的健康状况。他们发现，这些因素可以充分解释贫困对认知发展的影响。[294]许多研究指出，如果贫困家庭的儿童能够享受针对父母与儿童的社会福利服务，比如美国的“早期开端计划”，那么他们的表现就能有所改善，贫困造成的影响也能因此抵消，而这证实了心理激励的重要性。[295]

如果父母因为不平等的影响，无法保证孩子能在资源丰富、心理激励充足的发展环境下成长，孩子就可能会错过某些关键的发展阶段，之后的学习成就也会受到影响。如图6.2所示，在美国，父母从事专业性职业的儿童与劳工阶级家庭或领取社会救助金的家庭的儿童相比，在童年早期接触到的词汇量明显比较大。

教育不平等是社会经济不平等的结果，而不是其原因，对这一点的最引人注目的解释来自一系列针对英国儿童展开的研究。这一系列研究长时间跟踪记录这些儿童的学习表现，比较了来自不同社会背景，取得了较高成就与较低成就的儿童。这些研究最

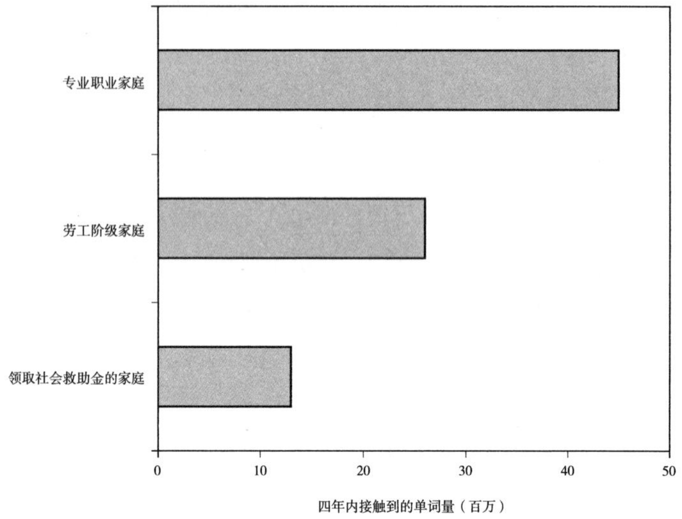

图 6.2：来自劳工阶级或家中领取社会救助金的儿童，接触到的单词量比父母是专业人士的儿童要小。[296][297]

近得出的结果显示在图 6.3 中。[298] 研究者比较了来自富裕家庭和贫困家庭的儿童在学习上的长期表现。他们都在 7 岁时接受了第一次测试（测试结果以高、中、低标示在左侧），图表中的曲线代表他们的学习进展，分别记录了他们在 11 岁、14 岁、16 岁、18 岁以及读大学期间的表现。

无论最初的测试结果如何，随着他们逐渐长大，家境贫困与家境富裕的儿童在学习表现上的差距会越来越大（实线与虚线之间的距离）。家境最富裕的儿童要么一开始就能取得相对不错的成绩，要么会逐渐提高自己原本偏低的分数，因为教育会改善他们的学习表现。相比之下，家境较差的儿童即使一开始的测试成绩位于中上等，此后也会慢慢退步。贫困的生活环境造成的影响是如此之大，以至于家境富裕的儿童虽然七岁时测试成

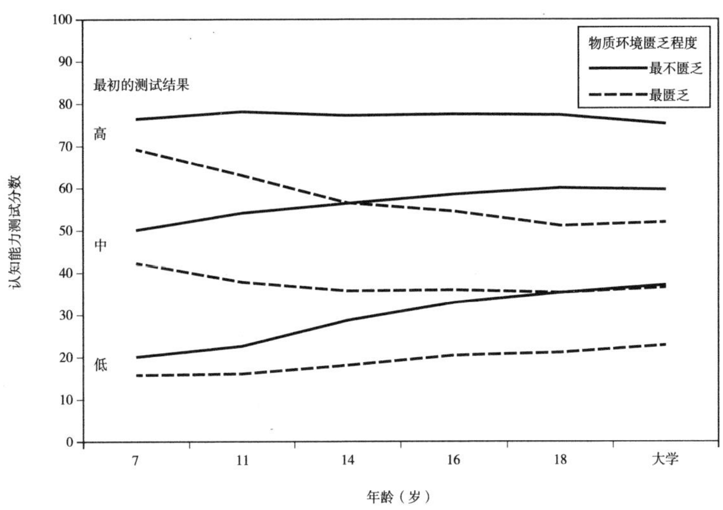

图 6.3：家庭背景如何随时间的推进影响儿童的学习表现。[298]

绩处于中下等，但他们最后能超越，或至少赶上那些家境贫困、一开始表现更好的儿童。我们应该记住，图 6.3 的年龄起点为 7 岁，而在此之前，家庭环境已经对儿童的认知能力发展造成了深远影响。[289]

总而言之，图 6.3 显示出，是家庭环境而不是人们一直以为的“先天”能力影响了儿童的长期学习表现。经济合作与发展组织关于适应力的研究发现，在某些国家中，最多有 70% 的贫困儿童在学习上具备适应力；但是在英国，仅有不到四分之一的儿童能克服家庭社会经济地位的限制，取得超出预期的学习表现。[299] 结合图 6.3，很显然，认知能力发展与智力上的差异是不平等的结果，而非其原因。

不平等也会对教师产生影响

贫困的家庭环境会对儿童智力发展产生巨大影响，这一点毋庸置疑，同时它也反驳了这样一种观念，即一些人生来聪慧，而另一些人生来愚蠢，没有什么办法可以改变。虽然每个人的认知能力都可以进一步提升，但学校经常会成为社会筛选的工具，幼儿时期能力中的微小差异不断扩大，直到最终成了成年时期职业与阶级差异的基础。

布里斯托大学的研究人员曾经比较过给本班学生打分的老师和不知道自己在给谁评分的全国考试阅卷者。[300] 研究发现，学生班级的老师会一直给那些来自贫困社区的学生打低分，而给来自富裕社区的学生的分数则较高。老师给黑人学生打的分数也普遍较低，而给印度裔或华裔学生获得的分数则偏高。研究人员认为，这些发现表明存在无意识的种族与阶级刻板印象。他们还发现，这种区别对待的打分在黑人学生或者贫困学生数量较少的区域更加明显。这种学生的学习表现取决于教师的期望的现象被叫作“皮格马利翁效应”，在 20 世纪 60 年代后，许多研究纷纷证实了这种效应的存在。[301][302] 这种现象不仅存在于美国、英国这样的富裕国家；最近有一项印度的研究发现，老师在阅卷时会给他们认为种姓等级较低的学生打低分。[303] 我们不是要批评这些老师，而只是想强调无意识观念的存在。

剑桥大学的戴安娜·雷伊教授认为社会阶级是“跟在英国学校后头的僵尸”，她指出，英国的教育制度从未恰当地处理社会阶级的问题。[304] 那些普及高等教育的努力更多地帮助了中产阶级的儿童，而不是那些更穷困的儿童，后者经常被看作“缺乏良好文化背景、能力不足的学习者”。[305] 在第 5 章里，我们分析了不同国家中居民的贫困经验，受访者经常觉得学校是“社会分层的工具”。[253]雷伊在许多论文和近期出版的著作《错误教育》[306]中指出，许多工人阶级的儿童觉得自己不适合读书学习，在学校也不被尊重和重视。他们觉得老师瞧不起自己，让自己看起来很蠢，被当成傻瓜。教师培训过程通常不会让受训者有能力思考社会阶级、社会经济地位及不平等与教育之间的关联。然而，人们期望学校、课堂和辛劳的老师能够在贫困与不平等的社会环境(这是他们无力解决的问题)中，克服教育的不平等。雷伊总结道：“我们不能坐着等待好运降临，希望教师可以自己明白社会阶级在教育中的影响，如此他们就会了解班上的学生拥有不同的阶级文化背景。”[304]

数十年来的研究证明，较低的社会经济地位意味着“一系列对于儿童的健康、认知能力和社会情感的影响”。[307]研究表明，如果孩子在入学时对学校的适应能力与认知能力发展落后于他人，那么即使学校可以提供良好的教育，他们还是很可能在以后的学习上遇到困难。[308—313]如果孩子们没能为上学做好准备，那这对学校及其全体学生，包括每一个贫困学生，都是不利的。个体的生活道路与幸福面临的挑战会因此变得更加艰巨。

刻板印象造成的威胁

儿童的发展不仅仅受到外在世界的影响，比如贫困的生活环境或是他们可能在学校里遭遇到的社会划分。此外，似乎还存在另一种自我污名化的过程。我们在第1章中讨论过，地位划分——对他人如何看待你的地位的意识——会影响身体、心灵和情绪。我们也知道了，那些涉及“社会评价威胁”(对自尊或者社会地位的威胁）的任务会给人带来特别大的压力。[58]《公平之怒》的第 8 章提到了一项研究，该研究表明：儿童解决谜题的才能会受到社会地位划分的影响。在世界银行公开的一项实验中，一群出身于不同种姓等级，年龄介于 11—12 岁之间的印度男孩在知道彼此的种姓之前，其破解谜题的能力是差不多的。但当参与者知道了彼此的种姓后，种姓等级较低的那些男孩的表现就会大幅降低，不同种姓之间出现了巨大的差距。[314] 现在已经有上百项关于此过程的研究(大多数基于实验)。[315][316] 这些研究发现，只要让实验者稍稍感觉到自己属于刻板印象中考试能力较差的那类人，或者在实验参与者通常被认为能力不足的领域让任务的难度看起来超出了他们的能力水平，这些参与者的表现就会因此变差。比如说，如果孩子们被告知他们接受的是测量智力水平的测验，而不仅仅是一项“普通测验”，那社会经济地位较低的孩子表现得就会差一些。[317] 有研究表明，类似的过程也影响了非裔美国学童和大学生。[318] 当黑人学生和白人学生被告知他们接受的测验是用来测量智力水平的时候，黑人学生的表现就会变差，没有当他们认为这是一份用于研究问题解决过程中涉及的心理因素的问卷时那么好。智商测验让黑人学生意识到了对于非裔美国人的刻板印象。

性别刻板印象也已被证明会影响女性的能力表现。女性在看了很多充斥着针对女性的刻板印象的电视广告后，她们在能力倾向测验中就会更加倾向于选择语言问题，而不是数学问题，并且不太会偏好那些定量的学习与职业领域。[319] 还有的研究发现，如果事先告知老年人衰老会对记忆能力造成影响，那他们在记忆测验中的表现就会变差。[320]

为了研究如果不存在一般的刻板印象，这种效应是否还会出现，研究者比较了两组白人男性的数学测验分数，这些白人男性都很擅长数学。但是，其中一组被告知，这次测验的目的是要研究为什么在某些测验问题上白人的解题表现没有亚洲人那么好。尽管这里不存在现成的污名化印象，但这种做法已经足以对能力表现造成负面影响。[321]

刻板印象造成的威胁似乎主要源于增加的焦虑感，焦虑会降低注意力和处理当前问题的心智能力。那些极为在意自己被污名化的身份，或是接受了与自己的身份认同紧密相关的测验的人会感受到更强烈的焦虑。[322] 比如说，研究发现，非裔美国人在面对与智商测验相关的刻板印象威胁时，其血压会比欧裔美国人更高。[323] 很多研究已经证明，人的工作记忆能力在他们面临刻板印象威胁时会因为这样一些因素降低，比如心理压力增加、更加在意自己的表现以及试图克制负面思想——所有这一切都会削弱处理问题的能力。[324][325]

这类研究表明，我们对于地位差异极为敏感，并且地位差异具有巨大的影响力和危害性——它们会驱使人们遵从刻板印象。研究还解释了为何家庭收入对儿童认知能力发展的早期影响在儿童未来的求学过程与职业生涯中依然难以消除。

本章提供的证据表明，将社会等级视作对先天能力差异的反映根本站不住脚。不同社会等级的人在能力上确实存在差异，但这些差异是社会等级的产物，而非其来源。有些人认为社会的成功发展依靠的是早早地确认哪些人生来就具备天赋，然后重点对这些人进行培养，就好像他们是珍稀的自然资源，然而这种观念与事实背道而驰。那些教育系统就是基于这样一种根本的误解将有天赋和没有天赋的孩子划分开来的，他们之间的差异被当成了固定不变的。与之相反，我们的目标是去除造成表现不良的原因，从而最大限度地发挥所有人的天赋与能力。

我们在本章前面提到过几篇谈论贫困影响的论文，它们关注的是与社会中其他人的收入相比的相对贫困，通常指低于全国收入中位数的60%。这些论文展示的效应不仅仅限于穷人。穷人的表现一般来说是最差的，但通常收入等级中每一个层级的表现都不如更高的层级。所以，那些揭示了贫困儿童大脑灰质的发育速度较为缓慢的研究同时也表明了，高收入家庭儿童与中等收入家庭儿童之间的差距，和中等收入家庭儿童与低收入家庭儿童之间的差距差不多大。与之类似的是，在图6.2中，我们不仅可以看到来自领取社会救助金的家庭的儿童与来自劳工阶级家庭的儿童相比，他们接触到的单词量更小，也就是说他们更少与人交谈；但是，来自劳工阶级家庭的儿童接触到的单词量比父母从事专业性职业的儿童更小。问题不仅仅是穷人的表现与其他人相比怎么样，更重要的是在整个社会等级中，地位越低的人表现越差。

这里潜藏的问题其实是上一章提到的人类对社会地位与等级的高度敏感。那么，本章的核心问题是，人们把能力、天赋与智力的差异看成社会金字塔的基础，但这些差异究竟是与生俱来的，还是根源于影响我们生活环境的阶级与收入差异？现有的证据有力地表明后者才是真相。接下来，我们将会看到，在那些收入差距较大，社会地位的影响力也因此较大的国家中，儿童的发展与教育受到的一系列负面影响更为严重。

“越是不平等，就越糟糕……”

正如我们所预测的，图6.4表明，收入差距较大的国家在教育成就方面差距也较大，教育成就是用读写能力来衡量的（经合

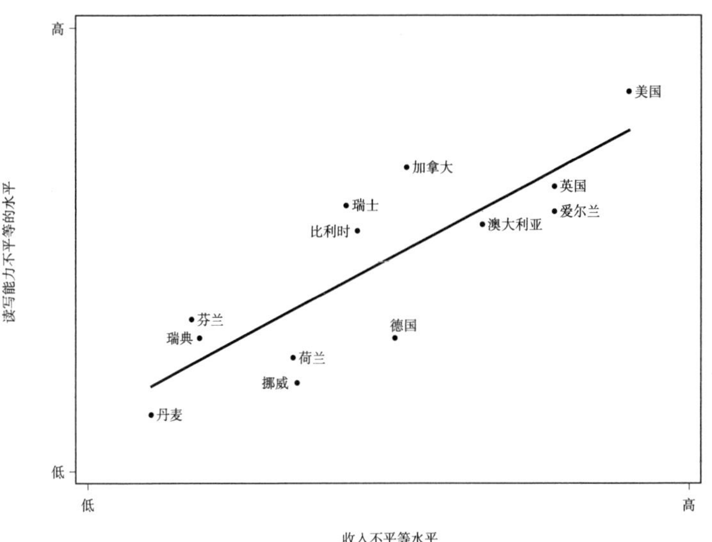

图 6.4：收入不平等与教育成就的巨大差异相关。[327]

组织 2014 年的一份报告显示，有 20 个国家呈现出了相同的联系[326]）。这是一项有力的证据，证明了社会地位差异对教育成就造成的影响。收入差距越大，教育成就就越强烈地受到地位差异的影响。

社会中较大的收入差距不仅会扩大学习表现上的不平等，而且还降低了整个社会中儿童的教育成就。2006 年，我们在《柳叶刀》上发表了一篇论文，论文指出在 2003 年的国际学生评估项目（PISA）的数学与读写能力测验中，各国的平均得分与富裕国家的收入不平等有很大关系（图 6.5）。[328] 在《公平之怒》中我们指出了，在美国 50 个州中，八年级学生（13—14 岁）的教育成就与各州的收入不平等情况有相同的联系。

收入不平等会影响整个社会的教育水平，因为更大的收入差距会降低各个社会等级的教育成就。数据显示，收入不平等与教

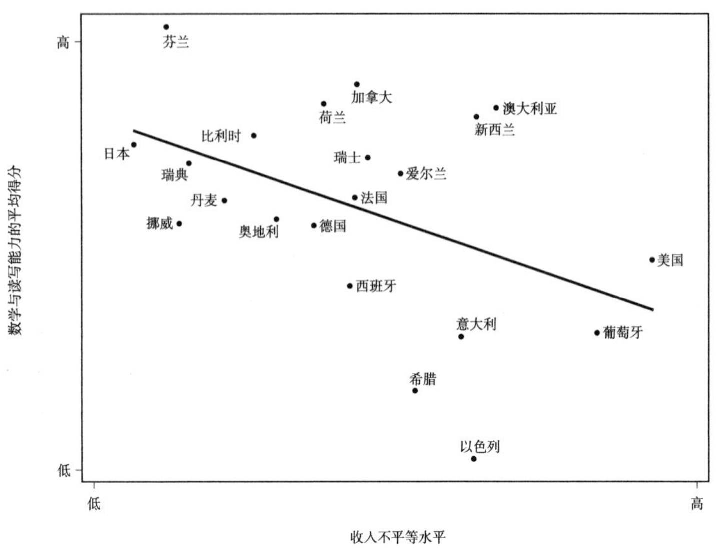

图 6.5：在贫富差距较小的富裕国家，人们的数学与读写能力较强。[328]

育水平之间的关系涉及整个经济等级结构，降低了绝大多数儿童的教育成就。然而，教育成就的差异在社会底层最为明显，不平等对社会底层造成了最大的伤害。社会梯度的陡峭程度是影响平均教育成就（即全国的教育水平）的一个关键因素，而收入差距越大，社会梯度就越陡峭。

经合组织和加拿大统计局已经证明，在发达国家中确实存在这种模式。[327] 按照收入不平等水平对国家进行分组，15 岁儿童的识字率在较为平等的国家往往更高，而且这些国家中几乎所有的社会经济群体的识字率都高于国际平均水平：在更平等的国家,识字率的社会梯度更平缓。国际成人能力评估项目（PIAAC）2013 年的一份报告显示，成人识字率也呈现出相似的社会梯度模式。[329]2010 年，经合组织对 65 个国家的 PISA 成绩的分析再次表明，儿童的教育成就梯度（按父母的社会经济地位分类）在更不平等的国家往往更加陡峭。[330]

最近的一项研究比较了三组分别来自英国、澳大利亚和加拿大的儿童 5 岁时的“语言认知能力”。[331] 就 5 岁的儿童来说，就像 PISA 数据中 15 岁的受试者一样，在这三个国家中，陡峭的社会梯度呈现出的模式与该国的收入不平等水平一致。在英国，父母受教育程度或收入水平较低的儿童落后于同龄人的情况最严重，而在这三个国家中，英国是最不平等的。其他研究人员还比较了美国、英国、加拿大和澳大利亚在读写能力方面的不平等，并证明在英国和美国这两个最不平等的国家，这种差距更大。[332] 这两个国家在整个社会梯度上的平均教育成就都比较低，但这在最贫穷的人身上最为常见，他们是受影响最大的群体。

在本章前面提到的 2012 年的一份报告中，经合组织的调查显示，有些国家似乎试图提升儿童和家庭的“适应力”，也就是说，儿童超越给定的家庭社会经济地位的限制，获得比预期更高的教育成就的能力。[299] 在适应社会经济背景的弱势学生比例方面，英国的表现低于经合组织国家的平均水平。相反，经济不平等水平较低的国家，比如加拿大、芬兰和日本，总体表现较好，而且在这些国家中，无论拥有怎样的社会经济背景，孩子的表现都很好。在中国，超过 70% 的贫困儿童在学习方面具有一种适应力；而在英国，只有不到四分之一的贫困儿童在学业上能克服家庭背景的限制，表现超出预期。

美国和英国在继续教育的成果方面也落后于其他国家。除了 PISA 分数，联合国儿童基金会的一份报告还研究了在 2009/2010 年，中断全日制教育的学习，被归类为“不上学、不工作、不参加就业培训”（NEET）的 15—19 岁青少年的比例。相比许多富裕国家，美国和英国的年轻人更容易成为 NEET 一族，其比例在 33 个国家中分别排名第 25 位和第 27 位。[333]

还有许多因素将不平等与糟糕的教育成就联系起来，其中有两个非常突出。第一，遭受霸凌的经历会严重损害受害者的自尊心和学习成就。在第 5 章中，我们提到了加拿大心理学家弗兰克·埃尔加和他同事的研究。他们发现，霸凌他人和成为霸凌受害者的频率存在的巨大差异与不平等有关。[233] 我们还发现，报告同龄人不友善、不乐于帮助别人的儿童的比例在较为不平等的富裕国家要高得多。[189] 不平等与霸凌之间的关系很像不平等与谋杀之间的关系，这可能是因为儿童与成年人一样身处地位划分和充满暴力的社会环境中，也会受到类似的影响。[344] 青少年凶杀率与成年人凶杀率一样，与收入不平等相关。[335]

另一个将不平等和教育成就联系起来的因素是家境较差的儿童的高中辍学率。在《公平之怒》中，我们指出了美国 50 个州的高中辍学率和不平等之间的强关联。[1]

我们可以从儿童福祉的衡量标准中看出不平等对儿童生理和认知能力发展造成的最根本的影响。正如我们在第 4 章中提到的那样，联合国儿童基金会专门编制了一个指数来衡量富裕国家的儿童福祉水平。这些数据汇集了儿童福祉的大约 40 个不同方面，例如：儿童是否觉得自己可以与父母交谈，他们家里是否有书，儿童的疫苗接种率，以及饮酒率、吸烟率和青少年生育率的高低。在《英国医学杂志》的一篇论文中，我们提出，2007 年联合国儿童基金会指数及其大多数组成要素与收入不平等的关系比与平均收入的衡量指标的关系更密切。[189] 第 4 章图 4.3 使用的是 2013 年联合国儿童基金会报告中的数据，显示了同样的关系。[190] 我们还说明了，如何通过使用两份报告中都涉及的 20 个衡量指标——包括数学与读写能力、科学素养、继续教育参与

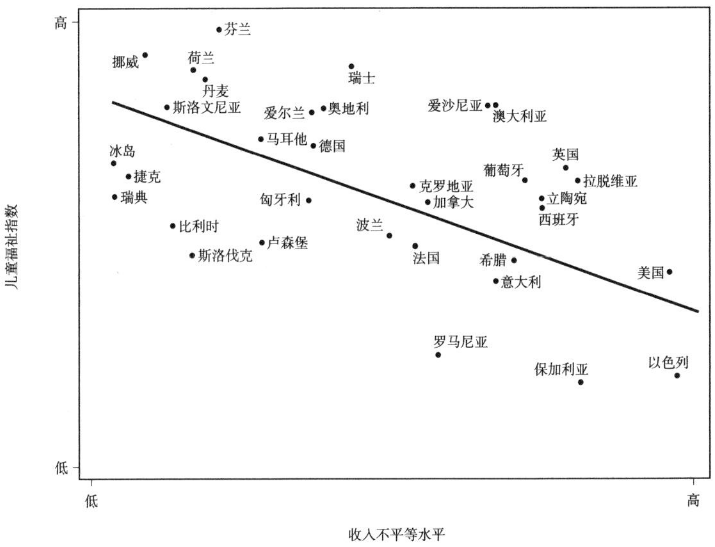

图 6.6：2016 年，联合国儿童基金会报告显示，富裕国家的儿童福祉指数更低，这与更严重的收入不平等存在关联（注：土耳其的儿童福祉指数非常低，不平等水平非常高，未在图中显示）。[336]

率及 NEET 一族比例等——比较 2007—2013 年期间，儿童福祉发生的变化。[190] 我们发现了一种统计学上的显著趋势：一个国家 2000—2009 年间收入不平等水平发生的变化会反映在不久之后儿童福祉水平产生的变化中。图 6.6 使用的是 2016 年联合国儿童基金会报告的数据，显示了这种关系的持续性。

攀爬社会阶梯

我们现在对能力的个体差异从何而来、儿童的生活环境如何影响他们随后的认知能力发展，有了更清晰的认识。正如我们所见，收入和地位差距是影响个体层面面对的问题的核心因素，但更大的收入差距也会降低整个社会的教育成就。我们已经多少了解了这些问题背后的运作机制，它们如何影响整个人口中的绝大多数人，以及为什么对社会底层的伤害最大。本章提供的证据不仅表明，认为社会等级反映了智力的先天差异是错误的，而且还证明了，能力差异在很大程度上反映了而不是决定了社会阶层的不同。简而言之，能力与社会地位之间存在的因果关系与通常用来维护特权的观点是相反的。

决定性的证据也许在于图 6.7 显示的明显趋势，即不平等水平越高的国家，社会流动性越低；换言之，在收入差距较大的国家，孩子们享有平等机会的可能性更小。结果的不平等与平等机会之间的关联并不简单。图 6.7 中的数据也显示了代际间的收入流动性——孩子出生时父母的收入与孩子 30 岁时的收入之间的对比。父母收入与其成年子女收入之间的相关性表明了在多大程度上富裕父母的孩子长大后会成为富人，而贫穷父母的孩子长大后会成为穷人。美国和英国的情况尤其糟糕，已经有很多论文对过去的半个世纪里，这两个国家社会流动减弱或停滞的程度及其成因进行了分析。[337–341] 该图表证明了，身处不利的低下地位对家境较差的儿童的生活机会和发展造成了持续的负面影响。

渗入家庭生活的不平等

我们在之前已经看到，学校不仅没有为贫困儿童提供发展机会，反而进一步加剧了不平等对他们造成的伤害。但是，在这些孩子开始接受教育并融入社会之前，社会的不平等是如何深深地在家庭生活中扎根，以至于从人生早期就开始影响儿童的能力发展和成就的？答案的一个关键点在于，不平等会影响家庭生活和

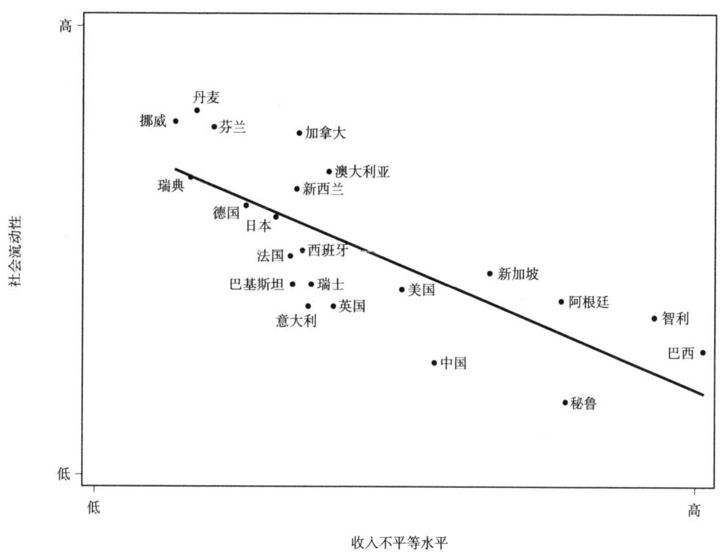

图 6.7：在收入不平等水平更高的国家，社会流动性更差。[337]

人际关系的质量，从而削弱父母和看护者为儿童的发展和福祉提供最适环境的能力。学习从出生就开始了（甚至可能更早），生命的最初几年对大脑发育来说特别关键。一个能提供激励的社会环境是早期学习必不可少的条件，婴幼儿需要交谈、关爱和互动。他们需要玩耍和探索世界的机会，需要在安全范围内得到鼓励，而不是处处被限制。

在收入不平等更严重的社会中，会有更多的父母身上存在精神健康问题，包括抑郁症、焦虑症、滥用药物和酗酒——这些都是众所周知的阻碍儿童发展的风险因素。[59][189] 即使是轻度到中度的抑郁症和焦虑症都会对家庭生活产生严重影响。低收入家庭的儿童会经历更多的家庭冲突和混乱，更有可能目睹或经历暴力，并且生活在更拥挤、更嘈杂、不合标准的住房中。[342] 美国的一项研究发现，在收入不平等更严重的州县，儿童虐待率也更高，即使考虑了父母的教育水平、福利水平，儿童贫困率及儿童虐待率在州的层面存在的差异，还是可以得出这个结论。[247]一些家庭在面临贫困时，会更多地使用惩罚手段或冷漠的态度来养育孩子，甚至还会无视或虐待他们。[343][344]收入不可避免地会影响家庭生活的质量、家庭面临的困难，以及人们处理这些困难的能力。[345]另一项美国研究表明了不平等对婚姻造成的损害，在一些州县中，离婚率的上升与收入不平等水平的持续提高有关。[346]

然而，正如政治家和媒体评论员有时断言的那样，不平等的影响不能用家庭破裂来解释。尽管在一些较不平等的发达国家，比如英国，生长在单亲家庭的儿童确实面对着不利的环境，但我们发现，在国际范围内，联合国儿童基金会衡量儿童福祉的指标与单亲家庭的普遍程度之间没有显示出关联性。[1]在更平等的发达国家，例如北欧国家，慷慨、普遍且有针对性的家庭资助和服务可以显著减轻单亲父母的贫困状况。并且，正如凯瑟琳·基尔南教授和其他人所发现的那样，有害的是大多数单亲父母的贫困境遇，而不是单亲家庭本身。[292]

正如我们看到的，收入不平等提高了地位的重要性，从而使收入和地位竞争越发激烈。消费日益成为衡量个人价值的标准，因此，在更加不平等的社会中，人们的工作时间更长，并积累了更多的家庭债务。[199][347]联合国儿童基金会的一项定性研究对比了不平等水平存在显著差异的三个国家中家庭生活和儿童福祉的状况，研究报告（在第 4 章中引用过）明确地阐明了，不平等会导致家庭生活时间缺乏，以及债务压力。[192]

这里需要强调的是，家庭关系和抚养子女方面的困难当然不仅仅存在于那些不太富裕的家庭中。在针对 2000 年和 2001 年出生的儿童进行的一项大型研究中，与社会顶层的母亲相比，即使是处于第二阶级的母亲，也更有可能反馈说自己作为家长不够称职，或者无法与孩子建立良好关系。[1]

我们在前面的章节中看到的证据表明，不平等会增加成年人的身份焦虑[57]，降低团结程度[39]与友好程度[105]，还会导致更明显的“自我提升”倾向，也就是说声称自己比别人更好。[112]我们能预料到，孩子们会察觉这一切，并意识到在整个社会中存在的地位差异，因此不可避免地会受到不平等的成长环境的影响。不同的孩子会在不同的年龄阶段察觉到阶级和地位差异，但研究发现，当他们小学毕业时，孩子们就已经能够按照衣着、房子和汽车等指标对职业进行等级划分，判断一个人属于哪一个社会阶级。[348][349]

补救残局？

2014年11月，牛津大学的丹尼·道灵教授在《泰晤士高等教育》中评论了收入不平等和受教育程度之间的关系：

> 根据经合组织的评估……在六个富裕国家中，人们的计算能力与该国家的经济不平等水平呈现出近乎完美的反比关系。因此，在富人聚敛了大量财富的地方，年轻人更加难以理解，为什么收入中位数和平均数之间会存在如此大的差异。[350]

这一点既具有讽刺意味，又颇具深意。要理解经济不平等——收入和/或财富的不平等——就需要理解有关分配的统计数据。在不平等问题比较严重的国家，很少有年轻人理解收入分配是怎样衡量的。

公共健康领域的研究者为了教给学生研究人口健康的不同方法，经常会用到一个比喻。学生们被要求想象一处悬崖，一直有人从这里跌落。如果有一辆救护车等在悬崖底部，那么跌落的人可以迅速被送往医院治疗，但这是一种花费巨大的方案，而且许多人仍然会失去生命。或者，我们也可以想象，在悬崖的半腰处设置一张安全网，这样大多数人所受的伤就会减轻。这类似于使用药物来调节高血压、糖尿病等慢性病——这在医疗领域被称为二级预防。而一级预防就像在悬崖顶上设置障碍，阻止人们跌落，例如通过让人们戒烟和参加运动来减少肺部疾病的发生。但是这些策略都不能从根本上阻止人们奔向悬崖。如果我们能阻止人们这样做，就不需要后来这些仅仅是部分有效的预防和治疗策略了。

与救护车和悬崖的比喻对应的教育问题是，教育政策和干预措施本身不能解决贫穷和不平等问题，而它们是导致教育成就不理想的根本原因。一级预防包括童年早期的干预，如英国的“确保开端计划”和美国的“开端计划”。二级预防包括出台这样一些政策，比如英国的学生补贴（给有很多来自贫困家庭的学生的学校提供额外资金），还有密集的补救性教育干预，可以用来帮助那些在现有的教育系统中表现糟糕的儿童。这些策略和方案都花费巨大，而且从来都只是在一定程度上有效。然而，除非教育不平等的根本原因得到解决，否则这些策略和方案仍有继续存在的必要。

虽然贫困会对儿童的个体学习能力和在校表现产生负面影响这种观点相对来说没有争议[207]，但社会不平等的影响却不太为人所知，尽管它还降低了平均受教育程度，增加了教育结果中的不平等。富裕国家的绝对贫困水平很低，但是有些儿童仍然缺乏足够的营养食品或合适的住所。（在一些国家，比如英国，这些数字正在增加。）相比之下，相对贫困则很普遍。[351] 根据政府的统计，英国在 2015/2016 年有 400 万儿童，也就是 30% 的儿童，生活在相对贫困（收入低于家庭收入中位数的 60%）中，在一些地区，这一比例上升到 50%—70%。[352] 这些儿童中有三分之二生活在至少有一个成年人工作的家庭中。随着单亲父母就业比例提高，低收入家庭获得的补助金增加，在 1998 至 2012 年期间，儿童贫困率急剧下降。但从那时起，绝对贫困率和相对贫困率都有所上升。据预测，到 2020 年，将有 470 万儿童生活在相对贫困中。[353] 美国根据联邦政府设定的阈值来衡量贫困状况，为的是提供一个绝对标准。1964 年设立贫困线时，贫困标准是收入低于美国收入中位数的一半左右，但现在大约是 30%。[354] 然而，超过 20% 的美国人报告说，他们有时无法负担自己或家人的食物，20% 的儿童生活在联邦贫困线以下。[355] 对相对贫困的测量表明，大约 30% 的美国儿童生活在相对贫困之中。

较低的相对贫困率在国际上被公认为是衡量生活福祉的基准。2015 年，英国政府试图制订新的法律，不再将家庭收入作为衡量儿童贫困的指标，并以失业、受教育程度、家庭破裂、债务情况、药物和酒精成瘾等指标来代替。这在当时被指责为试图将贫困的后果重新界定为贫困的原因，而在与上议院进行一番斗争后，政府退缩了，同意继续报告物质匮乏水平的测量结果。如果政府成功地改变了贫困的定义，就无法说清它的政策到底是增加还是减少了儿童贫困。

假设在教育上花更多的钱将有助于缓解贫困、匮乏和不平等这些不利状况，这似乎是合理的。为了验证这一点，研究人员考察了国民收入、收入不平等和政府教育支出与青少年教育成就的关系。[356]他们使用了经合组织的数据，涉及24个国家5000多所学校的近12万名学生。在排除了学生和学校的个体差异后，他们发现，较高的人均国内生产总值（衡量平均收入和生活水平的指标）对教育成就只有很小的有利影响。相反，收入不平等对这些青少年的识字率有很大的负面影响，而教育开支的多少则没有影响。无论是经济增长还是将增长收益分配给公共教育，似乎都不是改善教育成果的灵丹妙药。

芬兰提供了一项案例研究，说明了如何改善教育状况和儿童的生活机会。从童年早期到16岁，芬兰拥有一整套不做任何筛选的学校系统，而芬兰学生在国际PISA测验中的得分始终很高。[357]芬兰大约在40年前对其教育系统进行了全面改革，使其转变为一个完全综合性的学校系统。它还改善了教师培训的质量，提高了教师职业的地位：现在所有教师都拥有硕士学位，并且在国家课程框架内，拥有很大的自主权决定教什么和如何教。与许多其他国家相比，儿童入学年龄更晚，接受的标准化测试较少，并且在上学期间有更多的休息时间。在教育成就迅速提高后，芬兰在2000年、2003年和2006年的PISA排名表上名列第一，2009年名列第三。尽管在2012年排名略有下降，但它仍然是欧洲表现最好的国家。与其他欧洲国家相比，芬兰还拥有更高比例的强适应力学生（他们能克服家庭背景的限制，表现得比预期更好）。

瑞典曾经被视为高质量教育的典范，但后来，其PISA排名急剧下降，教育不平等加剧。在20世纪90年代，瑞典开始经历极速扩大的收入不平等。尽管国际数据有力地证明了，综合教育可以缩小教育不平等的差距[299]，但瑞典开始允许私立学校（“免费”）与公立学校同时竞争政府资金。经合组织 2015 年的一份报告敦促瑞典进行“全面的教育改革”，限制父母和学生的选择，以恢复他们以前的高教育标准。[358]该报告呼吁提高教师工资、提升培训质量、更严格地检查学校，以及专注于让移民融入教育系统。瑞典的儿童福祉水平也出现下降，这与收入不平等的加剧密切相关。[190]

教育机构充其量只能部分抵消社会中更广泛的不平等对儿童造成的伤害，但至少它们可以避免增加这种伤害。学校对能力的定义必须比过去更为宽泛。它们的目标应该是让儿童接触形式多样的活动，使他们都能发现自己特别擅长的东西，从而乐在其中。发展符合先天倾向的特定能力有很多益处，而限制几乎所有能力发展的最大阻碍是一种糟糕的文化氛围，在这种文化里，儿童觉得无论在哪个学习领域自己都是失败者，并且通常会察觉他们在社会上也是低人一等的。

麦片和玉米片

现在人们普遍认为，如果一个人的家庭所属社会阶级较低、教育和收入水平也不高，那么可以据此预测，其在所有年龄段的学业表现可能都不太好。[307]梅利莎·本和菲奥娜·米勒在她们的报告《综合体制的未来》中得出结论，“英国学校面临的最大问题之一是贫富差距，以及儿童的家庭背景和他们在教育中拥有的社会文化资本的巨大差异”。[357]美国学校或任何不平等现象极为严重的社会中的学校也是如此。本和米勒写道：“综合体制的理想很强大，挑战了那些根深蒂固、往往无意识的观念，这些观念与阶级背景、动机、先天能力以及哪些人‘值得’或‘不值得’接受良好教育有关。”当然，在不同的学校系统和教育政策头上还有不平等的沉重负担。这种负担越重，阶级和地位就越重要，儿童的生活机会以及教育成就和结果方面的不平等就越严重。

在我们逐渐了解儿童的健康、发展和幸福感如何受到超出他们或他们家人控制的力量影响后，摇晃社会这个盒子时，最聪明的玉米片总能向上移动的笑话似乎既不恰当，也不准确。特权产生特权，在更加不平等的社会中更为突出。不平等与贫困一样，会造成代际劣势循环，造成大量人类能力、才华和潜力的浪费。

第 7 章

阶级行为

“那个男人并不高我们一等——他只不过是我们的上司罢了。”

要弄清楚为什么收入和财富差距影响这么大，我们必须理解它们是如何被用来凸显社会划分，进而加深人们的优越感和自卑感的。这就是本章的主题。要了解社会划分的文化进程，最好先和这些议题保持距离，以便能客观、理性地看待它们。因此，我们首先要考察前几个世纪的阶级划分过程，这样我们既可以抽身于其外，又可以有一些“后见之明”。

礼仪与文明

尽管几个世纪以来，这些要素已经发生了翻天覆地的变化，但个人的风格、行为和举止往往被视为阶级差异的标志。在 13 世纪，邦维奇诺·达·里瓦写了一本礼仪指南——《五十种餐桌礼仪》，为“得体”的行为提供建议。他认为有必要警告读者，在用餐时对着桌布擤鼻涕很没有教养。16 世纪中叶，当手帕开始流行时，乔瓦尼·德拉卡萨认为有必要指出，“在擤完鼻子后，摊开手帕往里面看，就好像有珍珠和红宝石从你的头上掉下来一样”是很不体面的。1530 年，伊拉斯谟指示人们“吐口水时要转身，以免你的唾液溅到别人身上。如果有任何带有脓液的东西掉在地上，就应该在上面踩一踩，以免让人作呕。如果情况不允许，请用布包住痰液。往回吞唾液也是很不礼貌的”。

诺贝特·埃利亚斯是一位社会学家，他是来自德国的难民，后在英国工作。他在1939年出版的经典著作《文明的进程》中引用了这些例子。[359] 他仔细分析了几个世纪以来出版的关于礼仪的书籍和其他关于礼仪的建议，以确定他所谓的“文明的进程”背后的力量。结果发现，社会风俗、礼仪的改善并非是社会底层努力模仿社会上层的过程。事实上，在历史上的许多时刻，社会上层的行为习惯和其他人一样恶心。比如，18世纪英国贵族、作家霍勒斯·沃波尔就曾经这样描述凡尔赛宫：

> 一个巨大的污水池，散发着肮脏的臭气，被污秽的排泄物弄脏了……衣服、假发，甚至内衣上都有这种气味。最糟糕的是，乞丐、仆人和贵族访客都会在楼梯、走廊或者任何偏僻的地方小解。通道、庭院、侧翼和走廊充满了尿液和粪便。公园、花园和城堡散发出难闻的气味，令人作呕。[360]

尽管在这之前，也就是1715年路易十四去世前不久，已经颁布了一道法令，专门规定每周都要清除一次留在凡尔赛走廊的粪便。[361]

我们本以为卫生方面的考虑会成为行为变化的强大动力，但埃利亚斯认为，礼仪和习俗的改变几乎没有任何理性的基础。相反，他强调，“可接受的行为”这种概念是由阶级划分、社会预期、羞耻感和尴尬心理促成的。

在解释为什么“文明的进程”从16世纪开始变得更快、更稳定时，埃利亚斯指出，上层阶级越来越多地参与宫廷事务，加剧了社会个体间的比较，并导致了所谓“羞耻和尴尬的界线”的转变。随着人们之间的距离越来越近,看到彼此的机会越来越多,自我控制变得更加重要。宫廷生活增强了人际敏感性、相应的社会禁忌以及羞耻和尴尬的情绪。

埃利亚斯认为，人际暴力的减少是这些变化的一部分，是从战争中获取地位的贵族逐渐转变为宫廷贵族的结果。前者所沉迷的盛宴、跳舞和“喧嚣的享乐”往往具有危险的破坏性，因为它们经常让位于“愤怒、斗殴和谋杀”。因此，人们不得不培养更强的自我约束力。贵族对彼此实力强弱的重视必须被取代，需要找到其他一些优点作为衡量基础；贵族的行为规范中越来越看重自控能力，避免触及他人痛处，避免冒犯他人。用埃利亚斯的话来说：“人们对以前几乎没有进入意识层面的划分变得敏感……被他人直接激发的恐惧感已经减少，通过眼睛和超我被触发的内心恐惧却在不断地增加。”

他继续说道：

> 攻击的姿态本身就触及了危险区。看到一个人把刀子递给别人，且刀尖对着对方，就会让人感到不安。从宫廷社会中敏感度最高的小圈子开始，其敏感性也代表着一种特权，一种为此而发展出来的划分手段，这种禁令逐渐蔓延到整个文明社会中。

社会中的支配和从属地位不再主要依赖于武力，而是更多地依赖于一个阶级对另一个阶级在文化层面上体现出的优越性。在16世纪，“文明”和“礼貌”的概念被那些分析礼貌与无礼行为之间区别的人反复使用。中世纪的贵族并不认为下层人的手势表达或艺术描绘会令人反感；然而，随着他们自己逐渐发展出一种独特的、更高人一等的文化，他们开始感到——或至少声称感到——对任何“粗俗”的东西都怀有一种厌恶感。在他们和仅次于他们的那个社会阶级之间维持文化壁垒，需要对任何“有资产阶级气味”的东西做出“强烈的反感姿态”。正是在15世纪，贵族家庭开始建立自己的私人住所，不再与其他人一起睡在大厅里，贵族们对下层阶级的任何不够敏感的行为也变得更加敏感。埃利亚斯将贵族不断努力保持与资产阶级的区别这一行为描述为一种“拉锯战”，其动机是：

> 永久性的社会恐惧……它构成了宫廷上层阶级的每个成员对自己和圈子里其他人进行社交控制的最强大动力之一。它表现在，宫廷贵族阶级成员对划分他们与社会阶级更低的人的一切要素都保持高度警惕：不仅是那些象征身份的外部标志，还有他们的语言、手势、社交娱乐和礼仪行为等。

但是，一而再再而三地，最初用来划分贵族和社会下层的举止和行为一旦被资产阶级采用，就变得毫无用处。曾经“精致”的行为举止变得“庸俗”，随着“尴尬门槛”的不断提高，人们不得不发明新的“精致”。埃利亚斯认为，这个过程只会随着法国大革命和旧制度下专制宫廷社会的垮台而失去力量。然而，总体模式是很清晰的：上层阶级精致的自我展示，尽管看起来是第二天性，但实际上受到了地位比自己低的人的不断施压。

什么是可以接受的行为，这个区间在不断变化，人们还会对曾经被认为是正常做法的习惯产生根深蒂固的厌恶，这些意味着人类的敏感性发生了重大变化。惯常认为，阶级行为准则只是上等人的一种审美标准，但埃利亚斯对此持反对意见，他认为，“作为自我意识和超我的一个组成部分，许多植入我们头脑中的行为模式和情感规则实际上是既有阶级划分残留下来的权力和地位的象征，除了加强他们的……地位优势之外，没有其他功能”。观察许多能够反映社会地位的言语和举止中的细微特质后，我们发现，事实的确如此。

以前被认为是可接受的行为会发生变化，这种变化的一个核心成分是埃利亚斯所说的“将自然功能从公共生活中剔除”。几个世纪以来，随着经济和社会的长期发展，“身体功能的亲密化”和“驱力与冲动的隐蔽化”这两个过程似乎也在逐渐发生。因此，人们“越来越多地割裂了私人领域和公共领域，私人行为和公共行为”。人们隐藏自己的本性，因为不这样做是可耻的，直到今天，“礼貌社会”中的人仍然通过比其他人更彻底地隐藏自己的性行为和其他身体机能，将自己与社会中的其他成员划分开来。要求成年人比以前更严格地隐藏身体功能的一个必然后果是，儿童必须经历更全面的社会转型——涉及压抑、羞耻和尴尬——以便成为能够以社会接受的方式行事的成年人。

生产现代社会规范和延长儿童成为可被接受的成年人所必须经历的心理历程的那些历史变化表明，地位不平等对我们造成了重大影响。它们如此细致地塑造了我们的存在和自我表现，以至于否认它们的重要性，看起来像是在故意忽视我们在多大程度上受到社会压力的影响。然而，不应该忘记，在不同的社会中，创造良好印象和享受他人认可的愿望会把我们推向不同的方向。我们在第5章中看到，在一个高度平等的社会中，这么做可能更主要是为了推动我们变得不那么自私，更多考虑他人，并且更希望自己在他人眼中是乐于助人的。但是在以巨大的地位差异为标志的社会中，同样的认可欲望会被自我提升、追求优越感和避免地位低下带来的羞耻感等截然相反的欲望所侵染：变得更加关注显示自己和其他人的地位的那些标志。再次引用埃利亚斯的话："羞耻感是……一种焦虑……一种对社会地位下降或……其他人的优越姿态的恐惧。"

回顾厌恶感和隐私需求在几代人中的转变，我们似乎有理由认为，除了由对地位的渴求驱动的各种做作行为外，还有由实际的卫生考虑驱动的变化，这代表了真正的、客观的进步。很容易想象，在19世纪中叶卫生观念形成之前，我们可能会一直不洗澡，不上厕所，仍然在室内吐痰，在桌布上擤鼻涕。

真正的进步往往取决于更多的财富，富人通常会比穷人更有能力进行改进。但我们应该注意到，对社会上层的模仿并不是我们创造出自来水、冲水式厕所和污水处理系统的根源。19世纪下半叶的卫生改革是对快速城市化带来的可怕的肮脏环境、健康和卫生问题的回应。毕竟，没有水管这一点在农村和城市环境中确实有非常不同的影响。下水道和供水系统并不由受到模仿驱动的私人提供，而是依赖于公共基础设施和支出，而后者往往受到富裕阶级的反对，直到特许权被扩大，更民主的地方政府被引入大城市。变化取决于技术进步、社会改革、对健康和卫生之间关系的日益了解，以及最重要的是，公共开支。[362]

行为习惯与社会差异

社会的不同阶级仍然以举止、风格和审美品位的差异为特征，以至于在社会阶梯上上升的人——例如，从工人阶级出身到专业性职业——通常觉得他们必须改变自己的社会身份，并且经常觉得自己是冒名顶替者，面临被发现的风险。在回忆录《值得尊敬：跨越阶级鸿沟》[363]中，林赛·汉丽描述了上大学期间的一次经历。她被其他人纠正了某个不当举止，场面一度十分尴尬，以至于她希望自己能钻到地底下。此前，她经常和中产阶级家庭的同学混在一起，而她的家人和此前的一些朋友经常会问她是否在上学期间“吞下了该死的一整本词典”。她解释说，当她考试不及格时，并不是因为缺乏能力，而是因为她觉得任何给她评分的人都会像自己一样看待它——“一个不懂装懂的自学者试图通过考试，还想让别人觉得她一直都熟悉这些考试内容”。

对于走不同道路进入社会上层的人来说，如今仍有几十本现代礼仪指南可供参考。其中包括德布雷特的几本关于礼仪和“现代行为举止”的通用指南、“现代女孩”或“绅士”指南，以及涉及娱乐、婚礼、商务和高尔夫礼仪的专业指南。此外，除了关于葡萄酒、管理、歌剧、诗歌的指南外，还有一本《装腔指南》[364]，这本书的标题很贴切，因为它承认了学习不同阶级习俗的地位驱动力。它提供有关正确选择词语、餐桌礼仪、发音、着装规范、“良好”举止和社交礼仪的建议——所有这些都是为了帮助人们过关，就好像他们天生“说得好”，“来自一个好家庭”，并且是那个他们渴望触及的社会阶级的长期成员。这本指南首先说明礼貌和礼仪几乎是一回事，但它推荐的做法从来不是友好的行为，能让人们放松，让他们感到受欢迎、被欣赏，或者别人在关心他们。相反，这些推荐做法几乎完全出于纯粹的势利。推荐这些做法是因为它们是“识别良好教养的简单方法”。在不同的地方，读者被告知，“错误”的行为会让自己被他人视为“冒名顶替者”，或者相当于“社交自杀”。根据这本书的说法，这种或那种做法是

“出格的”,或在向所有人表明“你一看就是暴发户,不值得信赖”。各种各样的事情被简单地描述为“可怕的”,“不惜一切代价也要避免”,或上层阶级“厌恶和回避它们”。这本书的结尾声称,“如果你想加入上流社会,就需要非常熟悉这些行为准则”。

然而,真正“可怕的”是,这些琐碎的行为——一些微不足道的细节,比如你在描述某样事物时究竟会选择怎样的措辞(卫生间、茅厕、盥洗室、女士 / 男士洗手间、方便的地方、厕所、WC 等),或吃饭时握刀的方式等——居然在很大程度上仍然是社会评价和个人价值排名的基础。因为能够体现所处阶级,所以这些细节被赋予了魔力。即使大多数人都自称讨厌势利鬼,以及那种某些人一定比其他人更有价值的观点,但许多人仍然高度关注这些社会地位高低的标志,知道它们一定会绊倒那些不留神的人。即使我们仅仅将自己视为具有固定习惯的生物,无法改变那些象征着自己阶级的行为,或者想象它们是种审美而非社会选择,但大家其实心知肚明,这样可能会引起阶级偏见。如果我们做出了不同的言语或行为选择,那也是为了应对其他人对自己的看法。担心自我呈现的各个方面到底能否展示最好的一面,这是导致社会评价焦虑的主因,也是本书关注的重点。虽然我们可能会认为自己秉持平等主义、不带偏见,但通常不愿意让别人对自己做出不好的评价。

人们普遍认为,上层阶级的行为是良好礼仪的缩影,但这与我们在第 3 章讨论的保罗·皮弗的研究结果不符。他表明,至少在更不平等的社会中,人们的地位越高,行为就越反社会:他们更有可能在路口拦截其他司机,或者帮助自己获得为儿童准备的糖果。如果,就像你可能预期的那样,存在一种内在的倾向,即相比下层阶级,我们生来就会将更多注意力放在处于社会更高阶级的那些人身上（想想狒狒的行为表现），那么，也许接近上层阶级的人的行为只是反映了这样一个事实，即我们中的大多数人实际上低他们一等。

正如我们在第 2 章中所看到的，在贫富收入差距较大的社会中，所有收入水平的人的身份焦虑水平都较高；因此，根据社会中收入和财富的不平等水平，所有阶级和地位标志的力量往往会增加或减少。在第 4 章中，我们看到了炫耀性消费和消费主义是如何随着收入不平等而增加的，因为人们花钱购买名贵的物品来彰显地位。然而，在 20 世纪 30 年代，当诺贝特·埃利亚斯著书时，他注意到，在他考察过的几个世纪里，总是在不断升级的文雅教养和阶级优越性的象征，如今似乎在减弱。模仿上层阶级行为的趋势越来越不明显。最明显的例子可以从流行音乐和舞蹈的新风格中看到（这导致了 50 年代摇滚乐的盛行）。埃利亚斯不知道的是，收入差距在 20 世纪 20 年代已经达到了顶峰，他所目睹的是收入不平等水平长期下降的迅速开始，这种下降一直持续到 20 世纪 70 年代末（见图 9.1）。

通过 1943 年的一部福尔摩斯电影，可以一瞥二战前、二战期间和二战后不平等程度的下降趋势是如何渗透到大众文化中的。一旦正义得到伸张，美丽的女主角就会选择放弃自己的遗产，为她的佃农谋福利。福尔摩斯——在柯南·道尔的书中几乎不是一个激进的人——向华生这样解释：

> 福尔摩斯："国外有一种新精神。贪婪的旧时代正在消失。我们开始思考自己欠别人什么——而不仅仅是我们被迫要给他什么。时候到了，华生，当其他人挨饿时，我们也无法舒适地填饱肚子，当其他人在寒冷中瑟瑟发抖时，我们也

无法睡在温暖的床上。当无论在什么地方还有人在身体或精神上屈服于统治者时，我们更无法在发光的祭坛前跪下并感谢上帝的祝福。”

华生：“你可能是对的，福尔摩斯——我希望你是对的。”

福尔摩斯：“上帝保佑，我们会活着看到那一天，华生。”

随着收入和地位差距在20世纪五六十年代持续缩小，文化传播的方向也发生了变化。新的音乐、舞蹈和时尚风格开始从社会下层向上层渗透，扭转了历史上占主导地位的自上而下的运动。摇滚乐和取代传统交谊舞的舞蹈风格从下往上侵入上层阶级，六七十年代的许多服装时尚也是如此。这些变化让学术界的许多社会学家认为，社会阶级的划分已经转变为与职业无关的东西，而更多与通过消费构建和表达的身份感有关。[365][366]

阶级更新

许多国家的收入差距从1980年左右开始扩大（见图9.1），阶级和地位的重要性因此再次上升。英国代际流动性（人们自己的社会地位与其父母的社会地位之间的差异）的下降表明，与上一代人相比，阶级等级制度变得更加僵化——或者说社会阶梯变得更加陡峭。在不同社会阶级之间的联姻比例中也可以看到同样的模式。20世纪80年代初，在年满25岁的已婚女性中，61%的人嫁给了与自己阶级背景不同的男性。但20年后，在刚刚进入新世纪的25岁女性中，这一比例下降到了44%。[367]与比自己所属社会阶级高或者低的人结婚的跨阶级婚姻比例的下降，以及社会流动性的下降表明，随着收入差距再次扩大，阶级差异对我们的控制越发加强了。

我们在第6章中看到了阶级和地位问题是如何渗透、破坏家庭生活的。尽管更广泛的收入差距加强了社会划分，跨阶级婚姻的比例有所下降，但阶级背景的差异仍然是大部分婚姻中的一个难题。婚姻中一方的父母往往认为自己的女儿或儿子的婚姻“不好”，或“本来可以更好”，认为自己后代的妻子或丈夫对他们来说“不够好”。即使什么都不说，来自更低阶级的人往往会担心自己没有被伴侣的父母真正接受，并会从这个角度解释任何潜在的批评。女性在家务和育儿方面的参与程度仍然高于男性，家务和抚养孩子方面的冲突往往跟婆婆有关。对于社会地位较低的媳妇，很难不对批评特别敏感。

英国的妈妈网对近2000人进行调查后发现，几乎三分之一的人都说，旁人的态度让他们觉得自己配不上伴侣。一些家庭甚至通过搬家来逃避这些紧张关系。其他人说，冲突已经严重到导致了婚姻破裂。一项关于姻亲的更详细的研究发现，阶级差异是出现问题最常见的原因之一，比种族或宗教差异造成的问题更多。[368]这并不意味着种族和宗教差异更容易克服，而更可能只是反映出跨越这些鸿沟的婚姻较少。

阶级差异在家庭生活中的影响还体现在中产阶级的父母试图“纠正”孩子的言行，以避免养成可能具有社会底层意味的习惯。因此，许多青少年不得不根据自己是在家里，还是和学校的朋友在一起，来制定不同的阶级准则。儿童很早就意识到了社会差异。访谈显示，当住在较好房子里的朋友来到自己家时，贫穷家庭的儿童会感到羞愧。一个住在英国布拉德福德贫困地区的八岁女孩说:“我讨厌公寓，当有访客时，我会觉得自己想生病。我不喜欢有伙伴在我家里，以防他们欺负我。”她的一个朋友补充说："有些人会仅仅因为你的房子不够漂亮就欺负你。"[369]

我们在第 5 章中审视过的研究表明，在收入差距较大（以及社会阶梯格外陡峭）的国家，儿童霸凌的发生率可能是其他地方的 10 倍。[233] 正如你可能预料到的那样，霸凌者和被霸凌者之间的区别取决于孩子们认为对方来自富裕家庭还是贫困家庭。一项研究综合了 28 项独立研究——这些研究调查了北美、欧洲和澳大利亚总共近 35 万名儿童间的霸凌行为 [370] 的数据——后发现，虽然霸凌者来自各个阶级，但他们的受害者更有可能是穷人。无论是富人打穷人，还是反过来，在收入差距较大的社会中，地位之争似乎再次加剧。

另一项表明不平等会影响个体发展、使得地位意识重新加强的证据，来自对 1600 名英国儿童的研究。研究发现，如果来自贫困家庭的男孩（而不是女孩）生活在较好的地区，他们更有可能做出反社会行为，包括欺骗和打架等。[371] 如果他们生活在中等收入地区，行为会明显恶化，而如果生活在不平等现象最明显的富裕地区，情况会更糟糕。

这些例子都表明，我们受阶级差异和不平等的影响有多么深：我们的个人生活和家庭生活无法与它们隔绝。家庭生活、婚姻关系、亲子关系，以及兄弟姐妹之间的关系，都被它们破坏了。同样的分歧也损害了人们的自我意识，从体力劳动转入专业性职业的人经常说总觉得自己不够货真价实，到了某个时候一定会被当作冒牌货揭发出来。我们请平等信托基金（The Equality Trust）的支持者说出他们对阶级和地位的焦虑体验时，一位受访者告诉我们，他获得的学历证明越多，就越觉得自己是个冒牌货，总有一天会被揭穿。同样，一位前教师说，被裁员时，他无法摆脱自己被发现是个骗子，而不是一个真正的教师的感觉。另一个人把自卑感和自己是个骗子的感觉都归咎于他出生在工人阶级家庭，说自己总是因为出身而感到“不如人”，而这无疑代表了许多其他人的想法。

如果以上是那些因为提高了自己的社会地位而被认为是成功人士的个体的感受，那么经历向下流动或未能从社会阶梯的底层上升的人会是什么感觉？经济增长有时会缓解这些负面的想法：在不平等现象没有加剧的时期，经济增长的收益被所有收入群体分享，使每个人都更加富有，其效果之一是，减少了那些攀登社会阶梯受挫的人的失败感。即使相对于其他人来说没有“上升”，你仍然可以感觉到自己正在进步，并且比父母生活得更好。

然而，在美国，不平等的加剧意味着，几十年来，贫困人口从经济增长中获得的收益微乎其微。美国的低收入中年（45—55岁）白人——我们预计他们会最强烈地感受到未能实现自己的愿望——的死亡率一直很高，自20世纪90年代后期以来，更是不断上升。[66]人们（尤其是女性）大多因酗酒、药物中毒、肝硬化和自杀（这些都是压力的反映）而死，显示出一种负面趋势。与白人的这些趋势相反，中年西班牙裔和非裔美国人的健康状况持续改善，更少的人因这些原因而死。[67]也许是因为，他们从未像贫穷的美国白人那样产生不切实际的愿望。如果近些年，曾经针对黑人和西班牙裔的种族歧视有所减轻，那么贫穷的白人可能会更多体会到他们原有优越地位的丧失。

艺术与文化

对艺术、古典音乐和文学的欣赏同样也与社会划分相关，这使得审美趣味、口音和用词选择等也成为阶级和地位的标志。我们即将看到，将“高雅”文化用作社会地位的指标，缩小了艺术追随者的范围，并改变了艺术的创作和欣赏方式。有时人们认为艺术敏感性可以表明某人拥有精细的感受力，具备享受比大众文化更复杂的文化形式的能力。这大概是超级富豪们为原创画作支付天文数字的原因之一，他们把这些原创画作挂在豪宅的墙上，用来向他人证明自己比大多数人更精致，并拥有足够深刻的审美感受，以此来证明自己付出的天价是合理的。

当然，这种高贵优雅就是《豌豆公主》所要讲述的核心道理。这位自称公主的不知名年轻女子最终赢得了她的王子，但前提是她在接受测试时，是否注意到一大堆床垫下有一颗豌豆。当被问及睡得如何时，她回答说（在 1835 年安徒生的版本中）：“哦，非常糟糕！我几乎整夜都没有合上眼睛。天知道床上有什么，但我躺在坚硬的东西上，所以全身都是青一块紫一块的。太可怕了！”正如安徒生所说：“除了真正的公主，没有人会有那样敏感的肌肤。”

毋庸置疑，在现实世界中，声称具有如此高的敏感性通常更多是想象出来的。是否有人可以区分更贵的和更便宜的葡萄酒？一项涉及六千次盲品的试验发现，大多数人都不能。毫无疑问，不是王子或公主的大多数人（大概让葡萄酒卖家感到震惊），其实会更偏爱便宜的葡萄酒。[372] 阶级文化和艺术之间的紧密联系就像经常涂在古代大师画作上的清漆一样，在画被充分欣赏之前，必须将其去除。正如许多伟大艺术家所承认的那样，最好的艺术，无论是绘画、音乐、戏剧还是文学，都触及了我们最深刻的人性的各个方面，这些方面往往被各种划分人群的社会习惯所遮蔽。

在审美趣味这个舞台上，阶级偏见和划分几乎不受约束。大众的品位经常被贴上“低级趣味”“俗气”“媚俗”“浅显”“粗俗”“华丽”或“感伤”的标签。人们有时会声称，精英的审美品位确实更好，因为他们的审美建立在客观的美学理论基础上，而不是某种势利的评判标准之上。口音有时被认为是“粗陋的”，就像特定的词汇表达或握餐刀的方式被认为“更得体”一样。骗人的说法是，这些微不足道的区别是一个美学问题，而不是社会歧视问题。但只要存在阶级差异，我们就倾向于将与社会阶梯上地位较低的人相关的特征视为低级的。这不仅包括行为特征，也包括肤色、宗教信仰和所属语言群体等，只要它们与社会地位相关。

最近的几项调查研究表明，喜欢或不喜欢古典音乐和歌剧仍然与社会地位相关。[373] 进一步询问发现，即使是最初说喜欢大多数种类的音乐的受访者，也符合阶级刻板印象。然而，渴望做与更高的地位相关的事情，可以提高人们对艺术的兴趣。伦敦经济学院的社会学教授迈克·萨维奇描述，在 2013 年的某个星期，对伦敦剧院门票的需求突然激增，令人吃惊。[374] 原来，这与英国广播公司推出的名为“阶级计算器”的在线调查相关，该调查由 16.1 万人完成。在用于对人们进行社会分类的问题中，有一个问题问受访者是否会去看戏，以及看戏的频率有多高。萨维奇认为，勾选“是”来确认文化地位的愿望导致了门票销售的实际增加。

音乐中被归类为“高级”文化的东西有可能被局限在僵化的传统曲目中。历史学家埃里克·霍布斯鲍姆首次提出这一点时指出，在维也纳国家歌剧院，每一季都会演出 60 部不同的作品，其中只有一部是由 20 世纪出生的作曲家创作的。[375] 演出频率最高的古典音乐是 100 到 250 年前创作的，没有哪个现代作曲家真正获得过大量的追随者。霍布斯鲍姆将这与摇滚和流行音乐的持续创造力做了对比。例如，格拉斯顿伯里音乐节在五天内吸引了 17.5 万人，有 100 多个音乐演出场地，不同风格的乐队进行了两千多场现场表演。我们永远不会知道，古典音乐作为阶级差异的标志，对它的发展产生了多大的影响。

一些古典音乐家，如小提琴家奈杰尔·肯尼迪、合唱团指挥加雷斯·马龙和古斯塔沃·杜达梅尔（委内瑞拉西蒙·玻利瓦尔青少年管弦乐团前指挥），已经成功打破古典音乐的阶级模式。西蒙·玻利瓦尔青少年管弦乐团与 El Sistema 项目有关联，很多人认为，这个教育项目鼓励了数十万委内瑞拉年轻人学习乐器，其中许多人来自贫困地区。它的追随者认为，共同演奏提供了一种合作的模式和经验，而其他人——似乎试图保护古典音乐的文化地位——声称，对“艺术被用于教化社会底层”这种做法感到不安。[376] 但是，当一位住在英国贫困的内城地区的女性向我们展示她孙女学习小提琴的照片，并声称这是 El Sistema 项目传播的结果时，她感动得哭了。她解释了自己的情绪，显然也完全了解古典音乐的阶级象征意义。她说，“像我们这样的人”能有机会做这样的事情，实在是太好了。

研究表明，在收入差距较大的社会中，艺术的受欢迎程度和参与度大大降低。[377] 研究人员研究 22 个欧洲国家的数据后发现，在收入差距更小的国家，参观博物馆和画廊、阅读书籍或去剧院的人数，要比收入差距更大的国家高出一到两倍（见图 7.1）。使用不同的文化参与衡量标准和不同的收入分配衡量标准，也发现了类似的结果。这些发现，尤其是参与文化活动人数的巨大差异表明，不同文化中艺术的地位也存在重大差异，而这些差异与不平等有相当大的关联。

有几个可能的因素可以解释这一发现。也许，在更不平等的社会中，艺术更有可能被视为富人的专属领域；又或者，在更不平等的社会中，更广泛地接触艺术被认为不太重要。因为不平等使地位差异变得更加重要，人们更经常感到格格不入，并希望避免更多社会排斥的环境——正如许多人在酒吧吃饭比在高档餐厅更自在（即使其他人已经提前支付了账单）。尽管如此，图 7.1 所显示的研究结果显然表明，不平等导致了整个社会的文化贫瘠。

很难想象，如果不再作为地位和阶级标志，艺术会如何发展。也许在肯尼迪、杜达梅尔和马龙等人的某些表演中出现的喜悦表达可以表明这一点。在一个更加平等的社会中，艺术的参与度和受欢迎程度可能会提高，这将更好地传播其天性中的创造性，并激活新的发展。

个人价值

许多人往往对阶级和地位差异避而不谈，有些人不仅否认它们的重要性，有时甚至否认它们的存在。跨越阶级差异的个人交往往往被认为令人难堪。人们想象中的解决方案只是让我们所有人学会以同样的尊重对待对方，而不去考虑物质条件的巨大差异。但是，即使是最体贴的人也会发现，很难阻止自己将外部地位视为判断个人内在价值的指南，或者摆脱与物质差异密不可分的、根深蒂固的优越和低劣的观念。即使我们以为能以某种方式防止自己用财富或阶级等外部标志来评判他人，我们大多数人对自己的外表，对服装、汽车和其他显眼的消费品的关注也表明，我们不相信别人在评估我们时没有类似的偏见。

我们假设外表确实很重要，这样想并非没有原因：许多研究表明，无论是有意还是无意，他人的社会阶级和种族都对我们的

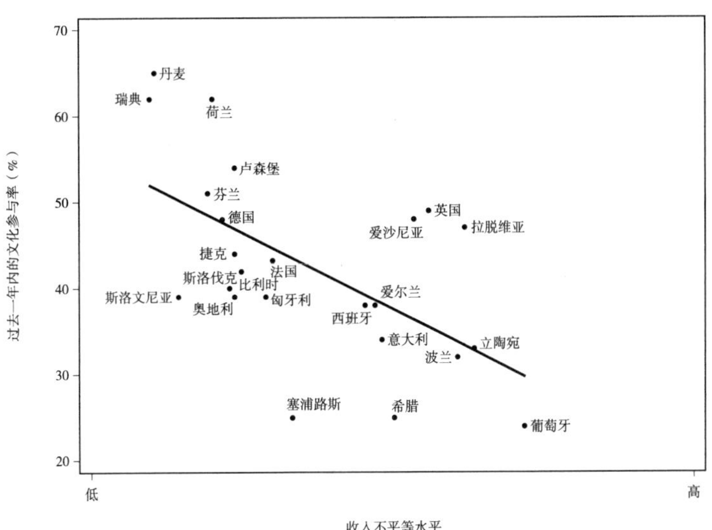

图 7.1：博物馆和美术馆在收入更加平等的国家更受欢迎。[377]

判断施加了相当强烈的影响。研究表明，无论是教师对学生的评价、雇主对求职者的判断，还是警方和法院对犯罪嫌疑人的评估，都是如此。[378] 在每种情况下，都有一种倾向认为，那些看起来来自下层阶级的人能力较差，不值得信任。保罗·皮弗的研究——见第 3 章——表明，富裕阶层倾向于对大多数不如他们富裕的人表现出更少的尊重。我们假设别人会根据购买力来评判我们，这成为地位消费的强大驱动力。

我们在面对社会不平等时的尴尬，导致人们从地位相近的人中选择自己的朋友。这种趋势是如此明显，以至于一些社会学家将友谊网络作为划分社会阶级的基础，它反映了人们在“生活方式和广义的优势 / 劣势上的相似之处”。[379] 人们会被问及他们自己和朋友的职业，然后由许多友谊和婚姻关系联系起来的职业被划分为具有相似的社会地位。例如，相比无需专业技能的工人，律师、医生和类似的专业人士之间更容易相互交往。

兰卡斯特大学的社会学教授安德鲁·塞耶在著作《阶级的道德意义》中描述了,人们在采访中被问及属于哪个阶级时的反应:

> 他们的回答常常很笨拙,充满防御和回避,认为这个问题在问……他们是否配得上自己的阶级地位,或者是否认为自己低人一等……由于不公正和道德评价的关联,阶级仍然是一个高度紧张的议题。问别人属于什么阶级,并不是简单地要求他们对自己的社会经济地位进行分类,因为它还暗示了一个更深层次的、冒犯性的问题:你到底有多少价值?[380]

如果我们想象一下必须说出自己到底有多少价值,那么这些问题的敏感性就会更加明显。

塞耶揭露了,人们发现阶级差异在道德方面令人非常尴尬。最根本的是,友谊意味着平等相待,但在这种跨越阶级差异的友谊中,双方都必须假装阶级不平等不存在或不重要。他们被夹在友谊的平等性和阶级差异对此的否认之间,而阶级差异将一个人定位为优越者,将另一个人定位为卑微者。在优越感令人尴尬、自卑感令人羞愧的情况下,任何显示一方比另一方社会地位更优越的事情都必须被避开。因此,人们在跨越阶级鸿沟的对话中,往往试着尽量减少口音、语法和用词上的差异,并谈论一些不会透露差异的事情。他们必须避开会让环境、收入、教育和地位差异凸显的谈话。例如,当谈论商店里的食品价格上涨时,他们只能假装这对每个人造成了同样的影响。在跨阶级的友谊中,每个人都必须对等级制度分配给他们的不同位置表现出无奈,就好像他们作为雇主和雇员走到一起,一方更富有而另一方更贫穷,一方接受过更好的教育而另一方所受的教育更差，是自然且不可避免的事实。任何认为一个人被另一个人看不起、可怜或不尊重的感觉都是令人反感的，完全不利于友谊的维持。

社会阶级划分的尴尬表明，适合于统治阶级的行为策略与适合于友谊、平等的互惠和分享策略之间的对立——这些在第5章中讨论过——是多么根本。这两者不容易融合在一起，而且，当我们试图那样做时经常会引起尴尬，这表明这些相互矛盾的社会策略在我们的心中是多么根深蒂固。平等、互惠的人际关系从根本上与作为阶级等级一部分的“价值观”中隐含的不平等相矛盾。

法国贵族亚历克西斯·德·托克维尔在描述他1831年访问美国的经历时认为，人们无法跨越物质环境的明显差异而产生共情。他举了两个例子。首先是法国贵族，他说，他们在遇到困难时会表现出极大的同情心，但对农民遭受的更大苦难似乎完全无动于衷。第二个例子是，美国白人非常愿意互相帮助和相互认同，但他们无法认识到黑人奴隶的痛苦。[381]在人类无情和残忍的记录中最突出的一点是，我们可以无视任何我们认为低等的群体的痛苦，就像我们倾向于将任何我们反对的群体描绘成低等人一样。

不平等对不同社会群体之间关系的影响，可以从一个社会的收入不平等水平与其被监禁人口的比例极其密切的相关性中管窥一二。在《公平之怒》一书中，我们表明，在更平等的发达国家，通常每1万人中只有大约4人入狱，但在更不平等的国家，这一数字上升到了该水平的10倍——每1万人中大约会有40人入狱。我们已经表明，用更不平等的社会会有更高的犯罪率来解释这种差异，说服力不够。最重要的因素似乎是更严厉和更具惩罚性的

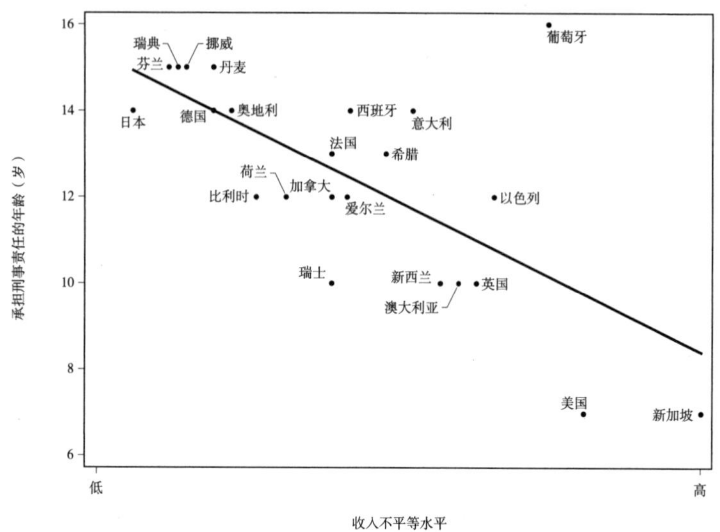

图 7.2：在收入更加不平等的国家，需要承担刑事责任的法定年龄更小。[382]

判决。更不平等的社会创造了更严厉、更不宽容的舆论氛围，因此，人们会因较轻的罪行而入狱并被判处更长的刑期。同样，在更不平等的国家，年纪更小的儿童也要承担刑事责任。我们使用了来自儿童权利国际网络组织的数据，发现不平等与较低的刑事责任年龄之间显著相关。[382] 在较为平等的富裕国家中，14 岁以下的儿童很少被认为应对犯罪行为负责，但在新加坡和美国的一些州，儿童年满 7 岁就要承担刑事责任（见图 7.2）。

这种更具惩罚性的判决反映了人们对被定罪者的恐惧增加、同情心减少。这与我们在第 3 章中看到的证据相符，它表明，在更加不平等的社会中，人们信任彼此的可能性要小得多。

从 20 世纪 30 年代到 70 年代，大多数发达国家的收入不平等水平持续下降，与此同时，阶级关系也缓慢出现变化。虽然阶级对同理心造成的障碍仍然很明显，但在收入差距缩小的同时，这些障碍也被削弱了，这有时被解释为人类移情能力不可阻挡的历史性增长。[383] 这种说法认为，我们所谓“道德世界”的边界逐渐扩大，曾经几乎不超出家庭或本地社区的道德规范，现在已经扩大到包括民族国家在内，并开始变得全球化——至少在不平等和仇外心理在现代开始增强之前（大约从 1980 年开始）是如此。社会排斥的力量——无论是围绕性别、性取向还是种族的划分——都被削弱了。捍卫工作环境的安全、捍卫雇员的权利、保障住房条件及租户权利的政治运动，改变了生活和工作条件。因此，从整体上看，上层阶级也不会对下层阶级太过漠不关心。

但是，从 20 世纪 70 年代末开始，随着收入差距的普遍扩大，之前取得的大部分成果已经不复存在。虽然种族、性别、残疾和性别方面的歧视继续减少，但其他形式的歧视却增多了。租房的人承担着更高的风险，无家可归的人越来越多；员工被迫成为名义上的自由职业者，或者只能签到零工合同；社会保障制度被削弱，生活在相对贫困中的人口比例——包括儿童的比例——增大了。所有这一切都与一种日益增长的共识相吻合，即金钱在政治中的影响已经增加，民主进程被颠覆了。由于大型商业公司和富人逃避了大部分的纳税责任，公共部门的资金日益不足。在不平等的旗帜下，非人道的趋势也很明显：出现了越来越多的惩罚性判决，并且在更不平等国家中，需要承担刑事责任的法定年龄变小了。

一个不存在阶级的社会？

卡尔·马克思和接替玛格丽特·撒切尔的英国保守党首相约翰·梅杰似乎不太志同道合，但约翰·梅杰在赢得保守党的领导权和首相职位后，在胜利演讲中宣布，政府将继续改革，使整个英国成为一个不存在阶级的社会。[384] 几乎所有现代民主国家的政治家都声称想要减少阶级差异，至少在表面上。梅杰未能实现这个心愿，因为他没有认识到收入和财富方面越来越大的差距只会增加人与人之间的社会距离，并增强那些阶级和地位标志的重要性。 相比之下，1932—1946 年在任的瑞典社会民主党总理佩尔·阿尔宾·汉森，在实现让瑞典成为“无阶级社会”和“人民的家”的目标方面取得了真正的进展。但这件事最大的意义在于，1932—1976 年间，社会民主党几乎是连续执政，正是在这 44 年间，这些目标得以维系。在此期间，最富有的 1% 人口的收入占比从应纳税的总收入的 13% 左右下降到了 5%。现在，毋庸置疑，物质差距的程度决定了这个社会的框架，要么让等级阶梯变得更陡峭、更重要，要么让其变得更平缓、更不重要。

许多人之所以难以发现人们的物质差距造成的影响，是因为人们认为那些体现身份差异或社会阶级高低的标志反映出了人们本质上的区别，而事实却并非如此。人们倾向于用固有的个人特质,而非外界环境的影响来解释他人（但不是我们自己）的行为，这被社会心理学家称为“基本归因误差”。[385] 你可能会犯这样的错误，比如说：看到一个开起车来横冲直撞的人，就觉得这司机本身性格鲁莽，而不去考虑他 / 她可能正好有急事。如果你认为你直接得出这个结论只是因为你没有办法知道是什么让他们如此匆匆忙忙，可是，请注意，尽管同样对司机缺少足够的了解，你还是认为他们生来就性格莽撞。

在我们对社会等级制度中阶级较低者的看法上，这些归因误差起着很大的作用。一直以来，我们都忽视环境的力量，认为穷人之所以贫穷是因为懒惰和愚蠢——事实上，这几乎就是偏见这个词的定义。这就是为什么尽管澳大利亚、新西兰和北美的原住民受到了不公平对待，并且被边缘化，但在每个案例中人们对此的解释都是这些少数族裔自身就存在缺陷。占主导地位的欧洲裔人口没有认识到这些社群所经历的磨难，而是宁愿相信酗酒和暴力的高发生率是因为“这些人本来就是这种人”。

基因差异？

将大幅度影响这些社群的问题归咎于他们自身的缺陷，就是将责任从他们所处的环境转移到他们体内的基因上。殖民主义的历史充满了这种关于优劣的假设：每当殖民者遇到科学技术发展水平不高的文化时，他们就会假设这些社会中的人天生就不太聪明。在所有等级社会中都可以识别出相同的偏见模式，特别是在解释社会阶级低的人为什么地位不高时，这种推理尤其容易出现。从奴隶制的历史到欧文·琼斯的著作《小混混》，同样的模式一直存在，这些材料记录了许多体现社会地位低下的特征。不管这些特征多么细微，都会招致各种偏见和对某些人生来就低人一等的武断定论。[386]

尽管我们已经逐渐意识到了这些过程，但我们离摆脱它们还很远。有一些调查曾询问人们，他们认为基因、环境和自主选择到底能在多大程度上解释个体在对成功的渴望、数学能力和暴力倾向方面存在的差异。调查结果表明，欧裔美国人比非裔美国人更重视遗传学。[387]尽管将能力归因于种族差异具有种族主义倾向，但如果人们被问及不同种族群体（而不是个体）之间在这些特征上为何存在差异，似乎美国白人更有可能采用一些涉及种族差异的解释。

我们在第 6 章中看到，有一种普遍但多数情况下错误的观念，即人们的社会地位反映了他们与生俱来的个人认知能力水平，换句话说就是，天生聪明的人会沿着社会阶梯向上攀登，而其他人则不会。与此相关的是，人们倾向于认为，社会地位的种族差异反映了基本的种族能力差异，即认为某些种族的个体天生就比其他种族更聪明。肤色被认为代表了一系列不同的基因差异，这在某种程度上解释了不同种族为什么会存在社会地位的差异。虽然不乏证据表明这是共识，但我们还是能通过现代基因学的分析发现这种观念并不正确。

一项研究对 1200 名美国人进行调查，旨在探索人们对遗传学和种族的理解，大多数人都同意这个（错误的）陈述："来自同一种族的两个人在基因上总是比来自不同种族的两个人更相似。"[388] 大多数人还（错误地）相信："基因会告诉我们自己属于哪个种族。"自从人类基因组测序的国际合作项目于 2003 年完成以来，我们已经对人类基因的相似性和差异性获得了很多了解。逐渐浮出水面的基本事实之一是，世界各地的个体之间都会存在基因差异，而这种差异大多数时候都存在于同一个族群中，而不是族群与族群之间。人类基因产生的微小变化中，有 85%—90% 能在每块大陆上发现。而不同种族之间的基因差异仅占剩余的 10%—15%。[389] 因此，举个例子来说，一个来自东非的马萨伊人和一个英国人，二者基因上的类同与差异，更有可能是个体层面的类同与差异，而非两个族群之间的类同与差异。

肤色是少数的遗传例外。全球各地人群肤色的差异主要取决于对不同气候的适应。尽管在这一点上很多人持有一种错误认识，但肤色对其他遗传特征的指示作用其实很弱。如果所有的遗传特征都像肤色一样明显，我们就会发现，所有的人类遗传变异中有 80%—90% 都会发生在处于世界各地的人群中。即便是在现代旅行模式出现之前，人群还不能大规模融合在一起时，情况也是如此。

肤色对其他遗传特征的指示作用如此之弱，有可能是因为浅肤色是最近才出现的新的进化特征。对在西班牙发现的一具史前人类骨骼的遗传分析表明，至少在 7000 年前，该具骨骼的主人还拥有深色皮肤，但眼睛已经是蓝色的。研究报告的作者说："我们的研究结果表明，浅色皮肤色素的适应性传播……到中石器时代，在一些欧洲人口中都还没有完成。"这就意味着，它是在过去 7000 年中才完成的——从遗传学的角度看，这段时间相当短暂。[390] 肤色不能被视为其他遗传特征的预测因素——许多人与你肤色不同，但你们在其他遗传特征方面有许多相似之处；也会有许多人与你肤色相同，但你们在其他遗传特征方面的相似之处相对较少。那么，重要的不是任何无法克服的生物学差异，而是社会偏见。这些偏见导致我们将与低社会地位相关的任何事物都主观臆想为其劣等特征，就好像我们认为任何可见的差异都像冰山一角，其余还有 90% 都隐藏在冰面之下一样。但是，对于绝大多数个体基因差异或文化差异而言，这种观点完全是错误的。

导致德国 80% 以上的犹太人死亡的大屠杀，部分可归咎于建立了一种错误观念，即文化概念上的犹太人是一个拥有独特基因特征的种族。[391] 这同样适用于基因非常相似的胡图族和图西族——1994 年在卢旺达，胡图族对图西族进行了种族灭绝大屠杀。无论是身体特征还是文化特征，一旦成为决定社会地位的标志，就会变成某种天生的特征，背负太多在科学上站不住脚的推论。"基本归因"犯下的错误使我们不断地想象，问题是由人们的内在特质而非所处的外部环境造成的，将阶级或文化特征定义为种族的专属就是这种推论过程最显著的一个例子。

富人和穷人会把截然不同的内在人格特征赋予彼此。如果认为这些特征反映了个体天生的贪婪或懒惰水平，我们就有可能忽视一个事实：换作我们生活在同样的富裕或者贫困环境中，我们可能也会和这些富人或穷人有同样的表现。

虽然许多人认为，社会等级制度是一种反映人与生俱来的能力差异的精英制度，但我们在第 6 章中已经可以看出，事实恰恰相反：一个人在社会等级制度中的起始位置是导致之后出现能力差异的主要原因。在本章中，我们还看到，不假思索地根据先天特征而不是外部条件来解释人们的阶级地位，是一种普遍存在的错误心理。社会偏见让那些发展受阻和潜力未能实现的人付出了巨大的代价；随着偏见被内化并代代相传，这种伤害会被放大和延续。但对大多数人来说，日常生活中最大的代价来自要不断创造和维持一种社会划分——有时会创造出一些非常尴尬的社交场面，会对自己的朋友、快乐的日常与和谐的社区生活带来损害，而且很多人因为害怕被人低看，甚至会逃避许多必要的社会交往。

现代社会有能力对抗这些等级制度，并在人类社会发展中实现下一次大飞跃。必要的基础条件——不仅仅是富裕，还有现代生产和消费相互依存并相互合作的本质——目前已经具备。同样重要的是观念上的条件：证据无疑表明，可以通过缩小我们之间的物质差异来降低阶级和地位的重要性。在《公平之怒》一书中，我们已经说明，当收入差距较小时，与社会地位低下相关的许多问题在整个社会中显得不那么普遍。我们还看到，人们对待彼此的方式受到更大的收入差距的负面影响：人们对彼此的信任度降低，不太可能帮助他人，暴力行为更为普遍，社区生活逐渐萎缩。与此同时，我们也能看到一些能明确反映一个人所属阶级和地位的标志，它们在更加不平等的社会中会发挥更加重要的作用：让社会流动性降低，人们不再尝试跨阶级婚姻，而所有收入水平人群的身份焦虑的指标都更高。为了应对不断攀升的身份焦虑，更不平等的社会中的人们会花费更多金钱购买能够表明身份地位的商品；为了让自己看起来有成功人士的样子，他们工作时间更长，并且更容易背负巨额债务。

要设想一个这些问题大幅减少的未来，这很困难。这将涉及一个巨大的转变，改变我们与他人相处的方式，使我们能够在地球所能承受的环境极限中生活。一个更好的世界不仅是可能的，更是必需的。我们将在接下来的两章中讨论这个更好的世界的框架。

第三部分

前方的路

第 8 章

一个可持续发展的未来？*

《温顺的人继承了地球》

* 第 8 章和第 9 章包括来自以下著作的材料：R.Wilkinson and K.Pickett. *A Convenient Truth: A Better Society for Us and the Planet*, London: Fabian Society and Friedrich Ebert Stiftung, 2014.

本书的最后一章将提出促进平等的实用政策，但要首先考虑如何将更大的平等与实现环境可持续发展结合起来。出于对人类的长期福祉的考量，我们应该对社会未来的发展方向形成一种全面的观点。幸运的是，正如我们将在本章中展示的那样，更高水平的平等不仅有助于实现全人类的福祉，而且还能通过减少这些人口对环境的影响，使得通往可持续发展的道路更加顺畅。

增长的极限

我们应该从经济增长与福祉的关系说起。尽管在过去的几个世纪里，富裕国家的经济发展改变了人们的实际生活质量，但越来越多的证据表明，当社会达到目前的繁荣程度时，高速增长能起到的带动作用已经基本上完全发挥出来了。生活质量的衡量标准表明，富裕国家更高的平均物质水平已不再能够提高人们的幸福度。[392] 在整个人类历史中，“更多”几乎总是意味着“更好”，而现在，情况发生了改变，这标志着人类发展走到了一个根本性的转折点。

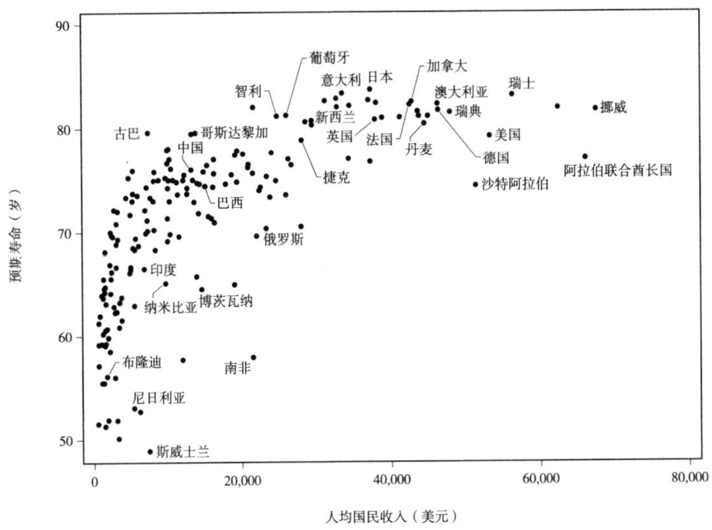

图 8.1：在经济发展水平更高的国家，预期寿命的提高呈平稳状态。

预期寿命和人均国民收入之间不断变化的关系（图 8.1 中显示了处于经济发展各个阶段的国家）说明了这种模式。在经济增长的早期阶段，预期寿命迅速提高，然后逐渐趋于平稳，直到在最富裕的国家中，这种关系变为水平，二者之间的关联消失了：收入增长还在继续，但不再与预期寿命的提高相关。事实上，一些国家——如古巴和哥斯达黎加——达到了与最富裕国家相当的预期寿命水平，但就其人均国内生产总值而言，其富裕程度只有这些国家的三分之一。

这种增长停滞并不是由于人类预期寿命达到极限而引起的“天花板效应”。即使在最长寿的社会中，预期寿命也会像 20 世纪的其他时期一样继续快速提高：每过 10 年，就会延长 2—3 年（除非是在财政紧缩条件下，如英国近年来的情况）。不同的是，现在无论经济增长的速度如何，预期寿命都会提高。即使在 10

年、20 年或 40 年的时间里，这些国家的人均国民收入增长与预期寿命的变化之间也几乎没有任何关联。[393]

如果我们不考虑预期寿命，而是关注幸福和福祉的衡量标准，也会看到类似的关系。尽管国家继续变得更加富裕，但经济发展早期阶段大幅提升的幸福度，其涨幅之后会趋于平稳。数据告诉我们的是一个简单但基本的事实：对于欠发达国家的人们来说，许多人无法获得基本必需品，经济发展和不断提高的物质标准仍然是获得幸福感的重要驱动力；但是，对于富裕国家的人们来说，拥有越来越多的东西变得不那么重要了。在我们最紧迫的需求得到满足之后，收入进一步增加带来的回报只会递减。随着各国在长期经济发展过程中变得更加富裕，这种模式必然会在某个时候出现。尽管低收入国家仍然需要实现更高的物质标准，但在富裕社会，物质生活水平已不再对人们的幸福感做出重要贡献：对于那些已经拥有最多财富的人来说，拥有多少财富这件事对他们几乎没有任何影响。从图 8.1 可以看出，随着经济增长的贡献逐渐减少，似乎出现了一个漫长且缓慢的过渡期，而一个定义明确的收入阈值或物质生活水平标准则不复存在。

真实发展指数（GPI）旨在提供比国内生产总值（GDP）更好的经济发展水平衡量标准。与反映我们对情感、社会和经济生活整体体验的主观幸福感的衡量标准不同，它（与 GDP 一样）仅衡量经济交易的价值，但与 GDP 不同的是，它进行了一些重大调整。它的计算方法是从 GDP 中减去许多仍然产生经济活动的有害事物（如车祸、空气污染、环境破坏和闲暇时间的缺失），然后加入无偿工作的价值（包括照护和志愿服务），它的目标是测算那些我们眼中的具有正面价值的经济活动。现在至少有 17 个不同的发达国家对 GPI 进行了测量，结果证实，经济层面的幸福感已经不再随着经济增长而增加。[392] 对这些国家的数据进行平均化处理，可以看出，尽管人均 GDP 持续大幅上升，但根据测算，经济层面的幸福感在 20 世纪 70 年代后期就已经达到了顶峰。图 8.2 展示了美国的数据。请注意，即使经济增长的负面影响较少，而且 GPI 的测算也带来一些积极的平衡作用，这也不一定——如图 8.2 中的美国生活满意度数据所示——能转化为人类主观幸福感的增加。增加生产带来的福祉回报递减的过程反映了更根本的问题：关键不仅在于要从经济活动中减去“坏东西”，还在于当我们拥有的东西越多时，消费的增加对福祉的影响就越小。简而言之，即使是再好的东西，你也可能有觉得足够了的那天。

一旦经济增长与整个社会福祉的增加脱钩，持续的经济增长

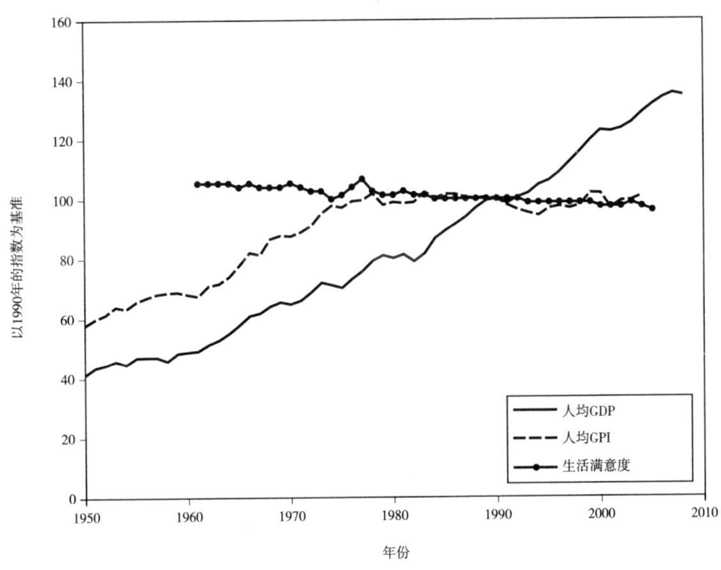

图 8.2：人均 GDP 持续上升，但生活满意度和人均 GPI 不再随之上升。美国 1950—2008 年的数据。[392]

就会失去其最根本的理性基础。但是，每个人对更高收入的渴望仍然受到社会地位竞争的驱动，尽管它不再为全人类整体的生活幸福感服务，并会对环境造成重大损害（见下文）。

反对将经济政策的目标从实现增长转到其他方向的一个常见论点是，这样做会减少创新行为。然而，明显的是，如果我们要减少碳排放，减少对不可再生资源的使用，并发展出一种可持续的高质量生活方式，就必须使技术变革为新的目标服务，必须利用新技术来发展更清洁、更节能的生活方式。我们需要的不是经济增长，而是使可持续的福祉实现“增长”。正如萨里大学的生态经济学家和可持续发展教授蒂姆·杰克逊所认为的，我们现在的任务是，在经济指数没有增长的情况下进一步提高人们的幸福感。[394] 而且，随着持续创新进一步提高了生产力，我们必须利用它来增加用于休闲娱乐而不是物质消费的时间。与朋友、家人和其他社区成员一起度过从必要的需求中解放出来的娱乐时间，或做我们喜欢的任何事情，对幸福感的提高有重大贡献。自动化和人工智能取代了许多形式的职业，最关键的是，要确保它们的出现是为了增加每个人的休闲时间，而不是让越来越多的少数群体失去工作。[202]

应对气候变化需要一种新的经济发展模式

一个惊人的巧合是，在富裕国家的经济增长已经明显改善人类生活质量时，我们也意识到了环境对经济增长的限制。尽管被怀疑者忽视，但碳排放的后果有科学证据证明，无可争议。2013 年 5 月，大气中的二氧化碳浓度（在太平洋中部的夏威夷冒纳罗亚山进行了测量——远离任何本地污染源）首次超过 400

微升 / 升。这比工业化时代之前高出 40%——而且，比人类以前呼吸过的所有空气中的二氧化碳浓度都要更高。

对于那些不知道人类活动将如何改变气候的人来说，想象一下这样的场景可能会有帮助——你拿着一个直径约为 30 厘米的地球仪模型，地球 95% 的大气形成了环绕在它周围的、非常薄的一层，只有信用卡厚度的四分之一。世界上每年有 360 亿吨的二氧化碳被排放到这一气体层中。

全球变暖是二氧化碳和其他温室气体增多的一个不可避免的后果，这些气体允许太阳光穿过我们的大气层，但阻止阳光产生的热能逃逸回太空。众所周知，每种主要能源——石油、煤炭和天然气的燃烧，以及森林砍伐和水泥生产，都会不同程度地增加大气中二氧化碳的含量。美国国家航空航天局（NASA）和政府间气候变化专门委员会等重要机构的测量结果显示，二氧化碳浓度和全球平均温度几乎是同步上升的。其他数据也显示了极地冰盖的迅速缩小和海平面的上升。

早在 2007 年，詹姆斯·汉森（美国国家航空航天局戈达德太空研究所所长）就与一个国际科学团队合作，对此进行了估算：如果要将全球气温上升的幅度控制在 2 摄氏度（一度认为这是相对安全的范围）内，那么大气中二氧化碳的浓度就不能超过 350 微升 / 升。[395]

10 年过去了，现在看来，全球气温已经升高了 1 摄氏度，其影响已很接近最初预测的升高 2 摄氏度会带来的后果——可能根本就没有全球气温上升的“安全”范围。2009 年，由联合国前秘书长科菲·安南主持的日内瓦全球人道主义论坛估计，由于热浪、干旱、缺水和洪水，气候变化每年已经造成 30 万人死亡，使 2600 万人流离失所。人们认为，到 21 世纪 20 年代，死亡人数可能会增至三倍。其中，90% 的死亡发生在发展中国家，而不是人均碳排放量最高的富裕国家。世界卫生组织估计，由于洪水、干旱和作物歉收，在2030—2050年之间，全球变暖将造成每年25万人因高温暴露、腹泻、疟疾而死，其中也包括因营养不良而死的儿童。[396]

全球变暖的速度比以前估计的更快。美国国家海洋和大气管理局报告说，2016年的全球平均气温达到了有记录以来的最高值；此外，有记录以来最温暖的16年都出现在1998—2015年期间。由于较高的二氧化碳水平已经产生的一些影响需要很长的时间来修复，即使我们立即采取措施，使大气中二氧化碳浓度不再增加，海平面上升（目前每年约3毫米）和气候变暖也将持续到很久远的未来。[397]据估计，为了稳定大气中的二氧化碳浓度，全球人类活动造成的碳排放量必须在1990年的水平上再减少80%。[398]

然而，人类活动造成的环境危机，包括土壤侵蚀、森林砍伐、水的盐碱化、杀虫剂和农药的系统性影响、有毒化学废物、物种灭绝、海洋酸化、鱼类种群减少、排放到供水系统的激素，以及许多其他形式的破坏，比气候变化更严重、更普遍。[399]

许多气候科学家认为，如果没有足够迅速而大幅度地减少全世界温室气体排放，可能注定会导致2060年全球变暖温度升高4摄氏度的破坏性后果——到那个时候，现在的学龄儿童刚进入中年。近年来，一些发达国家的碳排放已被大幅削减。其中一些仅仅是由于其本身制造业的衰退和对中国等国家的进口品的日益依赖，但用石油和天然气取代煤炭这种污染最严重的能源之一，也是一个重要因素。一旦完全不使用煤炭，进一步减排的难度可能会大大增加。而开发更清洁的电力能源以促进较贫穷国家的经济发展，则尤为迫切。

气候变化和环境破坏的代价已非常明显，可能解决这场危机的紧急政治行动却一直没有到来。为什么？除了否认气候变化，一个重要的原因是，减少碳排放被认为是一种不受欢迎的勒紧裤腰带的做法。人们认为，这意味着诸如碳排放税之类的政策，这会降低人们的实际收入和物质生活水平，从而降低惯常所说的“生活质量”。低排放汽车发动机和环保灯泡等新技术只有在节省昂贵的能源能增加而不是减少我们的实际收入时才会被采用。使用较少汽油的汽车意味着人们可以负担得起更远的旅行，或有一些闲钱可以购买其他消耗品。简而言之，当可持续被视为在面对气候变化的威胁时可以尽量保持我们的生活方式，它就是受欢迎的。然而，事实几乎恰恰相反：除非我们对社会组织做出根本性的改变，否则，可持续发展仍将遥不可及。

不断摇摆的根基

我们在这个星球上的生活方式正以比从前任何时候都快的速度发生变化，我们正处于人类历史上最重大的转折的边缘。这其中至少有五个要素。第一，正如我们所看到的，人们的福祉与经济增长脱钩。第二是环境危机，这意味着，如果我们不能改变经济发展模式和生活方式，就会面临灾难。“一切照旧”并不是一个可行选项。第三是“全球化”的过程，它不是近几年才出现的，而是长时间的渐进过程：从农民为自己的消费而生产的自给自足，到一个全球相互依存的系统。在这个系统中，我们依赖的是一个在电子通信辅助下建立起来的、全球性的生产和消费网络，同时我们也为其做出自己的贡献。这个过程将全人类连接成一个巨大的系统，看起来颇像一个全球有机体的形成，这与从单细胞生物过渡到多细胞生物是类似的。[400]与此相关，第四个要素是规模空前、持续加速的移民和大融合。人类起源于非洲，随后扩散至世界各地，在文化和生物性上都实现了多样化。现在我们又走到了一起，国际旅行、移民和通婚，这无异于人类的重新统一。这一过程也引起了摩擦，快速的迁徙往往遭到抵制，但作为人类发展的一步，人类的统一令人振奋，从长远来看也是完全不可阻挡的。第五，也是最后一点，技术变革的步伐不断加快。来自电子工业、人工智能、生物工程和纳米技术等领域的看似无穷无尽的创新正在重构我们生活方式的地基。只要明智地加以运用，技术创新就能提升我们的适应能力，让我们在社会发展与实现可持续生活的道路上拥有更多选择。

随着人类生活方式的发展——从采集和狩猎，到农业，再到工业化——社会组织的基础发生了变化。我们在第5章中看到，早期人类社会的平等主义主要基于合作狩猎。狩猎不仅是一种合作活动，其中个人的贡献无法单独评估，而且，当一只动物被杀死时，由于可食用的肉比一个家庭能吃得下的要多，所以分享成了一种明智的行为。然而，随着农业社会的发展，这种平等主义的基础已经丧失，生产变得个人化：人们努力在自己的土地上为自己的家庭种植粮食。狩猎本质上是平等的，而工业化之前的农业文明则以个人为主，并且潜在地是不平等的。

然而，现代工业生产的复杂性使我们回归到一种固有的相互依存、随时可能联手合作的生活方式。我们现在几乎不会因为自己要用就去生产些什么，而是在高度协调的团队中工作，几乎完全为他人的利益生产商品和服务。当这种高度整合和协调的行为必不可少时，把它建立在系统性的不平等之上，看起来就像是从过去的时代遗留下来的一种不合理的习俗。

工业化之前的农业社会经常会有食物资源稀缺的时期，这也会经常造成社会的不平等。动物和人类之间的等级制度有共通之处，重点在于是否具备特权，可以优先获取稀缺资源；而且，只有在资源真的不充足的情况下，等级制度才有意义。当收成不佳时，农业社会总是会遭受至少好几年的饥荒。但是，正如大量人类学证据表明的那样，狩猎采集社会存在这种高度平等状态的一个重要前提是，这个社会中的资源非常富足。[401-403] 这种社会被称为“最初的富足社会”，主要是因为我们的祖先那时几乎没有什么需求，仅有的那些需求也很容易被满足。对狩猎采集社会的人类学研究表明，这些社会中的人们不用为了生存而奋斗，他们更喜欢休闲娱乐，而不是更高的“消费水平”，他们每天通常可以在两到四个小时内获得一天所需的食物。[404] 他们知道非常多的可食用的动植物，这些都可以作为应急储备提前储存好，但大多数时间他们只吃自己喜欢吃的那几种。在当时，拥有的东西少不是贫穷的问题，而是需求少的问题。骨骼证据表明，狩猎采集社会的居民一般和现代社会的人类差不多高，人类身高的缩减和健康状况的下降是随着农业社会的开始而出现的。[405][406] 学者认为，这是由于周期性饥荒、依赖单一作物而缺乏必需营养物质、作物因病枯萎和歉收导致的。

农业通常被视为一种解放人类的发现，它取代了狩猎采集的不确定性，并增加了粮食产量，实际上是应人类的需求而诞生的。狩猎者和采集者之所以不种庄稼，并不是因为缺乏知识，而是因为他们可以从自然生长的东西中获取需要的所有食物，而不必从事繁重的劳动，包括种子采集、整地、种植、除草、收割和脱粒。农业只有在人口密度增加到无法再靠捕猎野生动物保证舒适生存的水平时，才会出现[403]。也就是说，农业的发展是形势所迫。

在英国，第一次工业革命也是从需求中诞生的。[403] 为满足不断增长的人口的需求，人们要求这片土地能够提供更多的粮食、毛织物、木柴和动物饲料（马匹运输的基础）。随着工业革命的开展，进口棉花、煤炭和运河的出现使压力开始得到缓解，但又过了近百年，生活水平才有了明显的改善迹象。今天的结果是，富裕国家的生活水平已经大幅提升，几乎不可能出现那种不可避免的贫困或必需品匮乏的状态。尽管不平等和近些年的财政紧缩政策迫使越来越多的人无家可归，只能去食物救济站或施舍所，但生活在富裕国家的绝大多数人都有一个温暖的家、一张舒适的床和充足的食物。正如我们在第 4 章中所看到的，与炫耀性消费和对时尚品牌的渴望相关的稀缺性是由地位竞争造成的，并且会因为不平等越发严重而加剧。

通过将我们转变为相互依赖的物种，同时终止必需品稀缺的状态，现代经济发展重新创造出了实现平等的两个关键条件。生产的合作性质和较高的生活水平意味着当前的不平等程度是不合时宜的。从长远来看，历史站在平等主义者一边。现代生活水平意味着，我们不必因物资稀缺，或者保护我们的消费不受他人需求影响的需要而被囚禁在过时的社会形式中。

我们的社会被各种变化来回折腾，如果任其发展，就会威胁到人类的生存。因此，最关键的一点就是必须清楚地意识到为确保人类的福祉，究竟要满足哪些必要条件，以及我们究竟应该迈向怎样的社会。

收入不平等与可持续发展

收入不平等、对环境的威胁和未能实现真正的更高水平的福祉之间存在着强有力的联系。最明显的一点是，更严重的收入不平等会加剧消费主义和为彰显地位而进行的消费。更明显的物质条件差异放大了地位差异，使我们更容易担心自己在别人心中的印象，而且，当我们需要用一些代表地位和成功的物品来向他人传达我们的“价值”时，金钱将发挥更加重要的作用。因此，我们的工作时间更长，储蓄更少，负债更多，在能显示地位的商品上花费得更多。

心理学研究证实，消费主义是由对身份地位的不安全感驱动的，其本身并不是幸福和满足感的本源，而广告商却希望我们相信幸福和满足来自消费。最近开展了一项针对 250 多篇关于幸福感与“物质主义”、消费主义倾向之间关系的研究的综合分析，发现“在多种类型的个人幸福感和人们对生活中的物质追求的认同与偏好之间，只存在一种清晰、持续的负相关”。[407] 物质主义和较低的幸福水平之间的关联似乎涉及“消极的自我评价”和“对自主、能力和人际关系的需求得不到满足”。不安全感和自我怀疑导致人们通过获取物质寻求安慰。综合分析还表明，那些陷入严重个人债务的人，特别是那些求助于典当行和放债人的人，患有常见精神疾病的比例较高。[408] 买东西也是一种“购物疗法”，因为它对人们对自身地位的不安全感起到安慰作用。事实上，市场营销和整个时尚行业都深入研究了这些关联，并无情地利用它们。

地位竞争是一场零和博弈。在等级制度中，一个人的获得就是另一个人的损失，因为不可能同时提高所有人的相对地位。尽管某人相对于其他人收入有所增加会使其在社会阶梯上攀升，并因此提高生活的幸福度，但不可能所有人同时享受到地位提高的好处。而且，正如我们所看到的，即使“涓滴”现象真的发生，经济增长也使每个人的生活变得更好，却仍不会提高社会整体的福祉水平。因此，在富裕国家，认为个人对更高收入的渴望等同于社会对经济增长的需求已不再合理。为了减少消费主义对我们的钱包和整个社会造成的损害，必须使加剧地位竞争的不平等减小。不然，我们在上一章中看到的、推动社会阶级划分的能量将继续引发永远得不到满足的消费主义洪流，因为我们总是会试图赶上他人，或者压过他人一头。

很难说出富裕国家的消费水平比足以支持类似福祉标准的正常消费水平高多少。如果把预期寿命作为衡量福祉的核心指标，如图 8.1 所示，那么它与二氧化碳排放的关系，和它与人均 GDP 的关系大致相同。正如一些国家尽管收入水平低得多，却能达到与最富裕国家相当的预期寿命水平一样，一些国家在实现高预期寿命的同时，人均碳排放量不到最富裕国家的三分之一。

提高物质标准对人们幸福感的影响已经走到尽头，更重要的是要认识到，社会环境和人际关系的改善可以极大地提高生活质量，同时又能保持一种可持续的发展。在更加不平等的社会中，社区生活枯燥乏味，人们对地位的渴望更加强烈，这对几乎没有机会获得认可和尊重的人来说，影响是深远的。在极端情况下——即使在考虑了枪支管制、贫困和其他因素之后——一项使用美国 3144 个县数据的研究表明，日益加剧的不平等会诱发更多大规模枪击事件（有三名或更多受害者）。[409] 在这些愤怒的自杀式枪击事件中，有多少行凶者绝望地孤注一掷，想要向这个世界表明真正的罪魁祸首不容忽视？在杀人之后选择自杀可能是犯罪者临死前最后的抗议，表明他不想被这个社会认定为一个失败者。并且，如果号称为了某项伟大的事业而杀人，为了让这个社会变得更好而杀人，犯罪者就会认为自己的这种行为（至少在自己看来）是光荣的。虽然这些因自身承受痛苦而去惩罚、伤害他人的行为只涉及极少数人，但它们也确实说明了这些人的痛苦感受。

未来最重大的福祉水平的提高可能会是社会关系和社会环境质量改善的结果，同时，它们与环境可持续发展完全是相容的。我们已经看到，在更平等的社会中，人们更愿意帮助他人——包括老年人、残疾人或其他任何人。[39]我们也看到，这些社会中的社区生活更稳定，人们更愿意信任别人。数据显示，随着不平等加剧，情况逐渐恶化：社会生活萎缩、暴力事件（以凶杀率衡量）增加。[38][410]在不平等最严重的国家，如南非和墨西哥，到处可以看到信任和互惠被恐惧取代的迹象。房屋周围有高墙，上面安有铁丝网或电网，窗户和门都用铁条加固，旅游指南也会指示游客不要在夜间外出。这种从友好社交到恐惧的转变，是不平等对人类社会的核心影响。另一项非常不同的证据表明，不平等确实在社会关系中带来了这种灾难性的变化。研究发现，随着收入差距的扩大，从事所谓“警卫”工作（如保安、警察）的劳动力人口比例也在增加。[411][412]这些工作涉及保护人们免受他人的伤害。没有什么东西能像严重的收入不平等对社会关系的影响那样，对我们的生活质量造成如此大的损害。

较低水平的不平等促进了更稳定的社区生活和更好的社会融合，使人们更加热心公益事业，更少为自己的私事而烦恼，这加强了人们的联系和合作。如果世界要朝着可持续发展的方向迈进，就意味着需要前所未有地以共同利益为基础来采取行动，实际上就是为全人类的利益而行动。但是，不平等所助长的对自身社会地位的不安全感和个人主义，使我们在面对各种问题带来的威胁时，无法第一时间采取有效行动，甚至不能激起足够的行动意愿。现在，各种极端环境变化带来的灾难性影响正逐一展现，要想避免最糟糕的结果，就必须为了全人类共同的利益而努力。

一项针对商界领袖的全球调查涉及这样一个问题："在你看来，国际性环境协议到底有多重要？"[413] 如图 8.3 所示，相比不平等国家的同行，较平等国家的商界领袖认为环境协议要重要得多。[414] 在废物回收这个议题上也有相同的发现：更平等的社会回收废物的比例更高。这两个指标都表明，更平等的社会中的人们不太以自我为中心，更愿意为共同利益而行动。

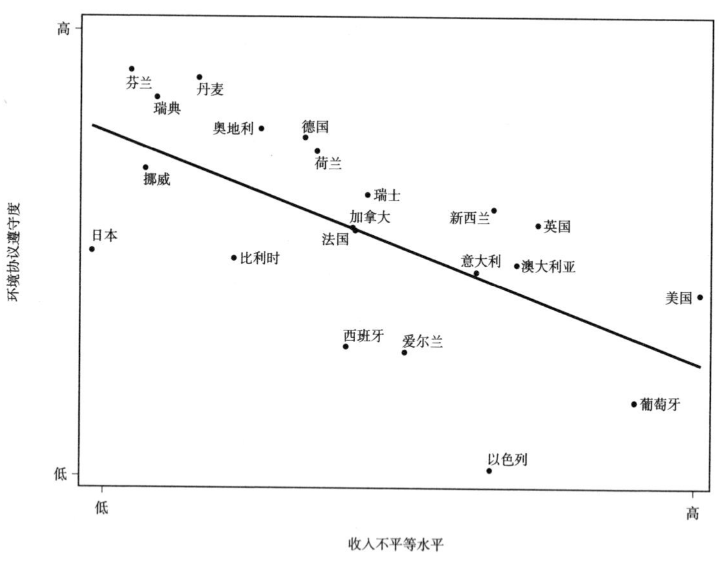

图 8.3：在收入更平等的国家，商界领袖认为更有必要遵守国际性环境协议。[414]

影响人们为共同利益采取行动的意愿的过程决定了这个社会是否能够适应新的环境状况和问题。研究人员使用一个名为"人类和自然动力学"的数学模型证明，当社会面临环境资源匮乏时，相比更平等的社会，那些因严重的收入不平等而分裂的社会更有可能崩溃。[415]迄今为止，没有任何与我们面临的环境危机相匹配的解决策略。这一事实表明，不平等太严重，自我利益太强，以致许多社会的人民和政治家没有办法有效地关注如何更好地实现向可持续发展的转变。

平等不仅与可持续发展一致，也是后者的先决条件。它是使社会从追求错误的、通过破坏环境获得的福祉转向真正的社会福祉的关键。迈向可持续发展需要我们以取代高收入和消费主义的方式来改善现代生活真实可感的主观质量，而不只是让人不情愿地勒紧裤腰带。在下一章也是最后一章中，我们将讨论如何才能大幅改善不平等的状况。

第 9 章

一个更好的世界

“我相信总统很关照少数族群。你也知道，我们有钱人就是社会上的少数。”

我们面临的选择是：是该加大纵向的社会等级的陡峭程度，还是横向的平等主义维度；是该增加还是减少人们之间的收入和社会地位差距；是该增强个体的优越感和自卑感，还是减少这些感受的影响，并改善社会关系和生活质量。我们所看到的证据表明，更严重的不平等会加剧绝大多数人的社交焦虑，并增加心理和社会成本。

总会有人声称对阶级和地位的高低划分感到惋惜，同时却认为巨大的收入差距带来的影响无关紧要。在整个政治领域，许多政治家和政策制定者都表达了使阶级划分最小化的愿望：他们希望给孩子们更多平等的机会，减少他们的教育成就的差异，并增加社会流动性。其他人表示，他们想要一个更有凝聚力的社会，大家能有更强的社区意识。但是，尽管有这些目标和价值观，许多人继续将缩小收入差距的大众需求视为“嫉妒的政治”。因此，让我们简要总结一下证据，即更大的收入差距确实使阶级和地位划分更加显著。

五大关联

1. 收入不平等让社会梯度问题恶化

全球范围内的比较研究表明，更大的收入差距让差不多所有的社会梯度问题（即那些在社会较低阶级更常见的问题）变得更加普遍。例如，社会地位越低，健康状况就越差，而且，在更不平等的社会中，大多数人的健康状况都不会太好。其他一系列问题也是如此，包括暴力（以凶杀率衡量）、青少年生育、学生的不良表现、药物滥用、精神疾病、儿童福祉无法保障、监禁率和肥胖症患病率的提高。在《公平之怒》中，我们表明，相比更平等的社会（如北欧国家或日本），所有这些问题在更不平等的发达国家（如美国和英国）发生的概率要高出一倍到九倍。不平等对最不富裕的人的影响最大，但也会影响到——在较小的程度上——较富裕的人，包括那些受过良好的教育、有工作和稳定收入的人。结果是，在更不平等的社会中，健康和社会问题会让社会阶梯变得更加陡峭，富人和穷人的境况差异更大。

我们在《公平之怒》中的假设（在本书的序言中进行了总结）是，并非任何或所有问题都与收入不平等有关，只是那些涉及社会梯度的问题尤为突出。我们通过查看不同的死亡率，对此进行了验证。[416] 正如预测的那样，我们发现，在贫困人群中更常见的死亡原因（如心脏病、呼吸系统疾病和婴儿夭折），在更不平等的社会中也更加常见；而那些完全与社会梯度无关的疾病——比如乳腺癌和前列腺癌——似乎与不平等的水平无关。其他学者也通过研究证明了这一点，收入差距更大，社会群体之间健康不平等的趋势就会加剧。[417] 如果与社会地位相关的问题会随着收入不平等的加剧而变得更加严重，那么这强烈地表明，更严重的收入不平等会使那些造成社会梯度的过程影响力更大。更严重的收入不平等并非与阶级和地位的划分指标无关，而是加强了这些指标对我们的控制，使这个社会的等级更加森严。

2. 收入不平等影响社会融合

在收入差距较大的国家，社会流动性往往较小：正如我们在第 6 章中看到的，人们更有可能留在他们出身的阶级中，因为较大的收入差距加固了阶级壁垒，使社会等级制度更加僵化，儿童也面临着更多机会不平等。同样，随着收入差距的增加，跨阶级的婚姻变得不那么普遍；富人与穷人居住的地点也逐渐被分隔开来。[418] 这三点都表明，更严重的不平等意味着不同社会阶级的人之间的距离更远：文化、社会和物质方面的鸿沟都越来越大。我们的生活越来越受到阶级和地位的定义和限制，社会构成也会受到损害。现在的研究表明，在更加不平等的社会中，人们的收入与其所属阶级之间的相关性变得更强。与此同时，更多的人认为自己的社会地位是比较低下的。[419]

3. 收入不平等影响社会凝聚力

在第 1 章和第 2 章中，我们看到，在更加不平等的社会中，人们更加会为社会地位而焦虑。我们更加担心他人对我们在社会中所处位置的判断，因此，许多人发现社交接触越来越让人紧张，并充满尴尬，因此他们更有可能“离群索居”。在不平等更严重的地方，社区内部的联系更少，人与人之间的信任水平下降——几乎可以肯定，对社会地位的不安全感带来的压力会促使人们退出社交生活。 随着不平等加剧，社交生活压力更大，人们越来越多地通过使用酒精和药物来缓解焦虑，让自己能在与他人的交往中放松。因此，正如我们在第 4 章中看到的，药物滥用在更不平等的社会中更为普遍。

4. 收入不平等加剧了身份焦虑

面对社交评价，人们会产生不同的心理反应，焦虑水平也会变高，此前我们也已经梳理了相关证据。当人们与自己的自卑和自信心不足做斗争时，抑郁症和焦虑症患病率会增加。虽然很难预测，不过根据对支配行为体系的研究，可以了解到，在更不平等的国家，精神分裂症和其他精神疾病的患病率更高。这些条件造成了不平等和精神疾病之间的关联，我们在《公平之怒》中首次展示了这种联系，此后我们在本书第 2—4 章中描述的大量研究也证实了这种关联。这种关联表明，收入不平等损害了社会互动和我们在与他人相处时的自我体验。

我们在第 3 章中看到，人们还有一种倾向，即通过炫耀自己的优点和成就来应对不断加剧的社会评价威胁，而不是怀抱谦虚的态度。在更不平等的社会中普遍存在的高水平的“自我提升”——对自己的评价比对别人的高——最为明显地体现出了这一点。目前缺乏关于自恋的各国对比数据，但我们在美国看到，随着不平等的加剧，自恋这种心态变得更加普遍。

5. 收入不平等强化了消费主义和炫耀性消费

第五项也是最后一项关联证据，即收入差距的扩大增加了我们对社会地位的关注，集中体现为消费主义和金钱的重要性。由于人们倾向于用金钱来显示他们的价值，身份焦虑的增加就意味着，金钱在更不平等的社会中变得更重要。人们工作时间更长，负债更多，更可能破产。炫耀性消费本质上是通过经济手段进行自我提升，而这种现象在更不平等的社会中会增加。[420–422] 对社会地位的高度关注和自我提升的愿望也明显地反映在数据中——在美国，相比那些比较平等的州，那些更不平等的州的学生更有可能在互联网上找人代写学期论文，通过作弊来获得好成绩。[423]

上述五项证据反过来也具有积极的作用：指明了重要的新政策杠杆，以便改善绝大多数人的生活质量并提高幸福感。我们现在知道了如何减少阶级和地位的影响力。整个社会可以做到从等级社会结构中解放出来，让各个等级的人不再排斥比他们等级低的人。许多催生社交焦虑和自卑的恶劣因素从而可以被终止，这样社会生活就会复兴。

收入不平等有没有一个合适的度？

我们无法确切地说，必须将收入差距压缩到什么水平才能最大限度地提高幸福感。我们所知道的是，不仅仅在那些相对平等的国家会出现趋同现象，我们的健康和社会问题指数，以及联合国儿童基金会的儿童福祉指数显示出，从最不平等到最平等的发达国家都呈现出一种改善的趋势。这表明，至少在达到北欧国家的平等水平时，更高水平的平等依然能带来好处，而这些国家都位居最平等的发达国家之列。而超过那个平等水平，我们没有更多数据，所以没法预测到底会发生什么。然而，当最不平等的国家将收入差距缩小到这一水平时，也许有一些国家会显示出这种平等是否值得继续追求。

什么水平的平等是可取的，在不同的背景下也可能有不同的答案。例如，在地域流动性大、缺乏固定社区的社会中，实现更高水平的平等可能比在更稳定的社会中更加重要。社区生活越薄弱，避免额外的社会划分就越重要。

在较为平等的富裕发达社会中，最富有的 20% 人口的收入是最贫穷的 20% 人口收入的 3.5—4 倍。在更不平等的国家，如美国和英国，这个数字可以达到 7—8 倍。这意味着，更不平等的国家至少应该把收入最高和最低的这两个 20% 之间的收入差距减半。即便这样，也只能将不平等降低到 20 世纪 60 年代和 70 年代初的水平，而且，仅仅通过调整最高税率和社会保障福利，是无法迅速实现这个目标的。

收入不平等在过去的重大变化

鉴于鼓励和促进环境可持续发展，并且改善全人类的福祉可以带来巨大的好处，你可能会认为，减少收入差距这一目标很容易实现。但收入和财富的分配可以深刻地反映出社会权力分配，一个想法或政策的有效性本身并不能保证其一定能够被实施。要理解摆在我们面前的任务，就必须先去审视过去导致收入分配发生重大变化的力量。

图 9.1 显示了一组富裕国家的收入不平等水平的长期趋势。1930—2014 年间发生的重大变化表明，发达国家共有的大致模式并不仅仅受商业周期等短期因素的影响。收入不平等的现象一直很严重，直到 20 世纪 30 年代才开始呈现出逐年下降的趋势，并持续了较长时间——确切地说，对于不同国家，以及不同的收入不平等衡量指标，存在 5—10 年的时间差。这种趋势一直持续到 20 世纪 70 年代的某个时刻。但是从 1980 年左右开始——在

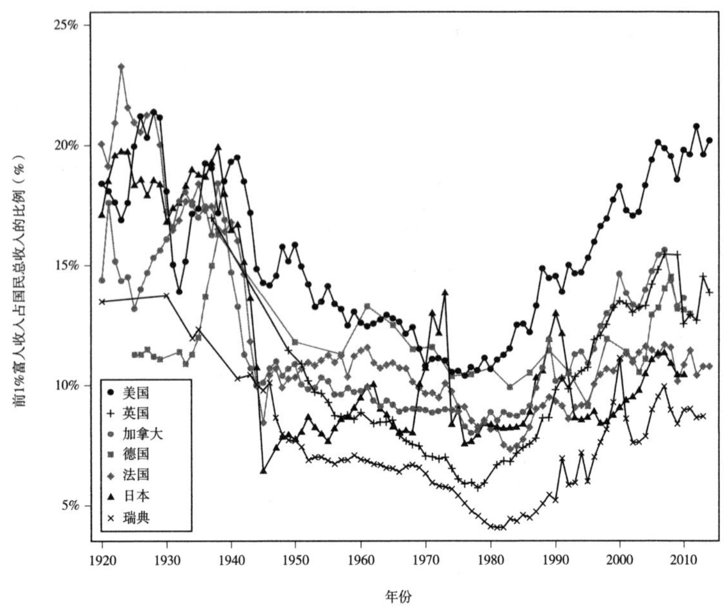

图 9.1：不同国家最富裕的 1% 人群收入占比走势图。

一些国家还要稍晚一些——收入不平等的水平开始再次提高，直到 21 世纪初，一些国家又恢复到了超过 20 世纪 20 年代以后的不平等水平。

这种总体发展趋势——收入不平等水平起初的长时间下降和随后的增长——反映了工人运动的加强和衰落，以及随之发展起来的各种政治意识形态。如果用工会中的劳动力比例来衡量工人运动作为社会反抗声音的影响力的强弱，那么其与收入不平等的关系就很明显了。图 9.2 显示了 1966—1994 年间，16 个经合组织国家不同时间点的收入不平等水平与劳工加入工会的比例之间的关系。[424]

无论何时何地，只要工会会员人数较少（偏向图表左侧），

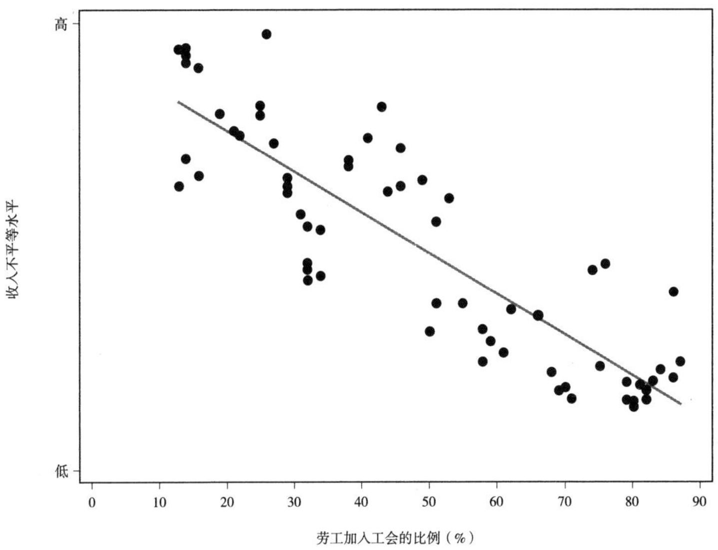

图 9.2：工会力量薄弱的地方，收入不平等水平更高。来自对 1966—1994 年间 16 个经合组织国家数据的分析。[424]

不平等现象就会较为严重。这种关系在很长一段时间内在不同国家的发展趋势中反复出现。图 9.3 表明，在美国，随着工会力量的增强，不平等水平有所下降；而当工会力量减弱时，不平等水平又会提高。[425]

然而，工会会员的数量与不平等之间的关联，不应仅仅被视为反映工会为其成员争取更高工资的能力的指标。相反，这种关系表明的是，政治进步整体上的影响力在广泛范围中的增强（后来逐渐减弱）。塑造财富和收入分配的是社会中的一套既有价值观——最明显地体现在工人运动的意识形态和政治政策上。随之而来的还有对共产主义的恐惧，以及这样一种担忧：20 世纪 30 年代的经济大萧条会被解读为马克思所预测的资本主义的崩溃。

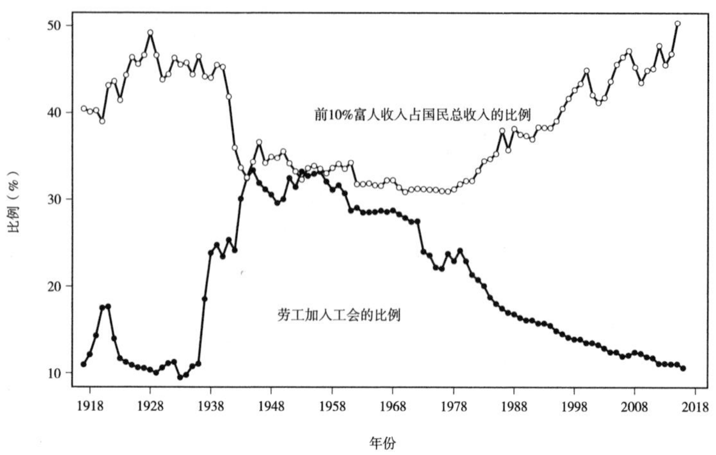

图 9.3：1918—2008 年，美国工会力量的强弱变化以及不平等水平的变化。[425]

在大萧条期间，当罗斯福总统在美国推出新政并大幅缩小收入差距时，他向实业家和富人解释说，为了保护资本主义制度，有必要进行改革。事实上，罗斯福有时被认为是拯救了资本主义的人。因此，不平等差距之所以缩减，既是因为出现了这样一种能够通过某种共有的身份认同和目的将人们凝聚在一起的集体运动，也是因为有人察觉到这样一种运动能够对社会造成威胁。迄今为止，受当前的不平等影响的数百万人还未能组成一支进步的政治力量，为共同的事业团结起来，提出他们必须被满足的需求。

自 1980 年左右以来，不平等越发严重，这在很大程度上是由于里根总统和玛格丽特·撒切尔首相支持并推崇新自由主义：一个又一个国家通过立法来削弱工会的力量；公共事业、交通运输和互助公司被私有化，导致它们内部的薪酬差异迅速扩大；同时，对富人的税收大幅削减。

然而，将最高税率——80% 以上——降低（有时降低超过一半），反而产生了意想不到的效果：它并没有改变最富裕的一小撮人的税前收入，而是相反，由于富人可以将更多的收入留在自己手中，他们增加税前收入的意愿就变得更为强烈。观察经合组织国家后可以发现，它们普遍都有一种强烈的趋势，即在政府大幅削减最高收入人群的税率的情况下，富人的税前收入增长更快：税率降低幅度越大，随后富人的税前收入增长速度就越快。[426]最高税率一定程度上起到了设置工资上限的作用；一旦它们被取消，富人就会从税收负担的减少和税前收入的更快增长中受益。本来认为这一举措能够促进经济增长，但如今发现它反而导致了经济的衰退，这颇具讽刺意味。国际货币基金组织的一份研究报告发现，收入不平等不利于经济增长（正如我们在第6章中指出的那样），而且再分配也并不会对经济增长造成负面影响。[270]

政治的核心作用——与“市场力量”相反——就是改善不平等的状况（如图9.3所示），这一点在其他地方已经得到证实。1993年，世界银行在一份关于曾被称为“小龙经济体”的八个国家和地区（日本、韩国、中国台湾、新加坡、中国香港、泰国、马来西亚和印度尼西亚）的报告中提出了同样的观点。[427]报告指出，通过广为人知的“分享增长”计划，这些国家和地区在1960—1980年间都缩小了收入差距。政策形式多种多样，包括土地改革、降低化肥价格和增加农村收入的补贴、财富分享计划、大规模公共住房计划，以及对工人合作社的援助。此后，世界银行的报告针对这些国家和地区的政府为什么要推行这些更加平等的政策指出，在每个案例中，政府改善不平等状况的主要原因是他们面临着合法性挑战，因此需要赢得更广泛的民众支持。因此，正如分析富裕发达国家的情况一样，认为不平等状况在20世纪出现的主要变化仅仅是由受全球化或技术变革驱动的市场力量塑造的，而与政治和意识形态无关，这一观点其实是错误的。[428] 它并不是我们无法控制的非人为的经济问题，政治和政府决策在决定收入分配方面发挥了核心作用。

政治的钟摆

最近的政治倒退使许多人对进步的前景感到绝望。严重的不平等造成了政治上的两极分化，就像 20 世纪 20 年代那样。保罗 · 克鲁格曼描述说，在 20 世纪六七十年代，美国国会的共和党和民主党支持者有很大的重合，但随着不平等水平的提高，这种重合现在已经完全消失了。[428] 类似的政治两极化过程在欧洲也很明显。极右翼和极左翼之所以重新崛起，不仅是因为不平等的受害者们抛弃了原来的中左翼立场——当然，是这些政治家抛弃他们在先，也是因为这些更不平等的社会本身就催生出了更多的反社会价值观。唐纳德 · 特朗普是由少数选民选出来的美国总统，尽管伯尼·桑德斯自称是社会主义者，但他可能比希拉里·克林顿更有机会击败特朗普。

最近左翼和右翼选民都拒绝了中间派政党，这表明情绪比决定他们在任何选举中所站立场的理性思考更为根本。政治评论家们一致认为，人们对变革有着根深蒂固的渴望，尽管少有人能够想出这种变革具体该如何展开。马克思从历史分析中得出的关键思想之一是，工业生产体系的发展如何迫使社会的基本框架和政治组织架构发生根本性的变化。我们并不需要成为马克思主义者才能认识到，社会体制已经发生了翻天覆地的变化，现在人们已经被卷入了一个完全相互依存的全球网络，技术进步已经改变了我们的经济结构和生活方式。尽管如此，我们显然还没有被带入一个新的后资本主义、后稀缺的世界。恰恰相反，新的生产体系继续以两个世纪前的人们也很熟悉的方式组织运转着。

尽管物质生活给身体带来的舒适度达到了前所未有的水平，但我们仍承受着巨大的不快乐和各种精神疾病造成的负担。所谓的精英管理塑造了我们的理想抱负，并定义了世俗眼中的成功，结果却被证明是建立在谎言之上的不合时宜之物。在国际关系的运行模式中，似乎最好的相处方式还是积累军事力量展开博弈（但结果往往适得其反），而不是进行国际性的互惠合作。由于缺乏适当的运行框架，我们无法处理越来越多的国际问题：气候变化不断带来挑战；绝望的难民和移民人数不断增加；跨国公司缺乏民主，不受约束；缺少能够强制执行的国际法，而根据税收正义网络估测，有 21 万亿—32 万亿美元（占世界年度生产总值的 20%—30%）的财富都隐藏在避税天堂。尽管在以上每个问题上，我们至少能够看出未来进步的方向，但改革之路，何其漫漫？

然而，有迹象表明，世界局势正在发生变化。世界碳排放量终于达到峰值并停止上升，但由于我们每年继续向大气层倾倒 360 亿吨二氧化碳，远远超过了在不增加地球温度的情况下它所能吸收的极限，我们面临的挑战仍然非常严峻。

毫无疑问，在 2008 年金融危机与占领华尔街运动的推动下，世界各国领导人也开始将追求更高水平的平等作为目标——即使只是口头上这样说，尚未真正行动起来。奥巴马总统称收入不平等是“我们这个时代的决定性挑战”[429]，教皇将其描述为“社会弊病的根源”[430]，当时的联合国秘书长潘基文和国际货币基金组织总裁克里斯蒂娜·拉加德也发表了同样强烈的声明[431][432]。大多数国家的民意调查显示，绝大多数人——有时这一比例占到 80%——认为收入差距太大了，但即便如此，大多数人也低估了实际的收入差距。在美国的一个研究项目中，研究人员会向受访者出示未标记的图表，显示瑞典和美国的财富分配情况。大约 90% 的受访者更喜欢瑞典的分配，因为比美国的分配更公平。有趣的是，这个比例在共和党和民主党选民之间、穷人和富人之间或男性和女性之间几乎没有什么差异。[433]

尽管舆论压力很大，但政府采取的补救措施仍然不够多。“基本生活工资”运动已促使英国许多大型公共和私营机构提高其员工的最低工资 [434]；在英国，近 25 地的地方当局——几乎都由工党控制——设立了公平委员会，提议采取一些能够缩小当地收入差距的政策 [435]。在国际层面，经合组织与避税天堂达成协议，后者必须向税务机关提供银行账户信息，以清查逃税行为。[436] 然而，自金融危机以来，经合组织国家的收入差距仍然没有缩小的趋势。

显然，政治压力可以促使收入不平等现象大幅减少，但一旦压力减弱，以前的不平等现象就会重新出现——如图 9.1 所示，1980 年后就出现了这种转折。随着劳工运动的式微和社会民主党的右倾，自 20 世纪 20 年代以来取得的许多社会进步都被推翻了。媒体报道说，现在雇用家政服务人员和仆人的英国家庭比 19 世纪以来的任何时刻都要多 [437][438]，救济站和食品银行重新出现，那些收入膨胀到极限的少数人正在建立新的王朝，他们的后代将享受继承下来的财富和财务自由带来的休闲。

这些倒退表明，前几代人未能实现将进步更深入地融入社会的制度变革。不平等的减少主要靠的是借助税收和社会保障福利进行的收入再分配，而随着意识形态钟摆的摆动，这种减少在轻轻一击之下就会被打回原形。要想长期稳步实现更广泛的平等，就需要做出一些结构性变革，例如实现更广泛的经济民主，以便为全方位的平等提供更坚实的基础。

经济民主

上一代人收入差距扩大的主要原因是，最富有者税前收入的增长速度远远超过了其他人的。图 9.4 显示了从 20 世纪 60 年代中期到 2015 年，美国最大的 350 家公司内部收入差距的扩大。在 20 世纪 70 年代，同一公司的首席执行官（CEO）和“生产工人”的薪酬差距平均约为 20∶1 或 30∶1；然而，到了 21 世纪的头 10 年，这个差距又翻为 10 倍，达到 200∶1 至 400∶1 之间。[439] 相比之下，在过去的一代人中，最贫穷的人中有一半人的收入不再有所增长。正如我们所看到的，收入差距的扩大在个人价值和能力差异方面都有所体现，同时，社会顶层的傲慢和理所应当获得一切的盲目自信也有所增加。

这些巨大的收入差距几乎都出现在私人领域。公共领域——无论是地方政府、卫生服务部门、大学、警察部门，还是军队——的收入差距相对来说小很多，通常不超过 20∶1，有时甚至低至 10∶1。在 20 世纪的最后几十年里，公共领域和私人领域收入差距的扩大，最主要体现在 20 世纪 80 年代后，从事公共基础设施建设的公司和互助公司改为私营企业，其首席执行官的薪酬也因此大幅增长。现在人们普遍认为，私营公司的高管所获得的薪酬与公司业绩几乎没有任何关联，更不用说通过后者证明前者的合理性了。[440] 一项对美国最大的 429 家公司的研究发现，在 10 年间，首席执行官获得的薪酬总额超过收入中位数的公司，其股东的回报率大大低于那些获得较少薪酬的公司（这一点会在图 9.5 中显示）。

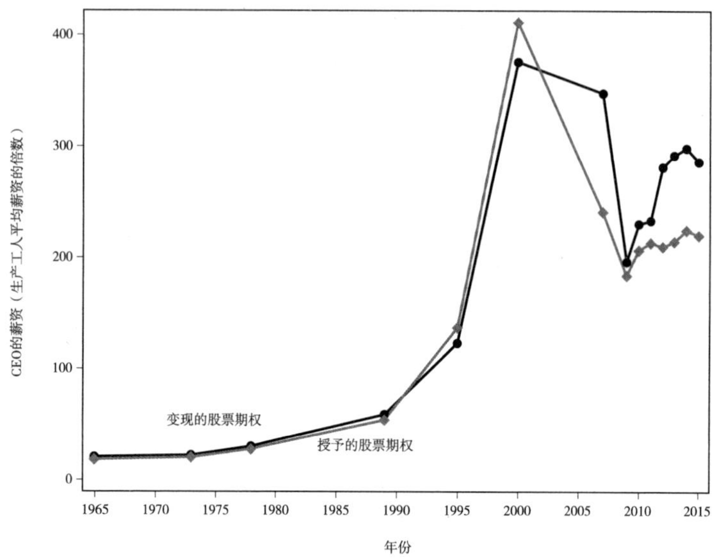

图 9.4：美国最大的 350 家公司的首席执行官薪酬与生产工人平均薪酬的比例变化。[439]

也有证据表明，如果把雇员分成不同的小组，当每个小组的成员能够获得相同报酬时，小规模的雇员小组生产力更高。一项涉及印度 378 名制造业雇员的实验，比较了存在薪酬差异和薪酬水平相等的小组的表现后发现，与没有薪酬差异的小组相比，有薪酬差异的小组生产力会大大降低，缺勤率也更高。[442] 根据我们现在对收入不平等造成的影响的了解，这一发现似乎反映了小组成员之间在合作、信任和建立友谊方面的差异。

很多人认为，纳税无异于将他们努力赚取并理所应当获得的薪酬合法盗走，所以通过税收和社会保障福利进行收入再分配尤其艰难，还容易失效。然而，我们每个人都是通过自己的努力来获得收入的这种观念是错误的，因为这只有在个体完全孤立地生产个人所需时才成立，因此自给自足的农民才有可能完全不依赖

图 9.5：在美国最大的 429 家公司中，首席执行官薪酬较低的公司业绩更好。[441]

他人。而实际上，我们在生产的过程中都得依赖于他人的合作付出。人们的收入反映了他们从共同生产的产品中提取多少份额的能力。甚至，人们工作的难度与他们获得回报的大小其实没有多大关系。[443] 如果他们生活在一个贫困的社会，没有完善的基础设施——交通、通信、电力和供水等——他们手下也没有受过良好教育的能干员工，大概没有几个有钱人或首席执行官能变得富有吧。而且正如经济学家一直明确指出的那样，雇主只有在他们认为员工的工作价值大于报酬的情况下才会雇用这位员工。

收入不平等变得越发严重，主要是由“分红文化”和最高收入的迅速增加推动的。这标志着对强者的自身利益缺乏任何有效的民主约束——无论是来自哪里的约束，例如税收、工会力量或曾经被称为“社会主义运动”的其他力量施加的政治影响。为了扭转这一过程，必须设计新的、有效的限制，并将其永久地纳入经济体系；民主必须以符合市场效应同时又能对其做出改变的方式进入经济领域。

目前，约有一半的欧盟成员国立法规定雇员在公司董事会或薪酬委员会拥有代表和发言权。[443–445]2013 年，在英国进行的一项调查（与美国一样，英国仍然没有任何关于雇员代表的法律规定）发现，76% 的人赞成雇员在公司董事会中享有代表权。[446] 对美国的雇员调查也显示，大多数人希望更多地参与决策过程。[447]2016 年，特蕾莎·梅代表保守党就任英国首相时表示，希望至少朝这个方向迈出第一步。但很快，她放弃了这个想法。在德国，1951 年时，煤炭开采和钢铁生产中就已经确立了“共同决定权”，到了 1976 年，这一要求已经普及到所有员工数超过 2000 人的公司。在拥有 500—2000 名雇员的上市公司（但不是家族企业）中，三分之一的董事会成员必须是雇员代表。尽管立法的力度因国家或地区不同而有所不同，而且往往过于薄弱而无法产生太大影响，但研究表明，在董事会中有雇员代表的公司，其内部的收入差距往往较小。[448] 看起来，自 1980 年以来，拥有此类法律规定的国家比没有此类法律规定的国家收入不平等上升的幅度要更小。一项关于德国雇员代表对公司绩效影响的大规模研究发现，董事会中存在雇员代表，可以提高公司效率和公司的市场价值。[449] 雇员代表为董事会带来关于雇员的信息，促成高管和雇员之间的彼此理解，从而改进决策质量，并提高公司价值。结果证明，那些需要更多的协调、活动整合和信息共享的部门，包括“贸易、交通运输、计算机、医药和其他制造业”，从雇员代表制度中受益最大（然而，如果是由非公司雇员的外部工会干事做代表，就没有更流畅的信息交流带来的好处了）。除了向高层提供更多的信息外，工人和工会还可以从公司各层级之间关于公司发展战略、如何获取利润的良性探讨中获益。

除了对公司董事会中雇员代表的比例做出更有力的立法规定外，我们还需要制定政策，发展由更彻底的民主机构组成的经济部门，如雇员合作社和雇员所有制公司。合作社的收入差距往往比其他地方小得多。在西班牙的巴斯克地区，蒙德拉贡合作社集团成立于60年前，现在有近8万名员工，公司的上下薪酬差距约为5：1，很少超过6：1——尽管到后来，高级员工有被西班牙其他高薪企业挖走的趋势。

除了减少收入差距，合作社和雇员所有制公司还会推动财富从外部股东到雇员的再分配，同时，减少高管不劳而获的收入。通过扩大财富分配的范围，这些公司提供了一个方案，有助于解决经济学家托马斯·皮凯蒂在《21世纪资本论》一书中提出的核心问题[450]：资本的回报会加剧收入不平等，因为资本增长比其他收入增长更快，主要还是因为财富仍然集中在少数富裕人群手中。经济民主可能是更广泛地分配财富和收益的最佳方式。

此外，很明显，合作社和雇员所有制公司改变了工作关系，改善了工作体验：正如罗伯特·奥克肖特在著作《工作与公平》中所说，员工认购公司，可以将公司从一种产权变成一个属于集体的社区。[451]虽然许多生活在集中住宅区中的人不认识他们的邻居，很少甚至没有活跃的社区生活，但现在对于我们而言，最重要的环境就是工作环境，所以我们才应该把上班的地方变成一个有归属感和集体意识的社区。我们大多数人之所以不认为自己的工作地点是一个公共社区，最主要的原因是，这里是造成收入差距的第一现场，我们在这里接受从上到下的“直线管理”，这种等级系统划分最为明显。通过从根本上改变工作层级的划分，缩小收入差距的规模，雇员所有制公司和合作社等更民主的经济机构可以帮助培养工作中的凝聚力和互惠行为，并在更广泛的层面加强社区生活。[452][453]

更加民主和平等的商业模式还有另一个重要优势——促成更高的生产力。大多数对经济民主的评估针对的都是那些在雇员代表方面做了有限努力的公司。但是，已经出现了一些大规模和相对精准的研究——将几百家公司两两配对，比较在实验前后公司的业绩数据有何改变，其中有一些还专门研究了利润共享和雇员持股的效果。[454]研究结果表明，只有当这些规定与参与式管理相结合时，生产力才会得到值得信服的改善。[455][456]有一篇研究报告是这样描述的：

> 我们可以肯定地说，当雇员持股制和参与式管理结合在一起时，会产生巨大的收益。然而，仅凭雇员持股制或参与式管理二者之一，充其量只能产生零星或暂时的效果……在没有［股份］所有权的情况下，参与式管理的影响是短暂的……雇员持股制似乎提供了企业文化层面的黏合剂，让参与式管理能够维持下去。[457]

对于完全由雇员拥有的公司，雇员持股指数（由斐石律师事务所编制）显示，从 1992 到 2012 年，该指数上涨了 648%，是富时全股指数的涨幅的 2.5 倍之多，况且后者本身就上涨了 245%。最近对 100 多份研究报告的研究证实，雇员所有制公司不仅业绩更好，而且还减少了雇员之间的不平等。[458]然而，并非所有完全由雇员持股的公司都归全体雇员所有，其中有些为少数高层管理人员所有。但是，经过对各种证据的综合分析，得出的结论是“普遍的所有权（即更大比例的雇员拥有股份）将使公司的生产力提高 4%”。[459] 其他分析也得出了类似结论，包括英国政府委托进行的一项专业评审。[456][460][461]

上述证据表明，雇员所有制公司不仅提高了生产力，而且在创新能力、抵御经济衰退能力、病假批准、雇员满意度，以及雇员平等方面，都优于其他公司。一个有趣的推论是，更民主的公司提高了生产力并缩小了收入差距，而在不民主的公司中，有证据表明，从首席执行官到下层雇员之间存在的更大的收入差距与公司较低的生产力有关联。[462] 民主的唯一问题是，在大型公司中，这种优势似乎会减小（但不会逆转为劣势），因为真正的参与式管理会变得笨拙，需要有更正式的代表机构进行管理，而目前这些公司可能不存在这种机构框架。

相比之下，外部股东参与决策往往会成为公司创造业绩的障碍。股东不仅对其持有股份的公司的具体运作缺乏详细了解，而且引起他们注意的股价波动对其持有股份的公司产生的实际影响很小，约等于无。股东通常没有能力也不太情愿审查董事会的报告和建议，即便报告和建议内容都充分考虑了公司的利益，久而久之，股东年会也逐渐退化为股东机械盖章以通过决议的过场。

发展合作社和雇员所有制公司的最重要的原因之一就是更高水平的平等与可持续发展之间存在关联。美国环保运动先驱默里·布克金曾经说过，“无法‘说服’企业限制增长，就像无法‘说服’人类停止呼吸一样”。[463] 企业这种对增长的关注既来自将外部股东回报最大化的需要，也来自企业将财富和权力集中在高层的运营模式。在没有对公司架构进行调整的情况下，公司高管的自我膨胀不会有任何节制，受利益驱动的发展方向也几乎不会有任何改变。[464]

另一方面，合作社在运作方式上可能更贴近社区管理，不太可能将公司的扩张作为其最优先的目标。出于同样的原因，他们似乎也更有可能在企业道德和可持续发展方面表现良好。一项对奥地利、意大利和德国的22家民主程度截然不同的公司的研究得出这样的结论：实现更高水平的民主，不仅改善了公司内部的"社会道德"氛围，还提高了员工的"公民美德"水平，令其"更多考虑为社会公共事业谋福利"，并且乐于互帮互助。[465][466] 但为了确保更加民主的公司在运营时能够优先考虑社会公共利益，除了雇员代表外，他们的董事会也没有理由不吸纳社区和消费者代表。

为什么是现在？

除非在法律中做出明文规定，否则大多数公司在实现雇员民主方面几乎不会做任何表态，尽管绝大多数雇员都希望通过某种制度更积极地参与公司管理，并在决策过程中发出更大的声音。[447] 因此，雇员更有可能感到不满，部分是因为他们知道自己只是在为外部股东的利润和收益打工，部分是因为公司建立起的直线管理制度给他们带来了许多困扰。

这些问题并不是什么微不足道的小事。现在，众所周知，缺乏对工作的控制感对健康有重大负面影响——主要是因为如此一来会增加个体承受的压力。[467][468] 而且，在现代社会生产日益复杂的大背景下，人们完全失去了对工作的掌控，这使得工作场所更加急迫地需要民主的氛围。[469] 我们了解到，制度不公正、缺乏问责制，以及人们是否认为自己受到公平对待等更普遍的问题也会损害人们的身心健康——包括随着年龄的增长，心理健康水平和处理问题的能力下降。[470–472]即使在学龄儿童中，感受到不公平对待也是一种强大的压力来源：一项覆盖了21个国家或地区的针对儿童的研究发现，在其中19个国家或地区，当孩子们感觉自己受到老师的不公平对待时，会更频繁地头痛。

更民主的公司员工流动率一直较低，这项证据表明，人们更喜欢在这些公司工作。这些公司在最佳雇主名单中所占比例极高，也证实了这种倾向确实存在。许多员工常常对老板心怀敌意（通常不会表达出来），或与之产生摩擦，而在合作社和雇员所有制公司中这二者可能不太常见，特别是在高管必须对雇员的行为负责，而这些雇员在任命高管的人事决策中也会起到作用时。

支持所有形式的经济民主的另一个原因是，现有的公司所有权和控制权的各种形式已经阻碍了生产力的发展。英国工会大会的一份名为《董事会中的员工代表》的报告，描述了传统的股份所有权形式如何越来越不适合现代企业。[473]报告指出，在20世纪60年代，大多数股份由股东个人持有，他们在一小批公司中长期持有股份，一直关注这些公司的发展，并会投入一部分资金。人们持有同一家公司的股份的时间，平均来看大约是七年。但现在，在许多国家，绝大多数股份由金融机构持有，这些机构将投资分散到数百甚至数千家公司。因为它们通过短期股票交易赚钱，通常只是由计算机算法触发交易，它们持有股票的平均时间一般不到一分钟，所以这些金融机构实际上不会对这些公司产生长期（甚至短期也不会）的兴趣。即使在高频交易系统之外，股票的平均持有时间也只有几个月。一家大型上市公司现在可能拥有数千甚至数万名股东，但很难获得这些股东的完整信息。

与此同时，现代生产越来越多地涉及许多人的不同专业知识和技能的融合，以至于公司的价值现在已经不仅仅体现在有多少建筑物、资金和设备，而是体现在公司的雇员拥有哪些综合技能、专业知识和业务本领。这意味着，买卖一家公司越来越像买卖一群人。但这是一个非常过时的观念，尤其是如果让这些员工来管理公司，他们可能会做得更成功。当然了，购买股权的目的就在于，获得这些人所创造的利润的所有权。

然而，假如更民主的公司具有更高的生产力，而现代的股权持有方式已不合时宜，为什么我们没有看到民主迅速扩展到经济领域？答案是，公司的存在不仅仅是为了生产我们都需要的商品和服务。就其本性而言，公司倾向于将权力和财富集中在少数高层人士手中。结果就是，“产业巨头”需要在冲突之间做出选择：一方面是尽可能最大化他们的私利；另一方面，又要考虑什么才符合公司这个整体的最高利益。图 9.5 说明了这个问题：首席执行官工资较低的公司，业绩要好于首席执行官工资较高的公司。危险之处在于，极高的薪酬对那些主要关注自我发展，而不是公司利益的人来说特别有吸引力。

许多跨国公司的营业额比某些国家的国内生产总值还要大，有些公司的营业额甚至大于挪威或新西兰的国内生产总值，但这些公司缺乏一种民主问责制，往往只交很少的税甚至不交税。2008 年，美国政府问责署报告说，美国最大的 100 家公司中，有 83 家会利用设立在避税天堂的子公司来避税。根据税收正义网络的报告，欧洲最大的 100 家公司中，有 99 家有同样的行为。然而，这些公司的运营却完全依赖政府出资建设的公共基础设施——从交通运输系统到教育系统，再到警察系统——而所有这些维持社会运转的机构都是由别的纳税人负担的。

尽管企业社会责任计划很受欢迎，但对公司哪怕最低限度的有利做法也往往不符合广大公众的利益。事实上，大公司在社会中扮演着越来越反社会的角色。纽约市立大学公共卫生特聘教授尼古拉斯·弗罗伊登伯格在他的《致命但合法》一书中提供了大量详细的证据，证明食品、烟草、酒精、枪支、药品、现代农业企业和汽车行业现在是对公共卫生最主要的威胁。[474] 无论是食品制造商不断与减少肥胖的政令唱反调，还是柴油车发动机碳排放量造假，其代价都是数万甚至数十万人的性命。弗罗伊登伯格展示了企业如何利用广告支出、政治影响和媒体宣传来反驳其产品对人类造成危害的科学研究证据，并抗拒任何为减少风险而进行的立法努力。他们用捍卫公司利益的人填满政府监管系统，并花费巨资游说政治家，以便在面对大量有危害的证据时能够继续销售产品。即使是那些生产不损害健康的产品的公司，在有大量证据表明必须将碳排放至少减少 80% 才能使我们免受全球变暖的最坏影响的情况下，还是会以销售量和消费量的最大化为公司发展的目标。现代社会要具备足够的能力，确保生产是为公共利益、人类生存和地球的可持续发展服务。

大转型

社会现有的结构需要每个人为自己的生存付出巨大代价。正如我们已经表明的那样，这是一种低效的创造幸福感的方式。更平等的社会除了对每个人都更加有益，其生活成本也将更低。根据平等信托基金的计算，如果英国将收入不平等水平降低到经合组织国家的平均水平，由此带来的国民身体和精神健康的改善以及暴力和监禁率的减少，每年就能为国家财政节省 390 亿英镑。[475] 鉴于收入不平等能够有效地预测社会功能失调的各个方面并做出调整，收入不平等水平降低之后，实际上减少的社会成本还会更多。

20 世纪 70 年代，英国的收入不平等水平与现在的北欧国家一样。然而在此之后，英国最富有和最贫穷的 20% 人口之间的收入差距迅速扩大，现在的差距是北欧国家的两倍。顶层的极高收入与底层的贫穷一样，都是加剧收入不平等的原因。通过缩小税前收入差距或通过累进税和更慷慨的福利政策重新分配收入，可以提高平等水平。从更平等的国家或美国各州的例子来看，实现更大的平等所采取的具体路径没有它们所实现的平等水平重要。以上这两种方法似乎都能创造更平等的局面，从而实现更大的社会效益，因此，都必须付诸实践。

在再分配政策方面，解决境外避税天堂和其他形式的避税行为造成的问题，显然会让税收更加规范、高效。因为更平等的社会结构似乎能减少对社会底层的偏见，也能提供更完善的社会保障福利制度。更激进的税收和福利制度改革提议包括保障最低收入、征收土地税，这两种政策在学界和政策专家中都有拥护者，很多人都会提议推行类似的改革方案。[476–479] 的确，许多工作在未来极有可能被自动化和人工智能取代，这意味着保障最低收入可能成为不可或缺的重要民生政策。

关于税前收入差距，一些国家开展了提高最低工资或鼓励雇主支付远高于法定最低工资的“基本生活工资”运动。但要成功缩小税前收入差距，政府必须采取一定措施，确保经济发展过程中失业率保持在一定水平之下，这样才能保证劳动力有足够的竞争力。从历史上看，如图 9.2 和图 9.3 所示，工会在减少收入不平等方面也发挥了关键作用。尽管从大型重工业产业向小型服务业的转变意味着工会不太可能恢复昔日的实力，但他们代表成员捍卫权利的法律能力仍然需要重建。由于工会力量变得较弱，要维持有序的工资谈判体系，现有的这些缺少工会组织的工人，就更有必要联合起来共同反抗不合理的低收入。要解决这个难题，或许可以考虑重建由工会、雇主和专家组成的国家薪资委员会，来制定最低工资协议，对工作环境和工人权利做出保障规范并监督其执行落实。在雇主逃避责任，使用自由职业和零工合同的概念来逃避对雇员的义务，使雇员无权享有假期、养老金、带薪病假的情况下，就格外有必要成立这样的组织，以保障雇员的各项权利。[480]

然而，迄今为止，最重要的长期措施应该是将民主扩展到经济领域，以此来缩小税前收入差距。为此目的而制定的政策将遇到来自企业方面的强大阻力——尽管正如我们所看到的，首席执行官和股东并不总是公司利益的最佳捍卫者。同样，尽管许多受意识形态支配，试图证明增长会带来好处，而法规约束只能限制经济发展的解释表面上看起来是为了社会整体的最大福利着想，但它们通常反映的是社会顶层的少数富人为维护自己的利益及其正当性所做的努力。这是很重要的一点，因为政策的制定需要大量的讨论，而为某些部门的利益服务的意识形态会不断威胁到政策制定的合理性。在过去，由于认识到不同的阶级利益会产生不同的阶级意识形态，较贫困者的利益在某种程度上也得到了保障。然而，一旦进步政党的政治领导人与非常富有的人走得太近，这种保护穷人权益的政治理念就会丧失。而有些选民竟然会相信，像特朗普总统那样富有的人会为社会中最贫困的人的福利着想。

除了个别令人钦佩的例外，民主的扩展很少能得到权力因此被削弱的人群的支持。反对派很强大，但经济民主化需要成为被公开承认、为公众所知的政治目标。作为人类进步的下一个重大步骤，所有进步的政治家都应该提倡和捍卫这个愿景。我们需要形成一种普遍的共识，即这是向可持续发展的未来转变的必要过程，能够实现比现在水平高得多的一种真正的平等。我们需要的不是一场革命，而是一种渐进且全面的转变。

为了在这一过程中做出贡献，每个国家都需要提高国内现有的雇员所有制公司和合作社式企业的地位。现在它们已经拥有了可观的实力。即使在英国，这个经济民主化程度比许多其他国家都要低的国家，也有近 500 家雇员所有制公司和合作社式企业，年营业额总计达 107 亿英镑，雇员近 10 万人。根据英国雇员所有权协会的数据，民主经济在过去几年中以每年 9% 的速度增长。还需要关注一些具有更民主的商业模式的成功公司，包括像奥雅纳（Arup）、斯科特巴德（Scott Bader）、斯旺—莫顿（Swann-Morton）和约翰·路易斯（John Lewis）这样的大公司。美国最大的雇员所有制公司是大众超级市场（Publix Super Markets），拥有 17.5 万名雇员，1000 多家分店，总营业额高达 300 亿美元——这使其成为美国 10 大私营公司之一。该公司 80% 的股份由曾经和现在依然在岗的雇员持有，其余 20% 的股份由公司创始人的家族拥有。还有一些大型美国公司完全由雇员持股，包括接触生活（Lifetouch），一家拥有 2 万名雇员的摄影公司。

提高整个行业地位的一种方法是，鼓励这些公司把它们这种更注重公平和民主的精神作为公司的特色，呈现在其商标和品牌建设中。设立一个“民主公司”的品牌——比如以“公平贸易”为蓝本——可能会有所帮助，可以提高这些公司的知名度，并使人们更加了解其道德价值观和实际的经营优势。消费者运动表明，公司会对那些可能对其销售产生不利影响或是有损名誉的宣传非常敏感，在证明公司是否满足社会、环保和道德的相应标准时，也可以考虑把这一点纳入评判体系中。

帮助更民主的商业发展，还有一个更直接的方法，就是建立一个互联网门户网站，使人们更容易通过网站购物、进行银行业务，以及选择公共服务提供商：这个网站让顾客可以自由选择不同种类的商品，然后将他们和这些提供商品与服务的民主公司连接起来。随着时间的推移和发展，这个网站可以像亚马逊一样运作，只不过人人平等，而不会像亚马逊一样存在避税和剥削员工的记录。除了为更民主的企业提供额外的市场优势外，这样的网站还会让公众对这种更民主的商业模式具备的实践优势和道德优势形成更深刻的认识。

支持经济民主并将其置于政治议程的中心，必须辅之以立法改革。第一个目标应该是立法规定，除那些小型公司外，所有公司的董事会和薪酬委员会都必须有雇员代表。为了让经济主体民主化，公司董事会和薪酬委员会中，雇员代表的比例应该随着时间的推移而不断增加，最终达到多数控股甚至全面控股。另一种逐步转移控制权的方法是，要求每年都把一小部分股份转移到雇员控股的信托基金里。如果每年只转移 2% 的股份，员工也将在 25 年后拥有超过半数的多数控股权。瑞典贸易工会曾提出建立雇员投资基金制度，意在增加雇员对公司的控制权。1983 年，这种制度以一种低调的形式建立，要求公司将一小部分利润投入集体控制的雇员投资基金中，赋予这些雇员投票权。[481] 这一做法遭到瑞典雇主联合会的强烈反对，当社会民主党在 1991 年下台之后，该制度也随之取消，当时这些基金的总额少得可怜，对瑞典经济的稳定和民主化几乎没有做出多少贡献。 然而，就财务表现及参与其中的商界人士所取得的宝贵经验而言，这种制度的试行证明，雇员投资基金是可以发挥良好作用的。

甚至在立法促进经济民主化之前，吸纳雇员代表这种高层组织模式就可以帮助企业获得政府出资的合同，或者可以降低公司的纳税额度。在罗得岛和加利福尼亚，都出台了相关法律，降低薪酬比率较低的公司需要缴纳的税额，并在签署政府项目合同时给予优惠待遇。在其他地方，也有利用公共支出支持“社区财富积累”的举措。这些举措会引导当地一些承接公共事业的“支柱”机构（例如当地医院、大学和市政府）在选择合作单位时，更倾向于那些有利于本地经济发展的企业。这样做的目的在于建立由雇员控股的可持续发展的企业，并确保当地的发展由当地社区控制。仿照西班牙非常成功的蒙德拉贡合作社，俄亥俄州克利夫兰市的民主合作机构建立了“常青合作社”。到目前为止，这个合作社由这几个部分组成：生产能源的俄亥俄太阳能合作社，搭建了五英亩温室种植蔬菜的绿色城市种植合作社，以及为当地医院和酒店服务的常青洗衣合作社。英国兰开夏的普雷斯顿已经发起了一个类似的倡议，当地公共部门同意将更高比例的支出转用于本地企业发展和财富积累。

英国雇员所有权协会和英国合作社联合会已经提出了倡议，以加速雇员所有制企业的发展。两个机构都表示，雇员所有制企业的发展面临的一个主要障碍就是，专业法律和财务顾问对这种经济模式缺乏认识。因此，在公司业务发展的关键阶段，通常不会选择更民主的经营模式，这些关键阶段包括：成立初期、大规模扩张时期、创始人因即将退休而交接继任问题时期，以及濒临破产需要救助时期。如果提高了公众意识，法律和财务顾问就不会像以前那样，对民主经济缺乏兴趣且一无所知，但负责商业经营的政府部门也可以为即将建立或转变为雇员所有制的企业提供必要的支持和建议。他们还可以提供建立雇员所有制公司和合作社的培训与咨询服务。

银行一般不熟悉合作企业，因此，当企业在资助雇员完成股权认购的贷款时往往会出现困难。而为此提供特殊贷款需要具备很有说服力的理由。理想情况下，政府应当制定一套完整的措施，以发展民主经济，包括完善的税收优惠政策、为公司提供咨询服务和其他支持，提供考虑周全的管理法规和融资渠道。

在任何情况下，雇员所有制公司和合作社的章程都应当避免雇员将其持有的公司股份卖回给外部股东。过去，由于缺乏这种有效的规定，导致了大规模的“股份制改造”浪潮，阻碍了更民主的经营管理模式的快速发展。

最后，成为公司董事会成员的这些雇员还需要在诸如管理、商业法、会计和经济学等多个领域接受培训。选择的范围应该包括短期课程——就像为培养学校董事而设计的一些学习计划——以及能够提供文凭的硕士学位课程。除了增强董事会成员的信心、提高决策质量之外，政府提供预备课程还可以表明对这种民主转型的重视。

创建一个新的社会所需要的远不止是工作场所的民主化。但本章的中心议题是，如果不进行结构性改革，将更高水平的收入平等从根本上嵌入我们的社会结构中，不平等的水平只会随着公众舆论风向的转变而反复升降。如果不提出这些旨在降低不平等水平的倡议，我们可能终将被气候变化打败。已经有迹象表明，在 2015 年 12 月一致同意要自主减少碳排放的 195 个国家中，其中的大多数可能都无法实现其预定目标。如果它们真的可以实现预定目标，那我们就能把全球变暖的状况控制在温度增长不超过 3℃这样一个不算太糟糕的标准内。国际贸易协定允许公司在当选政府损害其商业前景——比如，为保护环境或公共健康而引入限制公司发展的法律规定——时提起诉讼。但与这些贸易协定不同，目前根本没有强制性的规定可以让各国采取实际行动减少碳排放。我们拖延的时间越长，向低碳经济的转型就越是困难重重，还会带来创伤性的后果。创造一种新型社会，提供全新的发展前景似乎越来越有必要。

创造一种新型社会

更高水平的平等是创造一个更好的社会的关键，因为它是决定整个社会中各种社交关系质量的根本。人类的社会地位体系（如动物的优势等级体系或权势等级）是基于权力大小做出的排序。这种等级制度总是会令那些处于顶层的个体能够在任何时候无视他人的需求来获取资源。人类和所有其他物种一样，也有同样的基本需求，这就意味着，总是要考虑是否所有人都能有机会获取稀缺资源，意味着总是要考虑是与其他成员结盟合作还是作为对手开展竞争。 我们到底希望生活在怎样的社会中，是一个以合作互惠为基础的社会，还是一个以竞争和敌对关系为基础的社会？

在第 5 章中我们提到过，在 17 世纪，托马斯 · 霍布斯将避免冲突——即所谓“各自为战”——作为自己政治哲学的核心。他认为，维系和平的唯一方法是建立一个拥有绝对强权的政府。然而，霍布斯无法知道的是，在史前人类发展的进程中，在出现政府这种管理模式之前，整个社会的运转体系是以食物共享为基础的，并且当时的社会高度平等。正如马歇尔·萨林斯所指出的，人们从事这些活动都是为了维系和平，避免为争夺稀缺资源而出现霍布斯所说的那种各自为战的冲突。[210] 萨林斯认为，“礼物让人交到更多朋友，朋友又会让人获得礼物”。他之所以这样说，是因为礼物象征着——以最具体的方式——送礼者和受礼者承认彼此、尊重彼此，并且会回应对方的需求。[210] 结果，正如我们前面看到的，人类出现以来 90% 以上的时间里，我们都生活在一种用现在的眼光来看几乎不可能实现的高度平等的社会中。[216][218] 今天人们仍然分享食物，在各种社交场合一起吃饭，表达了共享生存必需品的态度，而非时时刻刻处于敌对状态。正如我们所看到的，同样的观念也深深印刻在世界现存的主要几个宗教信仰中。

实际上，我们的内心深处存在两种根本不同的社交策略（第 5 章中概述的人性的两面）：一种以友谊为前提，另一种以地位高低为基础。我们都知道如何结交和珍惜朋友，我们也知道势利眼、自上而下的偏见和自下而上想要突破原有阶级的努力是如何运作的。我们在多大程度上运用和受制于这些社交策略，对社会生活的其他方面都有所影响，这些行为会影响我们的心理、精神状态和社会习俗。

社会等级制度的影响力大小和社会地位的重要程度是衡量一个社会偏离平等水平的指标。离互惠、互利和共享越远，我们将不得不各自为战的意识就越强。我们也因此被推向更加反社会的生存模式，更加关注社会地位和自我提升，而参与社区生活、相互信任和帮助他人的意愿都会下降。

进步的政治思想一直以一种直觉为核心理念，即不平等会造成社会分裂，并且会侵蚀社会。现在我们根据全球范围内的比较数据，证明了这种直觉是真的。向可持续发展的模式转变，并且创造一个摆脱阶级划分和等级制度的社会，这属于同一过程中的两个方面，实际上都是在迈向一个对所有人都更有益的社会。挑战在于，要开辟这样一个新的时代：人们的幸福水平不断提高——不再是经济增长过程中出现的收益递减，而是真正从更高水平的平等中有所收获，我们的自信心、与他人的关系，以及生态环境和社会环境都会有所改善。因为竞争社会地位而导致的炫耀性消费减少后，我们为社会公共利益做贡献的意愿也会增强。

现在，让我们总结一下生活质量方面最重要的四大改进，如此一来我们将走向一种更令人满意、也更符合可持续发展的生活方式。首先，通过实现更高水平的平等，我们的世界不再那么关注社会地位的高低，阶级划分造成的尴尬开始淡化，社交焦虑对社交互动的影响减弱，人们也不再像以前一样备受信任问题困扰，不会总是自卑或者陷入自我怀疑。反过来，这也将减少我们对酒精和药物的需求——从前我们经常用它们应对社交焦虑并缓解社交接触带来的压力。未来将不再需要那种自恋的自我呈现，也没有必要为了维持某种面子而进行过度消费。简而言之，我们的社交生活会变得更轻松，社区和邻里关系将变得更团结，在这种社区中，更容易享受友谊带来的快乐与抚慰，这样的社会也能更好地满足我们基本的社交需求。

第二，我们从一个将消费能力和社会地位视为最重要的价值评判标准的社会，走向一个利用生产力的每一次提高来获得更多休闲时间并减少工作需求的社会。新经济基金会曾建议，我们应该争取每周 21 小时的工作时长。世界各国在工作时长方面存在的巨大差异，似乎并不影响每个国家的人均国民生产总值。[482] 我们需要将更多的时间花在家庭生活和陪伴孩子上，需要更多的时间来互相照顾，照顾朋友、照顾老人，并享受社区生活。在未来，生产力的提高应该转化为工作时间的减少，而不是收入和利润的增加。如果我们的劳动生产率长期保持每年 2% 的增长，10 年后，所有人就都可以每周多休息一天，同时还能享受与现在一样的物质生活水平。而且，鉴于父母和子女之间的年龄差距平均约为30岁，我们的后代的生活也会被改变。随着更多的公司实现民主化运营，工作时长减少，生产力增长率——在英国一直很低——可能提升至每年增长3%。这将使我们在7年内就可实现每周多休息一天，在24年内实现减半。如果像一些研究表明的那样，几乎一半的工种可能会受到信息化和自动化的影响[483]，那么，假使我们要充分享受技术进步带来的好处，缩短工时和分担工作将变得越来越重要。不然，失业者和过劳者之间的割裂程度可能会越变越大。

第三，通过将民主扩展到就业中来优化工作质量。当前不合时宜的系统必须被逐步淘汰，毕竟在这个体系之下，公司的控股权——或者控制公司股份的这群人——可以通过买卖随时变更。典型的僵化等级系统，加上直线管理和已经制度化的等级制度，使人们对自己的工作失去任何控制权，对公司创造的利益没有任何发言权。在合作社和雇员所有制公司（有的有社区和消费者代表，有的没有）这些已经民主化的经济主体中工作，意味着管理层会对所有雇员负责。企业社会责任将取代等级制度，而更小的收入差距也将减少不同社会地位之间的差距。因此，人类发展的下一个重要阶段必须将民主扩展到工作场所中。工作应该是我们找到自我价值感和做出有价值贡献的地方，我们不能再接受现有的这种让每个人无法充分发挥自我潜力的就业制度。

第四，生活在一个更平等的社会中会更有利于人们的身心健康，也会带来更多社会福利。更平等的社会能大大减少现存的各种问题，而这些问题在社会阶梯的底层通常更为普遍。在一个更平等的社会，人们的身心将更加健康，儿童福祉水平更高，暴力事件更少发生，监狱里的囚犯和瘾君子大大减少，儿童也会享有更平等的发展机会——一个更平等的社会有利于所有成员心理的健康发展。

除了使我们的生活质量得到真正和切实的改善，对社会功能做出的这些改进还更容易实现环境的可持续发展。通过减少地位差异带来的不安全感，我们不仅会减少最明显的炫耀性消费，而且还会减少因试图维持消费水准和避免落后于他人而产生的大量炫耀性消费。我们可能会更愿意修补商品而不是立马更新换代，而产品设计也会越来越考虑人们的这种需求。随着个人主义的衰落和社区生活的加强，我们对私家车和其他私有财产的依赖与需求可能会减少。但最重要的是，更高水平的平等可能意味着我们的经济和政治利益会逐渐趋同，我们更容易为整个社会的共同利益做出努力。

以上提及的变化不是不切实际的幻想，而是对收入不平等造成的损害和气候变化即将给我们带来的重创做出的必要回应。尽管近几十年来，发展中国家的经济不断增长，全球贫困人口（那些每天生活费不足两美元的人）大幅减少，但如果我们不能减少碳排放并加强对环境的保护，这种生活水平的提高也将面临严重的威胁。在富裕国家，福祉的衡量标准不再和经济增长挂钩，所以目前的发展模式显然不是提升人类生活幸福感最有效的模式。

只有全体人民达成共识，都想要创造一个更美好的社会，政府才会朝这个方向制定相应的决策。对更美好的未来的设想也可以重振一些理想主义的信仰和理念，曾经这些想法常常被机会主义和私利驱动的政治决策淹没。长期以来，全社会都被这种无法辨识但极其强大的社会力量所左右。我们希望对这种社会推动力有更好的、基于证据的科学理解，从而帮助我们解决由此产生的非常严重的人类和环境问题。

然而，要实现这种规模的变革，必须要有许多人都投身于这项事业中。20 世纪 70 年代末之后的某个时候，进步政治似乎丧失了信念，不再认为有可能实现一种更好的社会发展模式，又或者是，无法说服人们可以通过政治路线实现这种社会发展，结果新自由主义几乎毫无争议地崛起了。现在，面对显而易见的全球变暖和随之出现的灾难性气候变化，世界需要一个更激进的替代方案，一个明确的未来社会愿景，这个未来社会不仅要实现环境的可持续发展，而且还要为绝大多数人带来真正的高质量生活。只有这样，人们才会投身于实现这一社会模式的长期事业中。

附 录

资源

关于平等信托基金会

如果我们确实想要建立一个更美好的社会，就必须采取行动。2009 年，我们和比尔·克里共同创立了平等信托基金会，它是一家在英格兰和威尔士注册的慈善机构，致力于通过减少经济不平等，来提高英国人民的生活质量。为了与他人合作，推动能带来变革的社会运动，平等信托基金会分析和传播最新研究成果，宣传那些有充分证据支持的论点，还支持本地团体建立紧密的合作网络。我们的官方网站是 www.equalitytrust.org.uk，欢迎访问。在线上，你可以订阅网站新闻，查找各类信息、参与活动并关注相关新闻报道。你也可以通过脸书（https://www.facebook.com/equalitytrust）或者推特（@equalitytrust）关注我们。

关于福祉经济联盟
（The Wellbeing Economy Alliance，简称“We-All”）

福祉经济联盟是一个新成立的全球组织，它倡导并发起了全球新经济运动，旨在实现可持续的福祉，而不是一切以 GDP 最大化为目标。尽管人们普遍认识到经济转型的必要性，但做出改变的速度还是不够快。世界各地已经开展了许多堪称典范的推进工作，但是它们之间往往缺乏关联。福祉经济联盟将这些行动汇集在一起，将会发起七场“元运动”，分别聚焦于企业、宗教和信仰团体、学术界和智库、民间社会组织、政府、已经开始实施新经济举措的城市和地区，以及制度创新者。已经有越来越多的其他组织作为合作伙伴加入福祉经济联盟，在苏格兰政府的领导和经合组织的鼓励下，它已经汇集了哥斯达黎加、新西兰、斯洛文尼亚和苏格兰等国家和地区政府，致力于率先实施新经济提案。随着全球公民运动的展开，福祉经济联盟将通过发展和传播新的叙事，更好地推动全球新经济运动的展开。随着福祉经济联盟和其他志同道合的组织影响力越来越大，我们期待能够看到向一个致力于实现可持续福祉的经济系统的快速转型（福祉经济联盟的官方网址是：wellbeingeconomy.org）。

其他有用的链接

对收入不平等研究及相关运动感兴趣的读者，可参考以下优秀的网站和在线资源：

Inequality.org：这是位于华盛顿特区的智库“政策研究所”的一个项目。

http://toomuchonline.org/：月度评论，主要研究美国和世界各地的过度消费及收入不平等现象。也出自政策研究所。

http://www.resolutionfoundation.org/：一家致力于提高中低收入人群生活水平的英国智库。

http://highpaycentre.org/：一家英国智库，专注于研究薪酬最高的一小部分人，致力于缩小超级富豪与其他人之间的收入差距。

http://policy-practice.oxfam.org.uk/our-work/inequality：国际慈善组织乐施会，现在也开展倡议运动，致力于减少极端的收入不平等现象。

如果想要了解收入不平等、气候变化和其他替代经济政策，请见这两个网站：

http://www.neweconomics.org：新经济基金会。

http://www.asap4all.com：可持续发展与经济繁荣联盟。

由收入不平等造成的健康与社会问题的清单

下面这份清单罗列了研究人员发现的与收入不平等明显相关的各种健康与社会问题，发表在由同行评议的期刊论文中。其中的参考文献是此类研究的一些案例——对于某些问题，有数百个案例，而另外一些问题可能只有一项已发表的相关研究。这份清单既没有罗列出所有的健康与社会问题，也没有罗列出全部的相关研究，但足以帮助那些想要进一步阅读相关学术文献的读者。我们尽可能引用那些涵盖了大量研究的相关评论。

健康与社会问题	全球范围内的对比	美国各州的对比	纵向或时间维度的对比
身体健康（如果想要了解关于健康不平等的因果关系的文献，可参考 Pickett and Wilkinson 2015[3]）			
预期寿命	Wilkinson and Pickett 2006[2] Babones 2008[484]	Clarkwest 2008[485]	Zheng 2012[486] Pickett and Wilkinson 2015[3]
婴儿死亡率	Ram 2005[490] Ram 2006[488] Kim and Saada 2013[487]	Kim and Saada 2013[487]	Torre and Myrskyla 2014[489]
死亡率（成人）	Wilkinson and Pickett 2006[2]	Ram 2005[490]	Zheng 2012[486] Torre and Myrskyla 2014[489]
肥胖	Pickett, Kelly et al. 2005[171]	Pickett and Wilkinson 2012[491]	
艾滋病毒感染	Drain, Smith et al. 2004[492]	Buot, Docena et al. 2014[493]	
精神健康与生活幸福感			
精神疾病（所有种类）	Pickett and Wilkinson 2010[59] Ribeiro et al. 2017[60]	Ribeiro, Bauer et al. 2017[60]	
抑郁症 / 抑郁性症状	Steptoe, Tsuda et al. 2007[94] Patel, Burns et al. 2018[512]	Messias, Eaton et al. 2011[196] Patel, Burns et al. 2018[512]	
精神分裂	Burns, Tomita et al. 2014[101]		
精神病性症状	Johnson, Wibbels et al. 2015[102]		
身份焦虑	Layte and Whelan 2014[57]		
自我提升	Loughnan, Kuppens et al. 2011[112]		
自恋			Wilkinson and Pickett 2017[123]
药物滥用及死亡	Wilkinson and Pickett 2009[494] Cutright and Fernquist 2011[168]	Wilkinson and Pickett 2007[496] Gray 2016[495]	
赌博成瘾	Wilkinson and Pickett 2017[123]		
社会凝聚力			
信任 / 社会资本	Freitag and Bühlmann 2009[497] Elgar and Aitken 201[173]	Kawachi and Kennedy 1997[498]	Uslaner and Brown 2005[40]
团结 / 凝聚力	Paskov and Dewilde 2012[39]		
亲和力		de Vries, Gosling et al. 2011[105]	
公民参与	Lancee and Van de Werfhorst 2012[37]		
文化参与	Szlendak and Karwacki 2012[377]		
模糊的刻板印象	Durante, Fiske et al. 2013[154]		

健康与社会问题	全球范围内的对比	美国各州的对比	纵向或时间维度的对比
社会对比		Cheung and Lucas 2016[499]	
谋杀率	Ouimet 2012[500] Daly 2016[*38]	Glaeser, Resseger et al. 2008[501] Daly 2016[*38]	Rufrancos, Power et al. 2013[410] Daly 2016[*38]
监禁率	Wilkinson and Pickett 2007[496]	Wilkinson and Pickett 2007[496]	
女性的社会地位	Wilkinson and Pickett 2009[494]	Kawachi and Kennedy 1999[502]	
儿童的生活机会			
儿童福祉水平	Pickett and Wilkinson 2007[189]	Pickett and Wilkinson 2007[189]	Pickett and Wilkinson 2015[190]
霸凌	Elgar, Craig et al. 2009[233]		
儿童虐待		Eckenrode, Smith et al. 2014[247]	
教育成就	Wilkinson and Pickett 2007[496]	Wilkinson and Pickett 2007[496]	
辍学率		Wilkinson and Pickett 2007[496]	
社会流动性	Corak 2016[341]	Chetty, Hendren et al. 2014[503]	
青少年怀孕率	Pickett, Mookherjee et al. 2005[335]	Kearney and Levine 2012[504]	
环境问题（想要了解更全面的分析和论述，可参考博伊斯 1994 年的论文 [505] 和库欣、莫来罗·弗罗施等人 2015 年的著述 [506]）			
生物多样性	Mikkelson, Gonzalez et al. 2007[508] Holland, Peterson et al. 2009[507]		
水 / 肉 / 汽油消耗量	Stotesbury and Dorling 2015[509]		
二氧化碳排放量 / 空气污染	Drabo 2011[510] Cushing, Morello-Frosch et al. 2015[506]	Jorgenson, Schor et al. 2015[511]	
为维持社会地位进行的消费	Walasek and Brown 2015[421]	Walasek and Brown 2015[422]	
国际环境协议配合度	Wilkinson, Pickett et al. 2010[414]		

* 马丁·戴利在其著作《杀死竞争》中总结并引用了他自己和其他人超过 35 年的研究。——原书注

参考文献

1. Wilkinson, R. G. and Pickett, K., *The Spirit Level: Why Equality is Better for Everyone*. London: Penguin, 2010.
2. Wilkinson, R. G. and Pickett, K. E., "Income inequality and population health: a review and explanation of the evidence", *Social Science & Medicine* 2006; 62 (7): 1768—1784.
3. Pickett, K. E. and Wilkinson, R. G., "Income inequality and health: a causal review", *Social Science & Medicine* 2015; 128: 316—326.
4. Popper, K., Conjectures and Refutations: *The Growth of Scientific Knowledge*. Abingdon: Routledge, 2014.
5. Cooley, C. H., *Human Nature and the Social Order*. Piscataway, NJ: Transaction Books, 1992.
6. Beck, M., "Party on: a survival guide for social-phobes", *O Magazine*, 23 November 2011, http: //marthabeck.com/page/48/.
7. Adler, A., *What Life Should Mean To You*. 1931.
8. Zimbardo, P. G., *Shyness: What It Is, What To Do About It*. Boston, Mass.: Da Capo Press, 1990.
9. Burstein, M., Ameli-Grillon, L. and Merikangas, K. R., "Shyness versus social phobia in US youth", *Pediatrics* 2011; 128 (5): 917—925.
10. Henderson, L. and Zimbardo, P., "Shyness, social anxiety, and social anxiety disorder", *Social Anxiety: Clinical, Developmental, and Social Perspectives* 2010; 2: 65—92.
11. Kessler, R. C., Chiu, W. T., Demler, O., Merikangas, K. R. and Walters, E. E., "Prevalence, severity, and comorbidity of 12-month DSM-IV disorders in the National Comorbidity Survey Replication", *Archives of General Psychiatry* 2005; 62

(6): 617—627.

12. Cox, B. J., MacPherson, P. S. and Enns, M. W., "Psychiatric correlates of childhood shyness in a nationally representative sample", *Behaviour Research and Therapy* 2005; 43(8): 1019—1027.
13. Kessler, R. C., Angermeyer, M., Anthony, J. C., et al., "Lifetime prevalence and age-of-onset distributions of mental disorders in the World Health Organization's World Mental Health Survey Initiative", *World Psychiatry* 2007; 6(3): 168—176.
14. Twenge, J. M., "The age of anxiety? Birth cohort change in anxiety and neuroticism, 1952—1993", *Journal of Personality & Social Psychology* 2000; 79(6): 1007—1021.
15. Collishaw, S., Maughan, B., Natarajan, L. and Pickles, A., "Trends in adolescent emotional problems in England: a comparison of two national cohorts twenty years apart", *Journal of Child Psychology & Psychiatry* 2010; 51(8): 885—894.
16. American Psychological Association, "Stress in America: coping with change", *Stress in America Survey*, 2017.
17. Luttmer, E. F., "Neighbors as negatives: relative earnings and wellbeing", *The Quarterly Journal of Economics* 2005; 120(3): 963—1002.
18. Ferrer-i-Carbonell, A., "Income and well-being: an empirical analysis of the comparison income effect", *Journal of Public Economics* 2005; 89(5): 997—1019.
19. Brooks, D., "The epidemic of worry", *New York Times* 25 October 2016.
20. Greenfeld, L., "The maddening of America", *Project Syndicate* 25 July 2013.
21. Manger, W., "The anxiety epidemic sweeping Britain— are you at risk and what can you do? ", *Daily Mirror* 6 June 2016.
22. Kelley, M., "An anxiety epidemic is sweeping the US", *The Atlantic* 2012.
23. Angell, M., "The epidemic of mental illness: Why", *New York Review of Books* 2011; 58(11): 20—22.
24. Hutton, W., "Only fundamental social change can defeat the anxiety epidemic", *Observer* 8 May 2016.
25. Angell, M., "The epidemic of mental illness: Why", *New York Review of Books* 2011; 58(11): 20—22.
26. Swinton Insurance, "No place like home. Manchester", reported on Mumsnet.com, 19 November 2013.
27. Findley, A., "Do you do a special clean up for visitors or just go with the flow? ", *Apartment Therapy*, http://www.apartmenttherapy.com/do-quickly-clean-for-guests-179438, 2012.
28. Holt-Lunstad, J., Smith, T. B. and Layton, J.B., "Social relationships and

mortality risk: a meta-analytic review", *PLoS Medicine* 2010; 7(7): e1000316.

29. Kiecolt-Glaser, J. K., Loving, T. J., Stowell, J. R., et al., "Hostile marital interactions, proinflammatory cytokine production, and wound healing", *Archives of General Psychiatry* 2005; 62(12): 1377—1384.
30. Cohen, S., "Keynote presentation at the Eight International Congress of Behavioral Medicine: the Pittsburgh common cold studies: psychosocial predictors of susceptibility to respiratory infectious illness", *International Journal of Behavioral Medicine* 2005; 12(3): 123 131.
31. Russ, T. C., Stamatakis, E., Hamer, M., et al., "Association between psychological distress and mortality: individual participant pooled analysis of 10 prospective cohort studies", *British Medical Journal* 2012; 345: e4933.
32. Holahan, C. J. and Moos, R. H., "Social support and psychological distress: a longitudinal analysis", Journal of Abnormal Psychology 1981; 90(4): 365—370.
33. Saltzman, K. M. and Holahan, C. J., "Social support, self-efficacy, and depressive symptoms: an integrative model", *Journal of Social & Clinical Psychology* 2002; 21(3): 309—322.
34. Layard, R., *Happiness: Lessons from a New Science*. London: Allen Lane, 2005.
35. Rodríguez-Pose, A. and von Berlepsch, V., "Social capital and individual happiness in Europe", *Journal of Happiness Studies* 2014; 15(2): 357—386.
36. Powdthavee, N., "Putting a price tag on friends, relatives, and neighbours: using surveys of life satisfaction to value social relationships", *Journal of Socio-Economics* 2008; 37(4): 1459—1480.
37. Lancee, B. and Van de Werfhorst, H. G., "Income inequality and participation: a comparison of 24 European countries", *Social Science Research* 2012; 41(5): 1166—1178.
38. Daly, M., *Killing the Competition: Economic Inequality and Homicide*. New Brunswick, NJ: Transaction, 2016.
39. Paskov, M. and Dewilde, C., "Income inequality and solidarity in Europe", *Research in Social Stratification and Mobility* 2012; 30(4): 415—432.
40. Uslaner, E. M. and Brown, M., "Inequality, trust, and civic engagement", *American Politics Research* 2005; 33(6): 868—894.
41. Sonenscher, M., *Sans-culottes: An Eighteenth-century Emblem in the French Revolution*. Princeton, NJ: Princeton University Press, 2008.
42. Diamond, J. M., The World Until Yesterday: *What Can We Learn From Traditional Societies?* New York: Viking, 2012.
43. Scott, J. C., *Against the Grain*. New Haven, Conn.: Yale University Press, 2017.
44. Boehm, C., *Hierarchy in the Forest: The Evolution of Egalitarian Behavior*.

Cambridge, Mass.: Harvard University Press, 1999.
45. Karnehed, N. E., Rasmussen, F., Hemmingsson, T. and Tynelius, P., "Obesity in young adulthood is related to social mobility among Swedish men", *Obesity* 2008; 16(3): 654—658.
46. Harper, B., "Beauty, stature and the labour market: a British cohort study", *Oxford Bulletin of Economics and Statistics* 2000; 62(s1): 771—800.
47. Bourdieu, P., *Distinction: A Social Critique of the Judgement of Taste*. London: Routledge, 1984.
48. Veblen, T., *The Theory of The Leisure Class*. Oxford: Oxford University Press, 2007.
49. Heffetz, O., "A test of conspicuous consumption: visibility and income elasticities", *Review of Economics and Statistics* 2011; 93(4): 1101—1117.
50. Wilkinson, R. and Pickett, K., "The poison of inequality was behind last summer's riots", *Guardian* 5 August 2012.
51. Carroll, D., Ring, C., Hunt, K., Ford, G. and Macintyre, S., "Blood pressure reactions to stress and the prediction of future blood pressure: effects of sex, age, and socioeconomic position", *Psychosomatic Medicine* 2003; 65(6): 1058—1064.
52. Matthews, K. A., Katholi, C. R., McCreath, H., et al., "Blood pressure reactivity to psychological stress predicts hypertension in the CARDIA study", *Circulation* 2004; 110(1): 74—78.
53. Dressler, W. W., "Modernization, stress, and blood pressure: new directions in research", *Human Biology* 1999: 583—605.
54. Rodriguez, B. L., Labarthe, D. R., Huang, B. and Lopez-Gomez, J., "Rise of blood pressure with age. New evidence of population differences", *Hypertension* 1994; 24(6): 779—785.
55. Waldron, I., Nowotarski, M., Freimer, M., Henry, J. P., Post, N. and Witten, C., "Cross-cultural variation in blood pressure: a quantitative analysis of the relationships of blood pressure to cultural characteristics, salt consumption and body weight", *Social Science & Medicine* 1982; 16(4): 419—430.
56. Timio, M., Verdecchia, P., Venanzi, S., et al., "Age and blood pressure changes. A 20-year follow-up study in nuns in a secluded order", *Hypertension* 1988; 12(4): 457—461.
57. Layte, R. and Whelan, C., "Who feels inferior? A test of the status anxiety hypothesis of social inequalities in health", *European Sociological Review* 2014; 30: 525—535.
58. Dickerson, S. S. and Kemeny, M. E., "Acute stressors and cortisol responses: a theoretical integration and synthesis of laboratory research", *Psychological Bulletin*

2004; 130(3): 355—391.

59. Pickett, K. E. and Wilkinson, R. G., "Inequality: an underacknowledged source of mental illness and distress", British Journal of Psychiatry 2010; 197: 426—428.

60. Ribeiro, W. S., Bauer, A., Andrade, M. C. R., et al., "Income inequality and mental illness-related morbidity and resilience: a systematic review and meta-analysis", Lancet Psychiatry 2017; 4(7): 554—562.

61. Summerfield, D. A., "Income inequality and mental health problems", *British Journal of Psychiatry* 2011; 198(3): 239.

62. Demyttenaere, K., Bruffaerts, R., Posada-Villa, J., et al., "Prevalence, severity, and unmet need for treatment of mental disorders in the World Health Organization World Mental Health Surveys", *Journal of the American Medical Association* 2004; 291(21): 2581—2590.

63. Australian Bureau of Statistics, *National Health Survey, Mental Health*, 2001. Canberra: Australian Bureau of Statistics, 2003.

64. WHO International Consortium in Psychiatric Epidemiology, "Cross-national comparisons of the prevalences and correlates of mental disorders", *Bulletin of the World Health Organization* 2000; 78(4): 413—426.

65. Office for National Statistics, *Psychiatric Morbidity Among Adults Living in Private Households*, 2000. London: HMSO, 2001.

66. Case, A. and Deaton, A., "Rising morbidity and mortality in midlife among white non-Hispanic Americans in the 21st century", *Proceedings of the National Academy of Sciences of the USA* 2015; 112(49): 15078—15083.

67. Minton, J. W., Pickett, K. E., Shaw, R., Vanderbloemen, L., Green, M. and McCartney, G. M., "Two cheers for a small giant? Why we need better ways of seeing data: a commentary on: 'Rising morbidity and mortality in midlife among white non-Hispanic Americans in the 21st century'", *International Journal of Epidemiology* 2016; doi: 10.1093/ije/dyw095.

68. Brugha, T. S., "The end of the beginning: a requiem for the categorization of mental disorder? ", *Psychological Medicine* 2002; 32(7): 1149—1154.

69. McManus, S., Meltzer, H., Brugha, T., Bebbington, P. and Jenkins, R., *Adult Psychiatric Morbidity in England*, 2007: Results of a Household Survey. Leeds: NHS Information Centre, 2009.

70. Johnson, S. L., Leedom, L. J. and Muhtadie, L., "The dominance behavioral system and psychopathology: evidence from self-report, observational, and biological studies", *Psychological Bulletin* 2012; 138(4): 692—743.

71. Dabbs, J. M., Carr, T. S., Frady, R. L. and Riad, J. K., "Testosterone, crime, and misbehavior among 692 male prison inmates", *Personality and Individual*

Differences 1995; 18 (5): 627—633.

72. Layte, R., "The association between income inequality and mental health: testing status anxiety, social capital, and neo-materialist explanations", *European Sociological Review* 2012; 28 (4): 498—511.

73. Elgar, F. J. and Aitken, N., "Income inequality, trust and homicide in 33 countries", *European Journal of Public Health* 2011; 21 (2): 241—246.

74. Brunner, E., Marmot, M., Canner, R., Beksinska, M., Davey Smith, G. and O' Brien, J., "Childhood social circumstances and psychosocial and behavioural factors as determinants of plasma fibrinogen", *Lancet* 1996; 347 (9007): 1008—1013.

75. Staugaard, S. R., "Threatening faces and social anxiety: a literature review", *Clinical Psychology Review* 2010; 30 (6): 669—690.

76. Gilbert, P., *The Compassionate Mind*. London: Constable, 2010.

77. World Health Organization. Fact sheet-depression: http: //www.who.int/mediacentre/factsheets/fs369/en/, 2017.

78. Gilbert, P., Broomhead, C., Irons, C., et al., "Development of a striving to avoid inferiority scale", *British Journal of Social Psychology* 2007; 46 (Pt 3): 633—648.

79. Gilbert, P., McEwan, K., Bellew, R., Mills, A. and Gale, C., "The dark side of competition: how competitive behaviour and striving to avoid inferiority are linked to depression, anxiety, stress and self-harm", *Psychology & Psychotherapy* 2009; 82 (Pt 2): 123—136.

80. Brooks, F., Magnusson, J., Klemera, E., et al., *HBSC England National Report: Health Behaviour in School-aged Children (HBSC)* . World Health Organization Collaborative Cross National Study, University of Hertfordshire, 2015.

81. Martin, G., Swannell, S. V., Hazell, P. L., Harrison, J. E. and Taylor, A. W., "Self-injury in Australia: a community survey", *Medical Journal of Australia* 2010; 193 (9): 506—510.

82. Muehlenkamp, J. J., Claes, L., Havertape, L. and Plener, P. L., "International prevalence of adolescent non-suicidal self-injury and deliberate self-harm", *Child & Adolescent Psychiatry & Mental Health* 2012; 6 (10): 1—9.

83. Gilbert, P., McEwan, K., Irons, C., et al., "Self-harm in a mixed clinical population: the roles of self-criticism, shame, and social rank", *British Journal of Clinical Psychology* 2010; 49 (Pt 4): 563—576.

84. Eisenberger, N. I., Lieberman, M. D. and Williams, K. D., "Does rejection hurt? An fMRI study of social exclusion", *Science* 2003; 302 (5643): 290—292.

85. DeWall, C. N., MacDonald, G., Webster, G. D., et al., "Acetaminophen reduces social pain: behavioral and neural evidence", *Psychological Science* 2010;

21 (7): 931—937.

86. Sherman, G. D., Lee, J. J., Cuddy, A. J., et al., "Leadership is associated with lower levels of stress", *Proceedings of the National Academy of Sciences of the USA* 2012; 109 (44): 17903—17907.

87. Wood, A. M., Boyce, C. J., Moore, S. C. and Brown, G. D., "An evolutionary based social rank explanation of why low income predicts mental distress: a 17 year cohort study of 30,000 people", *Journal of Affective Disorders* 2012; 136 (3): 882—888.

88. Wetherall, K., Daly, M., Robb, K. A., Wood, A. M. and O'Connor, R. C., "Explaining the income and suicidality relationship: income rank is more strongly associated with suicidal thoughts and attempts than income", *Social Psychiatry & Psychiatric Epidemiology* 2015; 50 (6): 929—937.

89. Osafo Hounkpatin, H., Wood, A. M., Brown, G. D. A. and Dunn, G., "Why does income relate to depressive symptoms? Testing the income rank hypothesis longitudinally", *Social Indicators Research* 2015; 124 (2): 637—655.

90. Daly, M., Boyce, C. and Wood, A., "A social rank explanation of how money influences health", *Health Psychology* 2015; 34 (3): 222.

91. Elgar, F. J., De Clercq, B., Schnohr, C. W., et al, "Absolute and relative family affluence and psychosomatic symptoms in adolescents", *Social Science & Medicine* 2013; 91: 25—31.

92. Bannink, R., Pearce, A. and Hope, S., "Family income and young adolescents' perceived social position: associations with self-esteem and life satisfaction in the UK Millennium Cohort Study", *Archives of Disease in Childhood* 2016; 101 (10): 917—921.

93. Melgar, N. and Rossi, M., "A cross-country analysis of the risk factors for depression at the micro and macro level", *IDB Working Paper Series*. Inter-American Development Bank, 2010.

94. Steptoe, A., Tsuda, A., Tanaka, Y. and Wardle, J., "Depressive symptoms, socio-economic background, sense of control, and cultural factors in university students from 23 countries", *International Journal of Behavioral Medicine* 2007; 14 (2): 97—107.

95. Cifuentes, M., Sembajwe, G., Tak, S., Gore, R., Kriebel, D. and Punnett, L. "The association of major depressive episodes with income inequality and the human development index", *Social Science & Medicine* 2008; 67 (4): 529—539.

96. Messias, E., Eaton, W. W. and Grooms, A. N., "Economic grand rounds: income inequality and depression prevalence across the United States: an ecological study", *Psychiatric Services* 2011; 62 (7): 710—712.

97. Fan, A. Z., Strasser, S., Zhang, X., et al., "State-level socioeconomic factors are associated with current depression among US adults in 2006 and 2008", *Journal of Public Health & Epidemiology* 2011; 3 (10): 462—470.

98. Muramatsu, N., "County-level income inequality and depression among older Americans", *Health Services Research* 2003; 38 (6p2): 1863—1884.

99. Paskov, M. and Richards, L., "Is social status inequality bad for the mental health of nations? ", 3rd International European Social Survey Conference Blog Post, 11 July 2016, https://essconf2016.wordpress.com/2016/07/11/is-social-status-inequality-bad/.

100. Johnson, S. L. and Carver, C. S., "The dominance behavioral system and manic temperament: motivation for dominance, self-perceptions of power, and socially dominant behaviors", *Journal of Affective Disorders* 2012; 142 (1-3): 275—282.

101. Burns, J. K., Tomita, A. and Kapadia, A. S., "Income inequality and schizophrenia: increased schizophrenia incidence in countries with high levels of income inequality", *International Journal of Social Psychiatry* 2014: 60 (2): 185—196.

102. Johnson, S. L., Wibbels, E. and Wilkinson, R., "Economic inequality is related to cross-national prevalence of psychotic symptoms", *Social Psychiatry & Psychiatric Epidemiology* 2015; 50 (12): 1799—1807.

103. Twenge, J. M., Zhang, L. and Im, C., "It's beyond my control: a cross-temporal meta-analysis of increasing externality in locus of control, 1960—2002", *Personality & Social Psychology Review* 2004; 8 (3): 308—319.

104. Haushofer, J., "The psychology of poverty: evidence from 43 countries", Massachusetts Institute of Technology Working Paper, 2013, http://web.mit.edu/joha/www/publications/Haushofer_Psychology_of_Poverty/ 2013.09.14.pdf.

105. de Vries, R., Gosling, S. and Potter, J., "Income inequality and personality: are less equal U.S. states less agreeable? ", *Social Science & Medicine* 2011; 72 (12): 1978—1985.

106. Paskov, M., Gërxhani, K. and Van der Werfhorst, G., "Giving up on the Joneses? The relationship between income inequality and status-seeking", *European Sociological Review* 2016, doi: https://doi.org/10.1093/esr/jcw052.

107. Kawachi, I., Kennedy, B. P., Lochner, K. and Prothrow-Stith, D., "Social capital, income inequality, and mortality", *American Journal of Public Health* 1997; 87 (9): 1491—1498.

108. "Local health outcomes predict Trumpward swings", *The Economist* 19 November 2016.

109. Darvas, Z. and Efstathiou, K., "Income inequality boosted Trump vote",

Bruegel, 2016, http: //bruegel.org/2016/11/income-inequalityboosted-trump-vote/.

110. Barford, A., Dorling, D. and Pickett, K., "Re-evaluating self-evaluation. A commentary on Jen, Jones, and Johnston(68:4, 2009)", *Social Science & Medicine* 2010; 70(4): 496—497; discussion 98—500.

111. Abdallah, S., Thompson, S. and Marks, N., "Estimating worldwide life satisfaction", *Ecological Economics* 2008; 65(1): 35—47.

112. Loughnan, S., Kuppens, P., Allik, J., et al., "Economic inequality is linked to biased self-perception", *Psychological Science* 2011; 22(10): 1254—1258.

113. Cross, K. P., "Not can, but will college teaching be improved? ", *New Directions for Higher Education* 1977; 17: 1—15.

114. Alicke, M. D. and Govorun, O., "The better-than-average effect", in M. D. Alicke, D. Dunning and J. Krueger(eds.), *The Self in Social Judgment*. New York: Psychology Press, 2005, pp. 85—106.

115. Svenson, O., "Are we all less risky and more skillful than our fellow drivers? ", *Acta Psychologica* 1981; 47(2): 143—148.

116. Hughes, B. L. and Beer, J. S., "Protecting the self: the effect of social-evaluative threat on neural representations of self", *Journal of Cognitive Neuroscience* 2013; 25(4): 613—622.

117. Campbell, W. K. and Sedikides, C., "Self-threat magnifies the self-serving bias: a meta-analytic integration", *Review of General Psychology* 1999; 3(1): 23—43.

118. Brown, J. D., "Understanding the better than average effect: motives (still) matter", *Personality and Social Psychology Bulletin* 2012; 38(2): 209—219.

119. Twenge, J. M. and Campbell, W. K., *The Narcissism Epidemic: Living in the Age of Entitlement*. New York: Simon and Schuster, 2009.

120. *Washington Post*-Kaiser Family Foundation. Poll, 2011, http: //www.washingtonpost.com/wp-srv/politics/polls/postkaiserpoll_110211.html.

121. Twenge, J. M., Konrath, S., Foster, J. D., Campbell, W. K. and Bushman, B. J., "Egos inflating over time: a cross-temporal meta-analysis of the Narcissistic Personality Inventory", *Journal of Personality* 2008; 76(4): 875—902.

122. Piketty, T. and Saez, E., "Income and wage inequality in the US 1913—2002", in A. Atkinson and T. Piketty(eds.), *Top Incomes Over The Twentieth Century*. Oxford: Oxford University Press, 2007.

123. Wilkinson, R. G. and Pickett, K. E., "The enemy between us: the psychological and social costs of inequality", *European Journal of Social Psychology* 2017; 47: 11—24.

124. Martin, S. R., Côté, S. and Woodruff, T., "Echoes of our upbringing: how growing up wealthy or poor relates to narcissism, leader behavior, and leader

effectiveness", *Academy of Management Journal* 2016; 59(6): 2157—2177.

125. Schor, J. B., *The Overspent American: Why We Want What We Don't Need.* New York: HarperCollins, 1999.

126. Twenge, J. M., Campbell, W. K. and Freeman, E. C., "Generational differences in young adults' life goals, concern for others, and civic orientation, 1966—2009", *Journal of Personality and Social Psychology* 2012; 102(5): 1045—1062.

127. Twenge, J. M. and Donnelly, K., "Generational differences in American students' reasons for going to college, 1971—2014: the rise of extrinsic motives", *Journal of Social Psychology* 2016: 1—10.

128. Tanenbaum, L., Catfight: *Women and Competition*. New York: Seven Stories Press, 2002.

129. Patalay, P. and Fitzsimons, E., *Mental Ill-health Among Children of the New Century*: Trends across Childhood with a Focus on Age 14. London: Centre for Longitudinal Studies, 2017.

130. Bhatia, R., "Why women aren't the only ones pressured into looking good any more as their male counterparts are now lurking closer than ever", *Daily Mail* 12 February 2012.

131. American Society of Plastic Surgeons, "2013 cosmetic plastic surgery statistics", *Plastic Surgery Statistics Report*, 2014, www.plasticsurgery.org.

132. American Society for Aesthetic Plastic Surgery, "Quick facts: high- lights of the ASAPS 2013 statistics on cosmetic surgery", 2014, www.surgery.org.

133. British Association of Aesthetic Plastic Surgeons, "Britain sucks", 2014, http://baaps.org.uk/about-us/press-releases/1833-britain-sucks.

134. von Soest, T., Kvalem, I. L. and Wichstrom, L., "Predictors of cosmetic surgery and its effects on psychological factors and mental health: a population-based follow-up study among Norwegian females", *Psychological Medicine* 2012; 42(3): 617—626.

135. Sarwer, D. B., Zanville, H. A., LaRossa, D., et al., "Mental health histories and psychiatric medication usage among persons who sought cosmetic surgery", *Plastic and Reconstructive Surgery* 2004; 114(7): 1927—1933.

136. Grubb, J., Exline, J., McCain, J. and Campbell, W. K., "Of course we're narcissistic: emerging adult reactions to generational differences in trait narcissism and entitlement", Society for Personality and Social Psychology, 17th Annual Convention. San Diego, 2016.

137. Babiak, P. and Hare, R. D., *Snakes in Suits: When Psychopaths Go to Work*: New York: HarperCollins, 2007.

138. Ronson, J., *The Psychopath Test.* London: Picador, 2011.

139. Byrne, J. A., Chainsaw: *The Notorious Career of Al Dunlap In The Era of Profit-At-Any-Price*. New York: HarperBusiness, 1999.

140. Board, B. J. and Fritzon, K., "Disordered personalities at work", *Psychology, Crime & Law* 2005; 11(1): 17—32.

141. Bakan, J., *The Corporation: The Pathological Pursuit of Profit and Power*. New York: Simon and Schuster, 2003.

142. Blackburn, S., *Mirror, Mirror: The Uses and Abuses of Self-love*. Oxford: Princeton University Press, 2014.

143. Piff, P. K., Kraus, M. W., Côté, S., Cheng, B. H. and Keltner, D., "Having less, giving more: the influence of social class on prosocial behavior", *Journal of Personality and Social Psychology* 2010; 99(5): 771—784.

144. Stern, K., "Why the rich don't give to charity", *The Atlantic* April 2013.

145. Piff, P. K., Stancato, D. M., Côté, S., Mendoza-Denton, R. and Keltner, D., "Higher social class predicts increased unethical behavior", *Proceedings of the National Academy of Sciences* 2012; 109(11): 4086—4091.

146. Piff, P. K., "Wealth and the inflated self: class, entitlement, and narcissism", *Personality & Social Psychology Bulletin* 2014; 40(1): 34—43.

147. Côté, S., House, J. and Willer, R., "High economic inequality leads higher-income individuals to be less generous", *Proceedings of the National Academy of Sciences of the USA* 2015; 112(52): 15838—15843.

148. Paulhus, D. L., "Interpersonal and intrapsychic adaptiveness of trait self-enhancement: a mixed blessing? ", *Journal of Personality and Social Psychology* 1998; 74(5): 1197.

149. Derue, D. S., Nahrgang, J.D., Wellman, N. and Humphrey, S. E., "Trait and behavioral theories of leadership: an integration and meta-analytic test of their relative validity", *Personnel Psychology* 2011; 64(1): 7—52.

150. De Waal, F. B., Good Natured: The Origins of Right and Wrong in Humans and Other Animals. Cambridge, Mass.: Harvard University Press, 1996.

151. Clark, M. E., *In Search of Human Nature*. London: Routledge, 2002.

152. Baron-Cohen, S., Zero Degrees of Empathy: *A New Theory of Human Cruelty*. London: Penguin, 2011.

153. Fiske, S. T., *Envy Up, Scorn Down: How Status Divides Us*. New York: Russell Sage Foundation, 2011.

154. Durante, F., Fiske, S. T., Kervyn, N., et al., "Nations' income inequality predicts ambivalence in stereotype content: how societies mind the gap", *British Journal of Social Psychology* 2013; 52(4): 726—746.

155. Uslaner, E. M., *Segregation and Mistrust: Diversity, Isolation, and Social*

Cohesion. Cambridge: Cambridge University Press, 2012.

156. Alexander, B. K., The Globalization of Addiction: *A Study in Poverty of the Spirit*. Oxford: Oxford University Press, 2008.

157. Erikson, E. H., "Identity and the life cycle: selected papers", *Psychological Issues* 1959.

158. Bourgois, P., "Lumpen abuse: the human cost of righteous neoliberalism", *City & Society* 2011; 23(1): 2—12.

159. Baumeister, R. F., *Escaping the Self: Alcoholism, Spirituality, Masochism, and Other Flights From the Burden of Selfhood*. New York: Basic Books, 1991.

160. Thompson, D., *The Fix*. London: Collins, 2013.

161. Barton, A. and Husk, K., "'I don't really like the pub [. . .]': reflections on young people and pre-loading alcohol", *Drugs and Alcohol Today* 2014; 14(2): 58—66.

162. McCreanor, T., Lyons, A., Moewaka Barnes, H., et al., "Drink a 12 box before you go": pre-loading among young people in Aotearoa New Zealand. *K ō tuitui: New Zealand Journal of Social Sciences Online* 2015: 1—11.

163. Bolton, J. M., Robinson, J. and Sareen, J., "Self-medication of mood disorders with alcohol and drugs in the National Epidemiologic Survey on Alcohol and Related Conditions", *Journal of Affective Disoders* 2009; 115(3): 367—375.

164. Robinson, J., Sareen, J., Cox, B. J. and Bolton, J., "Self-medication of anxiety disorders with alcohol and drugs: results from a nationally representative sample", *Journal of Anxiety Disorders* 2009; 23(1): 38—45.

165. Galea, S., Ahern, J., Tracy, M. and Vlahov, D., "Neighborhood income and income distribution and the use of cigarettes, alcohol, and marijuana", *American Journal of Preventive Medicine* 2007; 32(6 Suppl): S195—S202.

166. Galea, S., Ahern, J., Vlahov, D., et al., "Income distribution and risk of fatal drug overdose in New York City neighborhoods", *Drug & Alcohol Dependency* 2003; 70(2): 139—148.

167. Elgar, F. J., Roberts, C., Parry-Langdon, N. and Boyce, W., "Income inequality and alcohol use: a multilevel analysis of drinking and drunkenness in adolescents in 34 countries", *European Journal of Public Health* 2005; 15(3): 245—250.

168. Cutright, P. and Fernquist, R. M., "Predictors of per capita alcohol consumption and gender-specific liver cirrhosis mortality rates: thirteen European countries, circa 1970—1984 and 1995—2007", *OMEGA- Journal of Death and Dying* 2011; 62(3): 269—283.

169. Dietze, P. M., Jolley, D. J., Chikritzhs, T. N., et al., "Income inequality and

alcohol attributable harm in Australia", *BMC Public Health* 2009; 9(1): 70.

170. Karriker-Jaffe, K. J., Roberts, S. C. and Bond, J. "Income inequality, alcohol use, and alcohol-related problems", *American Journal of Public Health* 2013; 103 (4): 649—656.

171. Pickett, K. E., Kelly, S., Brunner, E., Lobstein, T. and Wilkinson, R. G., "Wider income gaps, wider waistbands? An ecological study of obesity and income inequality", *Journal of Epidemiology & Community Health* 2005; 59 (8): 670—674.

172. Bratanova, B., Loughnan, S., Klein, O., Claassen, A. and Wood, R., "Poverty, inequality, and increased consumption of high calorie food: experimental evidence for a causal link", *Appetite* 2016; 100: 162—171.

173. Groesz, L. M., McCoy, S., Carl, J., et al., "What is eating you? Stress and the drive to eat", *Appetite* 2012; 58(2): 717—721.

174. Williams, R. J., Volberg, R. A. and Stevens, R. M. G., "The population prevalence of problem gambling: methodological influences, standardized rates, jurisdictional differences and worldwide trends", Ontario, Canada: Ontario Problem Gambling Research Centre & the Ontario Ministry of Health and Long Term Care, 2012.

175. Gentile, D., "Pathological video-game use among youth ages 8 to 18. A national study", *Psychological Science* 2009; 20(5): 594—602.

176. Gentile, D. A., Choo, H., Liau, A., et al., "Pathological video game use among youths: a two-year longitudinal study", *Pediatrics* 2011; 127 (2): e319—e329.

177. Mentzoni, R. A., Brunborg, G. S., Molde, H., et al., "Problematic video game use: estimated prevalence and associations with mental and physical health", *Cyberpsychology*, Behavior, and Social Networking 2011; 14(10): 591—596.

178. Kuss, D. J., "Internet gaming addiction: current perspectives", *Psychology Research and Behavior Management* 2013; 6: 125—137.

179. Metzner, R., "Psychedelic, psychoactive, and addictive drugs and states of consciousness", in M. Earleywine (ed.), *Mind-altering Drugs: The Science of Subjective Experience*. New York: Oxford University Press, 2005, pp. 25—48.

180. Li, D. X. and Guindon, G. E., "Income, income inequality and youth smoking in low- and middle-income countries", *Addiction* 2013; 108(4): 799—808.

181. Lawson, N., *All Consuming*. London: Penguin, 2009.

182. Wallop, H., *Consumed*. London: Collins, 2013.

183. Fox, K., *Watching the English: The Hidden Rules of English Behaviour*. London: Hodder and Staughton, 2004.

184. Wallace, M. and Spanner, C., Chav!: *A User's Guide to Britain' s New Ruling Class*. London: Random House, 2004.

185. Trentmann, F., *Empire of Things: How We Became a World of Consumers, From The Fifteenth Century to the Twenty-First*. London: Penguin, 2016.

186. Briggs, D., *Deviance and Risk on Holiday: An Ethnography of British Tourists in Ibiza*. New York: Springer, 2013.

187. James, O., *Affluenza*. London: Vermilion, 2007.

188. UNICEF Innocenti Research Centre, *Child Poverty in Perspective: An Overview of Child Wellbeing in Rich Countries*. Florence: Innocenti Report Card 7, 2007.

189. Pickett, K. E. and Wilkinson, R. G., "Child wellbeing and income inequality in rich societies: ecological cross sectional study", *British Medical Journal* 2007; 335 (7629): 1080.

190. Pickett, K. E. and Wilkinson, R. G., "The ethical and policy implications of research on income inequality and child well-being", *Pediatrics* 2015; 135 Suppl 2: S39—47.

191. Boseley, S., "British children: poorer, at greater risk and more insecure", *Guardian* 14 February 2007.

192. Ipsos-Mori and Nairn, A., *Children' s Wellbeing in UK, Sweden and Spain: The role of Inequality and Materialism*. London: UNICEF UK, 2011.

193. Kasser, T., *The High Price of Materialism*. Cambridge, Mass.: MIT Press, 2003.

194. Kasser, T., "Cultural values and the well-being of future generations: a cross-national study", *Journal of Cross-Cultural Psychology* 2011; 42(2): 206—215.

195. Twenge, J. M. and Kasser, T., "Generational changes in materialism and work centrality, 1976—2007: associations with temporal changes in societal insecurity and materialistic role modeling", *Personality and Social Psychology Bulletin* 2013; 39(7): 883—897.

196. Weale, S., "English children among the unhappiest in the world at school due to bullying", *Guardian* 19 August 2015.

197. Monbiot, G., "Materialism: a system that eats us from the inside out", Guardian 9 December 2013, https://www.theguardian.com/commentisfree/2013/dec/09/materialism-system-eats-us-from-inside-out.

198. Earwicker, R., "The impact of problem debt on health–a literature review", Equity Action–the EU Joint Action Programme on Health Inequalities, 2014, http://www.equityaction-project.eu/.

199. Iacoviello, M., "Household debt and income inequality, 1963—2003", *Journal of Money, Credit and Banking* 2008; 40(5): 929—965.

200. Klein, N., *No Logo*. London: Flamingo, 2001.

201. Schor, J. and White, K. E., *Plenitude: The New Economics of True Wealth*. New York: Penguin Press, 2010.
202. Skidelsky, E. and Skidelsky, R., *How Much is Enough? : Money and the Good Life*. London: Penguin, 2012.
203. Costanza, R., "How to build a lagomist economy", *Guardian* 6 April 2015, https: //www.theguardian.com/sustainable-business/2015/apr/06/lagomist-economy-consumerism-quality-of-life.
204. Scheff, T. J., "Shame and the social bond: a sociological theory", *Sociological Theory* 2000; 18(1): 84—99.
205. Lewis, H. B., "Shame and guilt in neurosis", *Psychoanalytic Review* 1971;58(3): 419.
206. Nathanson, D. L., *The Many Faces of Shame*. New York: Guilford Press, 1987.
207. Dunbar, R. I. M., "Brains on two legs: group size and the evolution of intelligence", in F. B. de Waal (ed.), *Tree of Origin: What Primate Behavior Can Tell Us About Human Social Evolution*. Cambridge, Mass.: Harvard University Press, 2001.
208. Dunbar, R. I. M. and Shultz, S., "Evolution in the social brain", *Science* 2007; 317(5843): 1344—1347.
209. MacLean, E. L., Sandel, A. A., Bray, J., et al., "Group size predicts social but not nonsocial cognition in lemurs", *PLoS One* 2013; 8(6): e66359.
210. Sahlins, M., *Stone Age Economics*. London: Routledge, 2003.
211. Hobbes, T., *Leviathan*. Oxford: Oxford University Press, 1998.
212. Richmond, B. G. and Jungers, W. L., "Size variation and sexual dimorphism in *Australopithecus afarensis* and living hominoids", *Journal of Human Evolution* 1995; 29(3): 229—245.
213. Mitani, J. C., Gros-Louis, J. and Richards, A. F., "Sexual dimorphism, the operational sex ratio, and the intensity of male competition in polygynous primates", *The American Naturalist* 1996; 147(6): 966—980.
214. Sapolsky, R. M., *Why Zebras Don't Get Ulcers: The Acclaimed GuideTo Stress, Stress Related Diseases, And Coping*. New York: Henry Holt, 2004.
215. Woodburn, J., "Egalitarian societies", *Man* 1982; 17: 431—451.
216. Erdal, D. and Whiten, A., "Egalitarianism and Machiavellian intelligence in human evolution", in P. Mellars and K. Gibson (eds.), *Modelling the Early Human Mind*. Cambridge: McDonald Institute Monographs, 1996.
217. Boehm, C., "Egalitarian behavior and reverse dominance hierarchy", *Current Anthropology* 1993; 34: 227—254.
218. Boehm, C., *Moral Origins: The Evolution of Virtue, Altruism, and Shame*. New

York: Basic Books, 2012.

219. Fehr, E., Bernhard, H. and Rockenbach, B., "Egalitarianism in young children", *Nature* 2008; 454(7208): 1079.

220. Gintis, H., Van Schaik, C., Boehm, C., et al., "Zoon politikon: the evolutionary origins of human political systems", *Current Anthropology* 2015; 56 (3): 340—341.

221. Erdal, D., Whiten, A., Boehm, C. and Knauft, B., *On Human Egalitarianism: An Evolutionary Product of Machiavellian Status Escalation*? Chicago: University of Chicago Press, 1994.

222. Price, T. D. and Feinman, G. M., *Foundations of Social Inequality*. New York: Springer Science & Business Media, 1995.

223. Price T. D. and Bar-Yosef, O., "Traces of inequality at the origins of agriculture in the ancient Near East", in T. D. Price and G. M. Feinman (eds.), *Pathways to Power*. New York: Springer, 2010, pp. 147—168.

224. Bowles, S., Smith, E. A. and Borgerhoff Mulder, M., "The emergence and persistence of inequality in premodern societies: introduction to the special section", *Current Anthropology* 2010; 51(1): 7—17.

225. Hastorf, C. A., *Agriculture and the Onset of Political Inequality before the Inka*. Cambridge: Cambridge University Press, 1993.

226. Brosnan, S. F. and de Waal, F. B., "Evolution of responses to (un) fairness", *Science* 2014; 346(6207): 1251776.

227. Naito, T. and Washizu, N., "Note on cultural universals and variations of gratitude from an East Asian point of view", *International Journal of Behavioral Science* 2015; 10(2): 1—8.

228. McCullough, M. E., Kimeldorf, M. B. and Cohen, A. D., "An adaptation for altruism: the social causes, social effects, and social evolution of gratitude", *Current Directions in Psychological Science* 2008; 17(4): 281—285.

229. Mauss, M. and Halls, W. D., *The Gift: Forms and Functions of Exchange in Archaic Societies*. New York: W. W. Norton & Co., 1954.

230. Oosterbeek, H., Sloof, R. and Van De Kuilen, G., "Cultural differences in ultimatum game experiments: evidence from a meta-analysis", *Experimental Economics* 2004; 7(2): 171—188.

231. Frank, R. H., *Passions Within Reason: The Strategic Role of the Emotions*. New York: W. W. Norton & Co., 1988.

232. Fehr, E. and Gachter, S., "Altruistic punishment in humans", *Nature* 2002; 415 (6868): 137—140.

233. Elgar, F. J., Craig, W., Boyce, W., Morgan, A. and Vella-Zarb, R., "Income

inequality and school bullying: multilevel study of adolescents in 37 countries", *Journal of Adolescent Health* 2009; 45(4): 351—359.

234. DeBruine, L. M., Jones, B. C., Crawford, J. R., Welling, L. L. and Little, A. C., "The health of a nation predicts their mate preferences: cross-cultural variation in women's preferences for masculinized male faces", *Proceedings of the Royal Society of London B: Bio logical Sciences* 2010; 277(1692): 2405—2410.
235. Brooks, R., Scott, I. M., Maklakov, A. A., et al., "National income inequality predicts women's preferences for masculinized faces better than health does", *Proceedings of the Royal Society of London B: Biological Sciences* 2011; 278 (1707): 810—812.
236. Brooks, R., Scott, I. M., Maklakov, A. A., et al., "National income inequality predicts women's preferences for masculinized faces better than health does", *Proceedings of the Royal Society of London B: Biological Sciences* 2011; 278 (1707): 810—812; discussion 13—14.
237. Kim, D. A., Benjamin, E. J., Fowler, J. H. and Christakis, N. A., "Social connectedness is associated with fibrinogen level in a human social network", *Proceedings of the Royal Society of London B: Bio logical Sciences* 2016; 283: 20160958.
238. Wilkinson, G. S., "Reciprocal altruism in bats and other mammals", *Ethology and Sociobiology* 1988; 9(2—4): 85—100.
239. Hauser, M. D., Chen, M. K., Chen, F. and Chuang, E., "Give unto others: genetically unrelated cotton-top tamarin monkeys preferentially give food to those who altruistically give food back", *Proceedings of the Royal Society of London B: Biological Sciences* 2003; 270(1531): 2363—2370.
240. Kolominsky, Y., Igumnov, S. and Drozdovitch, V., "The psychological development of children from Belarus exposed in the prenatal period to radiation from the Chernobyl atomic power plant", *Journal of Child Psychology and Psychiatry* 1999; 40(2): 299—305.
241. Provençal, N. and Binder, E. B., "The effects of early life stress on the epigenome: from the womb to adulthood and even before", *Experimental Neurology* 2015; 268: 10—20.
242. Anacker, C., O'Donnell, K.J. and Meaney, M.J., "Early life adversity and the epigenetic programming of hypothalamic-pituitary-adrenal function", *Dialogues in Clinical Neuroscience* 2014; 16(3): 321.
243. Lutz, P.-E., Almeida, D. M., Fiori, L. and Turecki, G., "Childhood maltreatment and stress-related psychopathology: the epigenetic memory hypothesis", *Current Pharmaceutical Design* 2015; 21(11): 1413—1417.

244. Golldack, D., Lüking, I. and Yang, O., "Plant tolerance to drought and salinity: stress regulating transcription factors and their functional significance in the cellular transcriptional network", *Plant Cell Reports* 2011; 30(8): 1383—1391.

245. Slavich, G. M. and Cole, S. W., "The emerging field of human social genomics", *Clinical Psychological Science* 2013; 1(3): 331—348.

246. Sapolsky, R. M., "Stress, stress-related disease, and emotional regulation", in J. J. Gross (ed.), *Handbook of Emotion Regulation*. New York: Guilford Press, 2007, pp. 606—615.

247. Eckenrode, J., Smith, E. G., McCarthy, M. E. and Dineen, M., "Income inequality and child maltreatment in the United States", *Pediatrics* 2014; 133(3): 454—461.

248. Yehuda, R., Daskalakis, N. P., Bierer, L. M., et al., "Holocaust exposure induced intergenerational effects on FKBP5 methylation", *Biological Psychiatry* 2016; 80(5): 372—380.

249. McGuinness, D., McGlynn, L. M., Johnson, P. C., et al., "Socio-economic status is associated with epigenetic differences in the pSoBid cohort", International Journal of Epidemiology 2012; 41(1): 151—160.

250. Tung, J., Barreiro, L. B., Johnson, Z. P., et al., "Social environment is associated with gene regulatory variation in the rhesus macaque immune system", *Proceedings of the National Academy of Sciences of the USA* 2012; 109(17): 6490—6495.

251. Sapolsky, R. M., Romero, L. M. and Munck, A. U., "How do glucocorticoids influence stress responses? Integrating permissive, suppressive, stimulatory, and preparative actions", *Endocrine Reviews* 2000; 21(1): 55—89.

252. Sen, A., "Poor, relatively speaking", *Oxford Economic Papers* 1983: 153—169.

253. Walker, R., Kyomuhendo, G. B., Chase, E., et al., "Poverty in global perspective: is shame a common denominator? ", *Journal of Social Policy* 2013; 42(2): 215—233.

254. Chance, M. R. A., "Attention structure as the basis of primate rank orders", *Man* 1967; 2(4): 503—518.

255. Pannozzo, P. L., Phillips, K. A., Haas, M. E. and Mintz, E. M., "Social monitoring reflects dominance relationships in a small captive group of brown capuchin monkeys (*Cebus apella*)", *Ethology* 2007; 113(9): 881—888.

256. Kalma, A., "Hierarchisation and dominance assessment at first glance", *European Journal of Social Psychology* 1991; 21(2): 165—181.

257. Brown, P. H., Bulte, E. and Zhang, X., "Positional spending and status seeking in rural China", *Journal of Development Economics* 2011; 96(1): 139—149.

258. Huberman, B. A., Loch, C. H. and Önçüler, A., "Status as a valued resource", *Social Psychology Quarterly* 2004; 67(1): 103—114.
259. Frey, B. S., "Knight fever–towards an economics of awards", CESifo Working Paper No. 1468, IEW Working Paper No. 239, May 2005, https://ssrn.com/abstract=717302.
260. Runciman, W. G., *Relative Deprivation and Social Justice: A Study of Attitudes to Social Inequality in 20th Century England*. Berkeley, Calif.: University of California Press, 1966.
261. Sapolsky, R. M., *A Primate's Memoir: A Neuroscientist's Unconventional Life Among The Baboons*. New York: Simon and Schuster, 2007.
262. Gilligan, J., *Preventing Violence*. New York: Thames and Hudson, 2001.
263. Dawes, C. T., Fowler, J. H., Johnson, T., McElreath, R. and Smirnov, O., "Egalitarian motives in humans", *Nature* 2007; 446(7137): 794—796.
264. Keyes, C. L. M. and Waterman, M. B., "Dimensions of well-being and mental health in adulthood", in M. H. Bornstein, L. Davidson, C. L. M. Keyes and K. A. Moore (eds.), *Crosscurrents in Contemporary Psychology. WellBeing: Positive Development Across the Life Course*. Mahwah, NJ: Lawrence Erlbaum Associates, 2003, pp. 477—497.
265. Russ, T. C., Stamatakis, E., Hamer, M., et al., "Association between psychological distress and mortality: individual participant pooled analysis of 10 prospective cohort studies", *British Medical Journal* 2012; 345: e4933.
266. Johnson, B., The Third Margaret Thatcher Lecture, Centre for Policy Studies, 2013, http://www.cps.org.uk/events/q/date/2013/11/27/the-2013-margaret-thatcher-lecture-boris-johnson/.
267. Stiglitz, J. E., The Price of Inequality: *How Today's Divided Society Endangers Our Future*. New York: W. W. Norton & Co., 2012.
268. Krugman, P., "Why inequality matters", *New York Times* 15 December 2013.
269. Cingano, F., "Trends in income inequality and its impact on economic growth", OECD Social, Employment and Migration Working Papers, No. 163, OECD Publishing, 2014, http://dx.doi.org/10.1787/5jxrjncwxv6j-en.
270. Ostry, M. J. D., Berg, M. A. and Tsangarides, M. C. G., *Redistribution, Inequality, and Growth*. Washington, DC: International Monetary Fund, 2014.
271. Smith, G. D., "Epidemiology, epigenetics and the 'Gloomy Prospect': embracing randomness in population health research and practice", *International Journal of Epidemiology* 2011; 40(3): 537—562.
272. Plato, *The Republic*. London: Penguin Classics, 3rd edition, 2007.
273. Holtzman, N. A., "Genetics and social class", *Journal of Epidemiology and*

Community Health 2002; 56(7): 529—535.

274. Flynn, J. R., *Are We Getting Smarter? Rising IQ in the Twenty-First Century*. New York: Cambridge University Press, 2012.

275. Dhuey, E. and Lipscomb, S., "What makes a leader? Relative age and high school leadership", *Economics of Education Review* 2008; 27(2): 173—183.

276. Sprietsma, M., "Effect of relative age in the first grade of primary school on long-term scholastic results: international comparative evidence using PISA 2003", *Education Economics* 2010; 18(1): 1—32.

277. Baker, J. and Logan, A. J., "Developmental contexts and sporting success: birth date and birthplace effects in national hockey league draftees 2000—2005", *British Journal of Sports Medicine* 2007; 41(8): 515—517.

278. Cobley, S., Baker, J., Wattie, N. and McKenna, J., "Annual age-grouping and athlete development", *Sports Medicine* 2009; 39(3): 235—256.

279. Helsen, W. F., Van Winckel, J. and Williams, A. M., "The relative age effect in youth soccer across Europe", *Journal of Sports Sciences* 2005; 23(6): 629—636.

280. Vestberg, T., Gustafson, R., Maurex, L., Ingvar, M. and Petrovic, P., "Executive functions predict the success of top-soccer players", *PLoS One* 2012; 7(4): e34731.

281. Plomin, R., Asbury, K. and Dunn, J., "Why are children in the same family so different? Nonshared environment a decade later", *The Canadian Journal of Psychiatry* 2001; 46(3): 225—233.

282. Woollett, K. and Maguire, E. A., "Acquiring 'the Knowledge' of London's layout drives structural brain changes", *Current Biology* 2011; 21(24—2): 2109—2114.

283. Gaser, C. and Schlaug, G., "Gray matter differences between musicians and nonmusicians", *Annals of the New York Academy of Sciences* 2003; 999: 514—517.

284. Draganski, B., Gaser, C., Kempermann, G., et al., "Temporal and spatial dynamics of brain structure changes during extensive learning", *Journal of Neuroscience* 2006; 26(23): 6314—6317.

285. Mora, F., Segovia, G. and del Arco, A., "Aging, plasticity and environmental enrichment: structural changes and neurotransmitter dynamics in several areas of the brain", *Brain Research Reviews* 2007; 55(1): 78—88.

286. Boyke, J., Driemeyer, J., Gaser, C., Büchel, C. and May, A., "Training-induced brain structure changes in the elderly", *Journal of Neuroscience* 2008; 28(28): 7031—7035.

287. Mahncke, H. W., Bronstone, A. and Merzenich, M. M., "Brain plasticity and

functional losses in the aged: scientific bases for a novel intervention", *Progress in Brain Research* 2006; 157: 81—109.

288. Hanson, J. L., Hair, N., Shen, D. G., et al., "Family poverty affects the rate of human infant brain growth", *PLoS One* 2013; 8(12): e80954.

289. Dickerson, A. and Popli, G. K., "Persistent poverty and children's cognitive development: evidence from the UK Millennium Cohort Study", *Journal of the Royal Statistical Society: Series A (Statistics in Society)* 2016; 179(2): 535—558.

290. Brooks-Gunn, J. and Duncan, G. J., "The effects of poverty on children", *The Future of Children* 1997; 7(2): 55—71.

291. Korenman, S., Miller, J. E. and Sjaastad, J. E., "Long-term poverty and child development in the United States: Results from the NLSY", *Children and Youth Services Review* 1995; 17(1—2): 127—155.

292. Kiernan, K. E. and Mensah, F. K., "Poverty, maternal depression, family status and children's cognitive and behavioural development in early childhood: a longitudinal study", *Journal of Social Policy* 2009; 38(4): 569—588.

293. Blair, C., Granger, D. A., Willoughby, M., et al., "Salivary cortisol mediates effects of poverty and parenting on executive functions in early childhood", *Child Development* 2011; 82(6): 1970—1984.

294. Guo, G. and Harris, K. M., "The mechanisms mediating the effects of poverty on children's intellectual development", *Demography* 2000; 37(4): 431—447.

295. Ayoub, C., O'Connor, E., Rappolt-Schlictmann, G., et al., "Cognitive skill performance among young children living in poverty: risk, change, and the promotive effects of Early Head Start", *Early Childhood Research Quarterly* 2009; 24(3): 289—305.

296. Hart, B. and Risley, T. R., *Meaningful Differences in the Everyday Experience of Young American Children*. Baltimore, Md: Paul H. Brookes Publishing, 1995.

297. Heckman, J. J., "Creating a more equal and productive Britain", Young Foundation Lecture, 2011, www.youngfoundation.org/files/ images/Heckman_Lecture_19_May_2011.pdf.

298. Crawford, C., Macmillan, L. and Vignoles, A., "When and why do initially high-achieving poor children fall behind? " *Oxford Review of Education* 2017; 43(1): 88—108.

299. OECD, *Equity and Quality in Education Supporting Disadvantaged Students and Schools*. Paris: OECD Publishing, 2012, http: //dx.doi.org/10.1787/9789264130852-en.

300. Burgess, S. and Greaves, E., "Test scores, subjective assessment, and stereotyping of ethnic minorities", *Journal of Labor Economics* 2013; 31(3): 535—576.

301. Ferguson, R. F., "Teachers' perceptions and expectations and the Black–White test score gap", *Urban Education* 2003; 38(4): 460—507.

302. Rosenthal, R. and Jacobson, L., "Pygmalion in the classroom", *The Urban Review* 1968; 3(1): 16—20.

303. Hanna, R. N. and Linden, L. L., "Discrimination in grading", American Economic Journal: *Economic Policy* 2012; 4(4): 146—168.

304. Reay, D., "The zombie stalking English schools: social class and educational inequality", *British Journal of Educational Studies* 2006; 54(3): 288—307.

305. Blanden, J., "Essays on intergenerational mobility and its variation over time" [PhD Thesis], University of London, 2005.

306. Reay, D., *Miseducation: Inequality, Education and the Working Classes*. Bristol: Policy Press, 2017.

307. Bradley, R. H. and Corwyn, R. F., "Socioeconomic status and child development", *Annual Review of Psychology* 2002; 53: 371—399.

308. Barnett, W. S., Jung, K., Yarosz, D. J., et al., "Educational effects of the Tools of the Mind curriculum: a randomized trial", *Early Childhood Research Quarterly* 2008; 23(3): 299—313.

309. Barnett, W. S. and Masse, L. N., "Comparative benefit–cost analysis of the Abecedarian program and its policy implications", *Economics of Education Review* 2007; 26(1): 113—125.

310. Heckman, J. J., "Skill formation and the economics of investing in disadvantaged children", *Science* 2006; 312(5782): 1900—1902.

311. Heckman, J. J., "The economics, technology, and neuroscience of human capability formation", *Proceedings of the National Academy of Sciences* 2007; 104(33): 13250—13255.

312. Magnuson, K. A., Ruhm, C. and Waldfogel, J., "Does prekindergarten improve school preparation and performance? ", *Economics of Education Review* 2007; 26(1): 33—51.

313. Magnuson, K. A., Ruhm, C. and Waldfogel, J., "The persistence of preschool effects: Do subsequent classroom experiences matter? ", *Early Childhood Research Quarterly* 2007; 22(1): 18—38.

314. Hoff, K. and Pandey, P., "Belief systems and durable inequalities: an experimental investigation of Indian caste", *Policy Research Working Paper*. Washington, DC: World Bank, 2004.

315. Stroessner, S. and Good, C., "Stereotype threat: an overview", www.diversity.arizona.edu/sites/diversity/files/stereotype_threat_ overview.pdf.

316. Nguyen, H.-H. D. and Ryan, A. M., "Does stereotype threat affect test

performance of minorities and women? A meta-analysis of experimental evidence", *Journal of Applied Psychology* 2008; 93(6); 1314—1334.

317. Croizet, J.-C. and Dutrévis, M., "Socioeconomic status and intelligence: why test scores do not equal merit", *Journal of Poverty* 2004; 8(3): 91—107.

318. Steele, C. M. and Aronson, J., "Stereotype threat and the intellectual test performance of African-Americans", *Journal of Personality and Social Psychology* 1995; 69: 797—811.

319. Davies, P. G., Spencer, S. J., Quinn, D. M. and Gerhardstein, R., "Consuming images: how television commercials that elicit stereotype threat can restrain women academically and professionally", *Personality and Social Psychology Bulletin* 2002; 28(12): 1615—1628.

320. Hess, T. M., Auman, C., Colcombe, S. J. and Rahhal, T. A., "The impact of stereotype threat on age differences in memory performance", T*he Journals of Gerontology Series B: Psychological Sciences and Social Sciences* 2003; 58(1): P3—P11.

321. Aronson, J., Lustina, M. J., Good, C., et al., "When white men can't do math: necessary and sufficient factors in stereotype threat", *Journal of Experimental Social Psychology* 1999; 35(1): 29—46.

322. Brown, R. P. and Pinel, E. C., "Stigma on my mind: individual differences in the experience of stereotype threat", *Journal of Experimental Social Psychology* 2003; 39(6): 626—633.

323. Blascovich, J., Spencer, S. J., Quinn, D. and Steele, C., "African Americans and high blood pressure: the role of stereotype threat", *Psychological Science* 2001; 12(3): 225—229.

324. Schmader, T., Johns, M. and Forbes, C., "An integrated process model of stereotype threat effects on performance", *Psychological Review* 2008; 115(2): 336.

325. Schmader, T. and Johns, M., "Converging evidence that stereotype threat reduces working memory capacity", *Journal of Personality and Social Psychology* 2003; 85(3): 440.

326. Damme, D. V., "How closely is the distribution of skills related to countries' overall level of social inequality and economic prosperity? ", *OECD Education Working Papers* 2014; 105.

327. OECD and Statistics Canada, *Literacy in the Information Age: Final Report of the International Adult Literacy Survey*. Paris: Organization for Economic Co-operation and Development, 2000.

328. Wilkinson, R. and Pickett, K. E., "Health inequalities and the UK presidency of

the EU", *Lancet* 2006; 367(9517): 1126—1128.

329. OECD, *OECD Skills Outlook 2013: First Results from the Survey of Adult Skills*. Paris: OECD Publishing, 2013.

330. OECD, *PISA 2009 Results, Volume V. Learning Trends: Changes in Student Performance Since 2000*. Paris: OECD, 2010.

331. Bird, P. K., "Social gradients in child health and development in relation to income inequality. Who benefits from greater income equality? ", [PhD Thesis], University of York, 2014.

332. Bradbury, B., Corak, M., Waldfogel, J. and Washbrook, E., "Inequality during the early years: child outcomes and readiness to learn in Australia, Canada, United Kingdom, and United States", IZA [Institute for the Study of Labor] Discussion Paper No. 6120, 2011.

333. UNICEF Innocenti Research Centre, *Child Wellbeing in Rich Countries: A Comparative Overview*. Florence: Innocenti Report Card 11, 2013.

334. Elgar, F. J., Pickett, K. E., Pickett, W., et al., "School bullying, homicide and income inequality: a cross-national pooled time series analysis", *International Journal of Public Health* 2013; 58(2): 237—245.

335. Pickett, K. E., Mookherjee, J. and Wilkinson, R. G., "Adolescent birth rates, total homicides, and income inequality in rich countries", *American Journal of Public Health* 2005; 95(7): 1181—1183.

336. UNICEF Innocenti Research Centre, *Fairness for Children. A League Table of Inequality in Child Wellbeing in Rich Countries*. Florence: UNICEF Innocenti Centre, 2016.

337. Corak, M., "Income inequality, equality of opportunity, and intergenerational mobility", *Journal of Economic Perspectives* 2013; 27(3): 79—102.

338. Krueger, A., "The rise and consequences of inequality", Presentation made to the Center for American Progress, 12 January 2012. Available at http://www.americanprogress.org/events/2012/01/12/17181/the-rise-and-consequences-of-inequality.

339. Aaronson, D. and Mazumder, B., "Intergenerational economic mobility in the United States, 1940 to 2000", *Journal of Human Resources* 2008; 43(1): 139—172.

340. Blanden, J., Goodman, A., Gregg, P. and Machin, S., *Changes in Intergenerational Mobility in Britain*. Bristol: University of Bristol, Centre for Market and Public Organisation, 2001.

341. Corak, M., "Inequality from generation to generation: the United States in comparison", IZA [Institute for the Study of Labor] Discus-sion Paper No. 9929, 2016.

342. Evans, G. W. and English, K., "The environment of poverty: multiple stressor exposure, psychophysiological stress, and socioemotional adjustment", *Child Development* 2002; 73(4): 1238—1248.

343. McLoyd, V. C., "The impact of economic hardship on black families and children: psychological distress, parenting, and socioemotional development", *Child Development* 1990; 61(2): 311—346.

344. McLoyd, V. C. and Wilson, L., "Maternal behavior, social support, and economic conditions as predictors of distress in children", *New Directions for Child Development* 1990(46): 49—69.

345. Garrett, P., Ng'andu, N. and Ferron, J., "Poverty experiences of young children and the quality of their home environments", *Child Development* 1994; 65(2 Spec No): 331—345.

346. Levine, A. S., Frank, R. H. and Dijk, O., "Expenditure cascades", *SSRN Electronic Journal* Sept 2010; 1.

347. Bowles, S. and Park Y., "Emulation, inequality, and work hours: was Thorstein Veblen right? ", *The Economic Journal* 2005; 115: F397—F412.

348. Simmons, R. G. and Rosenberg, M., "Functions of children' s perceptions of the stratification system", *American Sociological Review* 1971; 36: 235—249.

349. Tudor, J. F., "The development of class awareness in children", *Social Forces* 1971; 49: 470—476.

350. Dorling, D., "Danny Dorling on education and inequality", *Times Higher Education* 25 September 2014.

351. Popham, F., "Deprivation is a relative concept? Absolutely!", *Journal of Epidemiology and Community Health* 2015; 69(3): 199—200.

352. Joseph Rowntree Foundation, *UK Poverty 2017: A Comprehensive Analysis of Poverty Trends and Figures*. York: Joseph Rowntree Foundation, 2017.

353. Child Poverty Action Group, "Child poverty facts and figures", 2014. Retrieved from http: //www.cpag.org.uk/child-poverty-facts-and-figures.

354. Rank, M. R. and Hirschl, T. A., "The likelihood of experiencing relative poverty over the life course", *PLoS One* 2015; 10(7): e0133513.

355. US Census Bureau, *Current Population Survey Annual Social and Economic Supplement*. Washington, DC: US Census Bureau, 2016.

356. Siddiqi, A., Kawachi, I., Berkman, L., Hertzman, C. and Subramanian, S. V., "Education determines a nation's health, but what determines educational outcomes? A cross-national comparative analysis", *Journal of Public Health Policy* 2012; 33(1): 1—15.

357. Benn, M. and Millar, F., *A Comprehensive Future: Quality and Equality For All*

Our Children. London: Compass, 2006.

358. OECD, *Improving Schools in Sweden*: An OECD Perspective. Paris: OECD, 2015, http://www.oecd.org/edu/school/improving-schools-in-sweden-an-oecd-perspective.htm.

359. Elias, N. and Jephcott, E., *The Civilizing Process*. Oxford: Blackwell, 1982.

360. Erickson, C., *To the Scaffold: The Life of Marie Antoinette*. London: Macmillan, 2004.

361. Ashenburg, K., *The Dirt on Clean: An Unsanitized History*. Toronto: Vintage Canada, 2010.

362. Szreter, S., "Rapid economic growth and 'the four Ds' of disruption, deprivation, disease and death: public health lessons from nineteenth-century Britain for twenty-first-century China? ", *Tropical Medicine & International Health* 1999; 4 (2): 146—152.

363. Hanley, L., *Respectable: Crossing the Class Divide*. London: Allen Lane, 2016.

364. Hanson, W., *The Bluffer's Guide to Etiquette*. London: Bluffer's, 2014.

365. Crompton, R., "Consumption and class analysis", *The Sociological Review* 1997; 44 (1 suppl): 113—132.

366. Deutsch, N. L. and Theodorou, E., "Aspiring, consuming, becoming: youth identity in a culture of consumption", *Youth & Society* 2010; 42 (2): 229—254.

367. Institute for Public Policy Research, "Modern women marrying men of the same or lower social class", IPPR, 5 April 2012.

368. Merrill, D. M., *Mothers-in-law and Daughters-in-law: Understanding the Relationship and What Makes Them Friends or Foe*. Westport, Conn.: Greenwood Publishing Group, 2007.

369. Neumann, J., *Poor Kids*, BBC1, 7 June 2011.

370. Tippett, N. and Wolke, D., Socioeconomic status and bullying: a meta-analysis', *American Journal of Public Health* 2014; 104 (6): e48—e59.

371. Odgers, C. L., Donley, S., Caspi, A., Bates, C. J. and Moffitt, T. E., "Living alongside more affluent neighbors predicts greater involvement in antisocial behavior among low-income boys", *Journal of Child Psychology & Psychiatry* 2015; 56 (10): 1055—1064.

372. Goldstein, R., Almenberg, J., Dreber, A., et al., "Do more expensive wines taste better? Evidence from a large sample of blind tastings", *Journal of Wine Economics* 2008; 3 (1): 1—9.

373. Atkinson, W., "The context and genesis of musical tastes: omnivorousness debunked, Bourdieu buttressed", *Poetics* 2011; 39 (3): 169—186.

374. Savage, M., *Social Class in the 21st Century*. London: Penguin, 2015.

375. Hobsbawm, E., *Fractured Times: Culture and Society in the Twentieth Century*. London: Little, Brown, 2013.

376. Toronyi-Lalic, I., "Sceptic's Sistema", *Classical Music* June 2012.

377. Szlendak, T. and Karwacki, A., "Do the Swedes really aspire to sense and the Portuguese to status? Cultural activity and income gap in the member states of the European Union", *International Sociology* 2012; 27(6): 807—826.

378. Brown, R., *Prejudice: Its Social Psychology*. Chichester: John Wiley & Sons, 2011.

379. Prandy, K., "The revised Cambridge scale of occupations", *Sociology* 1990;24(4): 629—655.

380. Sayer, A., *The Moral Significance of Class*. Cambridge: Cambridge University Press, 2005.

381. de Tocqueville, A., *Democracy in America*. London: Penguin, 2003.

382. Child Rights International Network, *Minimum Ages of Criminal Responsibility Around the World*, 2017, https://www.crin.org/en/home/ages.

383. Rifkin, J., *The Empathic Civilization: The Race to Global Consciousness in a World in Crisis*. New York: Penguin, 2009.

384. Major, J., *Today*, 24 November 1990.

385. Ross, L., "The intuitive psychologist and his shortcomings: distortions in the attribution process", *Advances in Experimental Social Psychology* 1977; 10: 173—220.

386. Jones, O., *Chavs: The Demonization of the Working Class*. London: Verso Books, 2012.

387. Jayaratne, T. E., Gelman, S. A., Feldbaum, M., et al., "The perennial debate: nature, nurture, or choice? Black and white Americans' explanations for individual differences", *Review of General Psychology* 2009; 13(1): 24—33.

388. Christensen, K. D., Jayaratne, T., Roberts, J., Kardia, S. and Petty, E., "Understandings of basic genetics in the United States: results from a national survey of black and white men and women", *Public Health Genomics* 2010; 13(7—8): 467—476.

389. Jorde, L. B. and Wooding, S. P., "Genetic variation, classification and 'race'", *Nature Genetics* 2004; 36: S28—S33.

390. Olalde, I., Allentoft, M. E., Sanchez-Quinto, F., et al., "Derived immune and ancestral pigmentation alleles in a 7, 000-year-old Mesolithic European", *Nature* 2014; 507(7491): 225—228.

391. Montagu, A., *Man's Most Dangerous Myth: The Fallacy of Race*. Lanham, Md: AltaMira Press, 2001.

392. Kubiszewski, I., Costanza, R., Franco, C., et al., "Beyond GDP: measuring

and achieving global genuine progress", *Ecological Economics* 2013; 93: 57—68.

393. Cutler, D., Deaton, A. and Lleras-Muney, A., "The determinants of mortality", *Journal of Economic Perspectives* 2006; 20(3): 97—120.

394. Jackson, T., *Prosperity Without Growth. Economics for a Finite Planet*. Abingdon: Earthscan, 2009.

395. Hansen, J., Sato, M., Kharecha, P., et al., "Target atmospheric CO2: where should humanity aim? ", *Open Atmospheric Science Journal* 2008; 2: 217—231.

396. World Health Organization. *Quantitative Risk Assessment of the Effects of Climate Change on Selected Causes of Death, 2030s and 2050s*. Geneva: World Health Organization, 2014.

397. Rahmstorf, S., "Modeling sea level rise", *Nature Education Knowledge* 2012; 3(10): 4.

398. Parry, M., Palutikof, J., Hanson, C. and Lowe, J., "Squaring up to reality", *Nature Reports Climate Change* 2008; 2: 68—70.

399. Osterreichisches Institut fur Wirtschaftsforschung, *Economics, Reality and the Myths of Growth*. Vienna, 2013.

400. Jolly, A., *Lucy's Legacy: Sex and Intelligence in Human Evolution*. Cambridge, Mass.: Harvard University Press, 2001.

401. Bird-David, N., Abramson, A., Altman, J., et al., "Beyond 'The Original Affluent Society': a culturalist reformulation [and Comments and Reply]", *Current Anthropology* 1992; 33(1): 25—47.

402. Sahlins, M., "The original affluent society", in J. Gowdy (ed.), *Limited Wants, Unlimited Means: A Hunter-Gatherer Reader on Economics and the Environment*. Washington, DC: Island Press, 1998, pp. 5—41.

403. Wilkinson, R. G., *Poverty and Progress: An Ecological Model of Economic Development*. London: Methuen, 1973.

404. Lee, R. B. and DeVore, I., *Man the Hunter*: Piscataway, NJ: Transaction Publishers, 1968.

405. Larsen, C. S., "The agricultural revolution as environmental catastrophe: implications for health and lifestyle in the Holocene", *Quaternary International* 2006; 150(1): 12—20.

406. Mummert, A., Esche, E., Robinson, J. and Armelagos, G. J., "Stature and robusticity during the agricultural transition: evidence from the bioarchaeological record", *Economics & Human Biology* 2011; 9(3): 284—301.

407. Dittmar, H., Bond, R., Hurst, M. and Kasser, T., "The relationship between materialism and personal well-being: a meta-analysis", Journal of Personality and Social Psychology 2014; 107(5): 879—924.

408. Meltzer, H., Bebbington, P., Brugha, T., Farrell, M. and Jenkins, R., "The relationship between personal debt and specific common mental disorders", *European Journal of Public Health* 2013; 23(1): 108—113.

409. Kwon, R. and Cabrera, J. F., "Socioeconomic factors and mass shootings in the United States", *Critical Public Health* 2017: 1—8.

410. Rufrancos, H., Power, M., Pickett, K. E. and Wilkinson, R., "Income inequality and crime: a review and explanation of the time-series evidence", *Sociology and Criminology* 2013; 1: 103.

411. Jayadev, A. and Bowles, S., "Guard labor", *Journal of Development Economics* 2006; 79(2): 328—348.

412. Bowles, S. and Jayadev, A., "Garrison America", *Economists' Voice* 2007;4(2): 1—7.

413. World Economic Forum, *The Global Competitiveness Report*, 2000—2001. New York: Oxford University Press, 2002.

414. Wilkinson, R. G., Pickett, K. E. and De Vogli, R., "Equality, sustainability, and quality of life", *British Medical Journal* 2010; 341: c5816.

415. Motesharrei, S., Rivas, J. and Kalnay, E., "Human and nature dynamics (HANDY): modeling inequality and use of resources in the collapse or sustainability of societies", *Ecological Economics* 2014; 101: 90—102.

416. Wilkinson, R. G. and Pickett, K. E., "Income inequality and socio-economic gradients in mortality", *American Journal of Public Health* 2008; 98(4): 699—704.

417. Jutz, R., "The role of income inequality and social policies on income-related health inequalities in Europe", *International Journal for Equity in Health* 2015; 14: 117.

418. Lobmayer, P. and Wilkinson, R. G., "Inequality, residential segregation by income, and mortality in US cities", *Journal of Epidemiology & Community Health* 2002; 56(3): 183—187.

419. Andersen, R. and Curtis, J., "The polarizing effect of economic inequality on class identification: evidence from 44 countries", *Research in Social Stratification and Mobility* 2012; 30(1): 129—141.

420. Jaikumar, S. and Sarin, A., "Conspicuous consumption and income inequality in an emerging economy: evidence from India", *Marketing Letters* 2015; 26(3): 279—292.

421. Walasek, L. and Brown, G. D., "Income inequality, income, and internet searches for status goods: a cross-national study of the association between inequality and well-being", *Social Indicators Research* 2015; doi: 10.1007/s11205-015-1158-

4.

422. Walasek, L. and Brown, G. D., "Income inequality and status seeking, searching for positional goods in unequal US states", *Psychological Science* 2015; 26 (4): 527—533.

423. Neville, L., "Do economic equality and generalized trust inhibit academic dishonesty? Evidence from state-level search-engine queries", *Psychological Science* 2012; 23 (4): 339—345.

424. Gustafsson, B. and Johansson, M., "In search of smoking guns: what makes income inequality vary over time in different countries? ", *American Sociological Review* 1999: 585—605.

425. Eisenbrey, R. G. and Gordon, C., "As unions decline, inequality rises", *Economic Policy Institute* 2012, http: //www.epi.org/publication/unions-decline-inequality-rises/.

426. Piketty, T., Saez, E. and Stantcheva, S., "Optimal taxation of top labor incomes: a tale of three elasticities", *National Bureau of Economic* Research, 2011.

427. World Bank, *The East Asian Miracle*. Oxford: Oxford University Press, 1993.

428. Krugman, P., *The Conscience of a Liberal*. New York: W. W. Norton & Co., 2009.

429. Obama, B., State of the Union address, 2014, http: //www.white-house.gov/the-press-office/2014/01/28/president-barack-obamas-state-union-address.

430. Pope Francis, *Evangelii Gaudium*. Vatican City: Vatican Press, 2013.

431. Lagarde, C., Speech at World Economic Forum, Davos, 2013, https: //www.imf.org/external/np/speeches/2013/012313.htm.

432. Ban K.-m., Remarks at Informal General Assembly Thematic Debate on Inequality, United Nations, 2013, http: //www.un.org/apps/news/story.asp? NewsID=45361#.WdNCPFu3zcs.

433. Norton, M. I. and Ariely, D., "Building a better America — one wealth quintile at a time", *Perspectives on Psychological Science* 2011; 6 (1): 9—12.

434. Living Wage Commission, *Work That Pays*. London, 2014.

435. Bunyan, P. and Diamond, J., *Approaches to Reducing Poverty and Inequality in the UK. A Study of Civil Society Initiatives and Fairness Commissions*. Edge Hill University/Webb Memorial Trust, 2014.

436. Houlder, V., "Switzerland pledges to lift veil on tax secrecy", *Financial Times* 6 May 2014.

437. Gibbons, K., "Extra home help gives Britain that Downton feeling", *The Times* 31 January 2014.

438. Mount, H., "Are you being served? ", *Daily Telegraph* 28 April 2013.

439. Mishel, L. and Sabadish, N., "Pay and the top 1%: how executive compensation and financial-sector pay have fuelled income inequality", Issue Brief, Economic

Policy Institute, 2012.

440. Tosi, H. L., Werner, S., Katz, J. P. and Gomez-Mejia, L. R., "How much does performance matter? A meta-analysis of CEO pay studies", *Journal of Management* 2000; 26(2): 301—339.

441. Marshall, L., "Are CEOs paid for performance? ", MSCI Inc., 2016.

442. Breza, E., Kaur, S. and Shamdasani, Y., "The morale effects of pay inequality", *National Bureau of Economic Research*, 2016.

443. Chang, H.-J., 23 *Things They Don't Tell You About Capitalism*. New York: Bloomsbury Publishing, 2012.

444. Conchon, A. K., Kluge, N. and Stollt, M., "Worker board-level participation in the 31 European Economic Area countries", European Trade Union Institute, 2013, http://www.worker-participation.eu/National-Industrial-Relations/Across-Europe/Board-level-Representation2/TABLE-Worker-board-level-participation-in-the-31-European-Economic-Area-countries:

445. Schulten, T. and Zagelmeyer, S., "Board-level employee representation in Europe", *EIRObserver* 1998; 5: 1—4, https://www.eurofound.europa.eu/sites/default/files/ef_files/eiro/pdf/eo98-5.pdf.

446. Survation, Employment Survey II, 6 February 2013, http://survation.com/wp-content/uploads/2014/04/Employment-II-Full-Tables.pdf.

447. Freeman, R. B. and Rogers, J., *What Workers Want*. Ithaca, NY: Cornell University Press, 2006.

448. Vitols, S., "Board level employee representation, executive remuneration and firm performance in large European companies", European Corporate Governance Institute and European Trade Union Institute, 2010.

449. Fauver, L. and Fuerst, M. E., "Does good corporate governance include employee representation? Evidence from German corporate boards", *Journal of Financial Economics* 2006; 82(3): 673—710.

450. Piketty, T., trans. A. Goldhammer, *Capital in the Twenty-first Century*. Cambridge, Mass.: Harvard University Press, 2014.

451. Oakeshott, R., *Jobs and Fairness: The Logic and Experience of Employee Ownership*. Norwich: Michael Russell, 2000.

452. Azevedo, A. and Gitahy, L., "The cooperative movement, self-management, and competitiveness: the case of Mondragon Corporacion Cooperativa", *Working USA* 2010; 13(1): 5—29.

453. Zeuli, K. and Radel, J., "Cooperatives as a community development strategy: linking theory and practice", *Journal of Regional Analysis and Policy* 2005; 35(1): 43—54.

454. Blasi, J., Kruse, D., Sesil, J. and Kroumova, M., "Broad-based stock options and company performance: what the research tells us", *Journal of Employee Ownership, Law, and Finance* 2000; 12(3): 69—102.

455. Kardas, P. A., Scharf, A. L., Keogh, J. and Rodrick, S. S., *Wealth and Income Consequences of Employee Ownership: A Comparative Study for Washington State*. Oakland, Calif.: National Center for Employee Ownership, 1998.

456. Lampel, J., Bhalla, A. and Jha, P., *Model Growth: Do Employee owned Businesses Deliver Sustainable Performance*? London: Cass Business School, City University, 2010.

457. NCEO, *Employee Ownership and Corporate Performance: A Comprehensive Review of the Evidence*. Oakland, Calif.: National Center for Employee Ownership, 2004.

458. Kruse, D., "Does employee ownership improve performance? ", *IZA World of Labor* 2016; 311.

459. Blasi, J., Kruse, D. and Bernstein, A., *In the Company of Owners*. New York: Basic Books, 2003.

460. Nuttall, G., "Sharing success: the Nuttall review of employee ownership", Department of Business, Innovation and Skills, BIS/12/933, 4 July 2012.

461. Matrix Knowledge Group, *The Employee Ownership Effect: A Review of the Evidence*. London: Matrix Evidence, a division of Matrix Knowledge Group, 2010.

462. Martins, P. S., "Dispersion in wage premiums and firm performance", *Economics Letters* 2008; 101(1): 63—65.

463. Bookchin, M., *Remaking Society: Pathways to a Green Future*. Cambridge, Mass.: South End Press, 1990.

464. Kelly, M., "The next step for CSR: building economic democracy", *Business Ethics* 2002; 16: 2—7.

465. Verdorfer, A. P., Weber, W. G., Unterrainer, C. and Seyr, S., "The relationship between organizational democracy and socio-moral climate: exploring effects of the ethical context in organizations", *Economic and Industrial Democracy* 2012: 0143831X12450054.

466. Weber, W. G., Unterrainer, C. and Schmid, B. E., "The influence of organizational democracy on employees' socio-moral climate and prosocial behavioral orientations", *Journal of Organizational Behavior* 2009; 30(8): 1127—1149.

467. Ruiz, J. I., Nuhu, K., McDaniel, J. T., et al., "Inequality as a powerful predictor of infant and maternal mortality around the world", *PLoS One* 2015; 10(10): e0140796.

468. Bosma, H., Marmot, M. G., Hemingway, H., et al., "Low job control and risk of coronary heart disease in Whitehall II (prospective cohort) study", *British Medical Journal* 1997; 314(7080): 558—565.

469. Theorell, T., "Democracy at work and its relationship to health", *Research in Occupational Stress and Wellbeing* 2003; 3: 323—357.

470. De Vogli, R., Brunner, E. and Marmot, M. G., "Unfairness and the social gradient of metabolic syndrome in the Whitehall II study", *Journal of Psychosomatic Research* 2007; 63(4): 413—419.

471. De Vogli, R., Ferrie, J. E., Chandola, T., Kivimaki, M. and Marmot, M. G., "Unfairness and health: evidence from the Whitehall II study", *Journal of Epidemiology & Community Health* 2007; 61(6): 513—518.

472. Elovainio, M., Singh-Manoux, A., Ferrie, J. E., et al., "Organisational justice and cognitive function in middle-aged employees: the Whitehall II study", *Journal of Epidemiology & Community Health* 2012; 66(6): 552—556.

473. Williamson, J. and the TUC, *Workers on Board: The Case For Workers' Voice in Corporate Governance*. London: Trades Union Congress, 2013.

474. Freudenberg, N., *Lethal But Legal: Corporations, Consumption, and Protecting Public Health*. New York: Oxford University Press, 2014.

475. The Equality Trust, The Cost of Inequality. London: *The Equality Trust*, 2014.

476. Bregman R., *Utopia for Realists: The Case for a Universal Basic Income, Open Borders, and a 15hour Workweek*. Originally published in Dutch online on *De Correspondent*, 2016; English edition published 2017 by Bloomsbury.

477. Dye, R. F. and England, R. W., "Assessing the theory and practice of land value taxation", Lincoln Institute of Land Policy, 2010.

478. Gilroy, B. M., Heimann, A. and Schopf, M., "Basic income and labour supply: the German case", *Basic Income Studies* 2012; 8(1): 43—70.

479. Widerquist, K. and Sheahen, A., "The United States: the basic income guarantee - past experience, current proposals", *Basic Income Worldwide: Horizons of Reform* 2012: 11.

480. Dickens, R., Gregg, P., Machin, S., Manning, A. and Wadsworth, J., "Wages councils: was there a case for abolition? ", *British Journal of Industrial Relations* 1993; 31(4): 515—529.

481. Burkitt, B. and Whyman, P., "Employee investment funds in Sweden: their past, present and future", *European Business Review* 1994; 94(4): 22—29.

482. Coote, A., Franklin, J., Simms, A. and Murphy, M., *21 Hours: Why a Shorter Working Week Can Help Us All to Flourish in the 21st Century*. London: New Economics Foundation, 2010.

483. Frey, C. B. and Osborne, M., *The Future of Employment: How Susceptible Are*

Jobs to Computerisation? Oxford Martin School, University of Oxford, 2013.

484. Babones, S. J., "Income inequality and population health: correlation and causality", *Social Science & Medicine* 2008; 66(7): 1614—1626.

485. Clarkwest, A., "Neo-materialist theory and the temporal relationship between income inequality and longevity change", Social Science & Medicine 2008; 66(9): 1871—1881.

486. Zheng, H., "Do people die from income inequality of a decade ago? ", *Social Science & Medicine* 2012; 75(1): 36—45.

487. Kim, D. and Saada, A., "The social determinants of infant mortality and birth outcomes in western developed nations: a cross-country systematic review", *International Journal of Environmental Research & Public Health* 2013; 10(6): 2296.

488. Ram, R., "Further examination of the cross-country association between income inequality and population health", *Social Science & Medicine* 2006; 62(3): 779—791.

489. Torre, R. and Myrskyla, M., "Income inequality and population health: an analysis of panel data for 21 developed countries, 1975— 2006", *Population Studies* 2014; 68(1): 1—13.

490. Ram, R., "Income inequality, poverty, and population health: evidence from recent data for the United States", *Social Science & Medicine* 2005; 61(12): 2568—2576.

491. Pickett, K. E. and Wilkinson, R. G., "Income inequality and psychosocial pathways to obesity", in A. Offer, R. Pechey and S. Ulijaszek (eds.), *Insecurity, Inequality, and Obesity in Affluent Societies*. Oxford: British Academy, 2012.

492. Drain, P. K., Smith, J. S., Hughes, J. P., Halperin, D. T. and Holmes, K. K., "Correlates of national HIV seroprevalence: an ecologic analysis of 122 developing countries", *Journal of Acquired Immune Deficiency Syndrome* 2004; 35(4): 407—420.

493. Buot, M.-L. G., Docena, J. P., Ratemo, B. K., et al., "Beyond race and place: distal sociological determinants of HIV disparities", *PLoS One* 2014; 9(4): e91711.

494. Wilkinson, R. G. and Pickett, K. E., "Income inequality and social dysfunction", *Annual Review of Sociology* 2009; 35: 493—512.

495. Gray, N., "Income inequality, alcoholism and high blood pressure prevalence in the U.S.", posted at the 6th Biennial Conference of the American Society of Health Economists, University of Pennsylvania, June 2016.

496. Wilkinson, R. G. and Pickett, K. E., "The problems of relative deprivation: why some societies do better than others", *Social Science & Medicine* 2007; 65(9):

1965—1978.
497. Freitag, M. and Bühlmann, M., "Crafting trust: the role of political institutions in a comparative perspective", *Comparative Political Studies* 2009; 42(12): 1537—1566.
498. Kawachi, I. and Kennedy, B. P., "The relationship of income inequality to mortality: does the choice of indicator matter?", *Social Science & Medicine* 1997; 45(7): 1121—1127.
499. Cheung, F. and Lucas, R. E., "Income inequality is associated with stronger social comparison effects: the effect of relative income on life satisfaction", *Journal of Personality & Social Psychology* 2016; 110(2): 332—341.
500. Ouimet, M., "A world of homicides: the effect of economic development, income inequality, and excess infant mortality on the homicide rate for 165 countries in 2010", *Homicide Studies* 2012; 16(3): 238—258.
501. Glaeser, E. L., Resseger, M. G. and Tobio, K., "Urban inequality", National Bureau of Economic Research, 2008.
502. Kawachi, I. and Kennedy, B. P., "Income inequality and health: pathways and mechanisms", *Health Services Research* 1999; 34(1 Pt 2): 215—227.
503. Chetty, R., Hendren, N., Kline, P. and Saez, E., "Where is the land of opportunity? The geography of intergenerational mobility in the United States", National Bureau of Economic Research, 2014.
504. Kearney, M. S. and Levine, P. B., "Why is the teen birth rate in the United States so high and why does it matter?", *Journal of Economic Perspectives* 2012; 26(2): 141—166.
505. Boyce, J. K., "Inequality as a cause of environmental degradation", *Ecological Economics* 1994; 11(3): 169—178.
506. Cushing, L., Morello-Frosch, R., Wander, M. and Pastor, M., "The haves, the have-nots, and the health of everyone: the relationship between social inequality and environmental quality", *Annual Review of Public Health* 2015; 36(1): 193—209.
507. Holland, T. G., Peterson, G. D. and Gonzalez, A., "A cross-national analysis of how economic inequality predicts biodiversity loss", *Conservation Biology* 2009; 23(5): 1304—1313.
508. Mikkelson, G. M., Gonzalez, A. and Peterson, G. D., "Economic inequality predicts biodiversity loss", *PLoS One* 2007; 2(5): e444.
509. Stotesbury, N. and Dorling, D., "Understanding income inequality and its implications: why better statistics are needed", *Statistics Views* 2015; 21.
510. Drabo, A., "Impact of income inequality on health: does environment quality

matter? ", *Environment and Planning-Part A* 2011; 43(1): 146.

511. Jorgenson, A., Schor, J., Huang, X. and Fitzgerald, J., "Income inequality and residential carbon emissions in the United States: a preliminary analysis", *Human Ecology Review* 2015; 22(1): 93—105.

512. Patel, V., Burns, J. K., Dhingra, M., et al., "Income inequality and depression: a systematic review and meta-analysis of the association and a scoping review of mechanisms", *World Psychiatry* 2018; 17: 76—89.

图书在版编目（CIP）数据

收入不平等 / (英) 理查德·威尔金森 , (英) 凯特·皮克特著 ; 周媛译 . -- 北京 : 北京联合出版公司 , 2023.4
ISBN 978-7-5596-6595-9

Ⅰ . ①收… Ⅱ . ①理… ②凯… ③周… Ⅲ . ①国民收入分配－不平衡－通俗读物 Ⅳ . ① F113.8-49

中国国家版本馆 CIP 数据核字 (2023) 第 011593 号

北京市版权局著作权合同登记号 图字：01-2023-0705 号

收入不平等
作　　者：［英］理查德·威尔金森　凯特·皮克特
译　　者：周　媛
出 品 人：赵红仕
策划机构：明　室
策划编辑：赵　磊
特约编辑：孙皖豫
责任编辑：徐　樟
装帧设计：WSCGRAPHIC.COM

北京联合出版公司出版
（北京市西城区德外大街 83 号楼 9 层　100088）
北京联合天畅文化传播公司发行
北京市十月印刷有限公司印刷　新华书店经销
字数 262 千字　880 毫米 ×1230 毫米　1/32　11.25 印张
2023 年 4 月第 1 版　2023 年 4 月第 1 次印刷
ISBN 978-7-5596-6595-9
定价：65.00 元